"十二五"职业教育国家规划教材
经全国职业教育教材审定委员会审定
本书荣获第四届"物华图书奖"

Gangqu　Wuliu
港 区 物 流
（第三版）

李艳琴　主　编
冯建萍
沈海云　副主编
顾丽亚[上海海事大学]　主　审

人民交通出版社股份有限公司
China Communications Press Co.,Ltd.

内 容 提 要

本教材是"十二五"职业教育国家规划教材,以对学习者的综合职业能力培养为主线,紧密结合当前海港、空港的港区物流管理领域的实践,根据港区业务运作的基本过程和一般规律进行编写。主要内容包括:港口物流绪论、国际集装箱班轮运输业务运作、港口进出口业务运作、货运站业务运作、保税港区物流业务、国际航空货物运输业务运作、国际航空货运代理业务运作。

本教材可作为物流管理、工商管理等经济管理类专业的教材,也可作为港区物流企业从业人员的培训教材。

图书在版编目(CIP)数据

港区物流 / 李艳琴主编. — 3 版. — 北京:人民交通出版社股份有限公司,2015.4
"十二五"职业教育国家规划教材
ISBN 978-7-114-08301-3

Ⅰ.①港… Ⅱ.①李… Ⅲ.①港区—物流—高等职业教育—教材 Ⅳ.①U695.2

中国版本图书馆 CIP 数据核字(2015)第 016378 号

"十二五"职业教育国家规划教材

书　名：	港区物流(第三版)
著 作 者：	李艳琴
责任编辑：	司昌静　任雪莲
出版发行：	人民交通出版社股份有限公司
地　　址：	(100011)北京市朝阳区安定门外外馆斜街 3 号
网　　址：	http://www.ccpress.com.cn
销售电话：	(010)59757973
总 经 销：	人民交通出版社股份有限公司发行部
经　　销：	各地新华书店
印　　刷：	北京盈盛恒通印刷有限公司
开　　本：	787×1092　1/16
印　　张：	15
字　　数：	336 千
版　　次：	2007 年 7 月　第 1 版
	2012 年 9 月　第 2 版
	2015 年 4 月　第 3 版
印　　次：	2015 年 4 月　第 1 次印刷　总第 4 次印刷
书　　号：	ISBN 978-7-114-08301-3
印　　数：	6501-8500 册
定　　价：	38.00 元

(有印刷、装订质量问题的图书由本公司负责调换)

高职高专工学结合课程改革规划教材

编审委员会

主　任：鲍贤俊（上海交通职业技术学院）
副主任：施建年（北京交通运输职业学院）
专　家：（按姓氏笔画排序）

孔祥法（上海世纪出版股份有限公司物流中心）　　刘　念（深圳职业技术学院）
严南南（上海海事大学高等技术学院）　　　　　　杨志刚（上海海事大学交通运输学院）
逄诗铭（招商局物流集团易通公司）　　　　　　　贾春雷（内蒙古大学交通职业技术学院）
顾丽亚（上海海事大学交通运输学院）　　　　　　黄君麟（云南交通职业技术学院）
薛　威（天津交通职业学院）

委　员：（按姓氏笔画排序）

毛晓辉（山西交通职业技术学院）　　　　石小平（湖北交通职业技术学院）
刘德武（四川交通职业技术学院）　　　　向吉英（深圳职业技术学院）
孙守成（武汉交通职业学院）　　　　　　曲学军（吉林交通职业技术学院）
朱亚琪（青海交通职业技术学院）　　　　祁洪祥（南京交通职业技术学院）
许小宁（云南交通职业技术学院）　　　　严石林（湖北交通职业技术学院）
吴吉明（福建船政交通职业学院）　　　　吴毅洲（广东交通职业技术学院）
李建丽（河南交通职业技术学院）　　　　李艳琴（浙江交通职业技术学院）
肖坤斌（湖南交通职业技术学院）　　　　武　钧（内蒙古大学交通职业技术学院）
范爱理（安徽交通职业技术学院）　　　　赵继新（广西交通职业技术学院）
郝晓东（上海交通职业技术学院）　　　　袁炎清（广州航海高等专科学校）
阎叶琛（陕西交通职业技术学院）　　　　黄　浩（江西交通职业技术学院）
黄碧蓉（云南交通职业技术学院）　　　　程一飞（上海交通职业技术学院）
楼伯良（上海交通职业技术学院）　　　　谭任绩（湖南交通职业技术学院）

秘　书：

任雪莲　司昌静（人民交通出版社股份有限公司）

前　言

根据2013年8月教育部《关于"十二五"职业教育国家规划教材选题立项的函》(教职成司函〔2013〕184号),本教材获得"十二五"职业教育国家规划教材选题立项。

本教材编写人员在认真学习领会《教育部关于"十二五"职业教育教材建设的若干意见》(教职成〔2012〕9号)、《高等职业学校专业教学标准(试行)》、《关于开展"十二五"职业教育国家规划教材选题立项工作的通知》(教职成司函〔2012〕237号)等有关文件的基础上,结合当前高等职业教育发展和物流行业发展的实际情况,对第二版做了全面修订,形成了本教材的第三版。

随着经济全球化进程的加快和现代物流的发展,港口和机场作为全球综合运输网络的首要节点和国际物流链上的重要环节,其功能在不断拓展,朝着全方位增值服务的方向发展。选择怎样的港区物流发展模式、如何提高港区物流运作的效率,与促进海港、空港发展战略目标的实现和腹地经济的兴起,有着密不可分的关系。

本教材是高职高专工学结合课程改革规划教材,是在各高等职业院校积极践行和创新先进职业教育思想和理念,深入推进"校企合作、工学结合"人才培养模式的大背景下,由交通职业教育教学指导委员会交通运输管理专业指导委员会根据新的教学标准和课程标准组织编写的。

港区物流是物流管理学科体系中的一门新课程,是当前物流人才培养的新方向。港区物流管理是实践性很强的课程,因此,通过对海港、空港的实际调研,本教材具有如下特色:

(1)目标明确。本教材立足我国的港口和机场,构建中国特色的港区物流理论与实践体系。

(2)内容设置科学、合理、全面。本教材以国际货运流程为主线,分为海港港区物流和空港港区物流两部分。海港部分主要选择了港口物流的海上运输、港口装卸和货运站装/拆箱、保税等主要功能环节的业务运作。空港部分根据国际航空货物运输特点重点选择了国际航空货物运输业务运作和国际航空货运代理业务运作等环节。

（3）校企合作编写，操作性强。在编写过程中，十分注重实务操作，特聘请浙江双马国际货运有限公司总经理冯建萍和宁波大港货柜有限公司总经理沈海云作为副主编，负责对各任务的学习目标、技能目标和案例的审核；通过大量的实例、计算、流程和图表帮助学生理解相关的理论知识、概念和业务操作技能。以各环节的工作流程为主线，采用任务引领、项目分解模式来编写教材框架和学习内容，以利于高职物流管理专业及相关专业开展项目化和理实一体化教学。

  本教材由李艳琴担任主编，冯建萍、沈海云担任副主编，多位编者合作完成。编写分工为：李艳琴编写任务一、任务二、任务三、任务六和任务七；方照琪编写任务四；洪理平编写任务五。冯建萍和沈海云为校企合作的企业参与人员，就港区物流实践提出了许多宝贵意见。上海海事大学交通运输学院顾丽亚副教授担任主审，上海海事大学交通运输学院杨志刚教授对本教材的编写给予了很大帮助，在此对两位表示感谢。

  本教材在编写过程中借鉴、引用了大量的国内外文献，在此对文献作者表示真诚的感谢。由于编者水平有限，加之编写时间仓促，书中难免存在疏漏和不足之处，恳请广大同行和读者批评指正，以便修订时日臻完善。

编　者

2015 年 1 月

目 录

任务一　港口物流绪论 ··· 1
　项目一　港口概念认知 ··· 3
　项目二　港口物流认知 ··· 11
　思考练习 ··· 26

任务二　国际集装箱班轮运输业务运作 ······································· 30
　项目一　集装箱班轮运输进出口货运流程 ······························ 32
　项目二　集装箱班轮运输出口业务运作 ·································· 46
　项目三　集装箱班轮运输进口业务运作 ·································· 63
　项目四　提单签发 ··· 70
　项目五　海运服务费用结算 ·· 87
　思考练习 ··· 92

任务三　港口进出口业务运作 ··· 96
　项目一　港口进出口生产操作流程 ······································· 100
　项目二　集装箱码头进出口生产操作流程 ···························· 105
　思考练习 ··· 115

任务四　货运站业务运作 ·· 116
　项目一　集装箱货运站业务管理 ··· 118
　项目二　货运站仓库业务管理 ··· 129
　思考练习 ··· 139

任务五　保税港区物流业务 ··· 143
　项目一　保税港区的认知 ·· 144
　项目二　保税港区的监管 ·· 155
　思考练习 ··· 161

任务六　国际航空货物运输业务运作 ··· 163
　项目一　空港物流概述 ··· 164
　项目二　国际航空运输货物收运 ··· 174
　项目三　国际航空货物运输货物交付 ·································· 179
　项目四　国际航空货运事故处理 ··· 181
　思考练习 ··· 185

任务七　国际航空货运代理业务运作 ··· 187
　项目一　国际航空货运代理行业概述 ·································· 188

项目二　国际航空货运代理出口业务运作 ·················· 192

项目三　国际航空货运代理进口业务运作 ·················· 201

项目四　航空货运单填制 ·················· 205

项目五　航空运费计算 ·················· 216

思考练习 ·················· 228

参考文献 ·················· 231

任务一　港口物流绪论

20世纪90年代以来,随着供应链管理思想的兴起,港口作为全球综合运输网络的首要节点和国际物流链上的重要一环,其功能正朝着全方位增值服务的现代物流方向发展。本任务主要学习的内容是理解港口、港口物流的含义、发展现状与趋势,掌握港口物流的功能,了解当前国际主要港口物流发展模式。

1. 知识目标

(1) 理解港口的概念和构成,了解港口的发展过程、趋势及世界主要港口的分布;

(2) 掌握港口物流的内涵、功能、发展趋势;

(3) 了解世界典型港口物流的发展模式。

2. 技能目标

(1) 能描述港口的构成、功能和发展趋势;

(2) 能把握现代港口物流的含义和功能;

(3) 能明确港口物流不同发展模式的特点及选择。

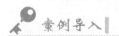

我国港口物流竞争力有待提升

1. 国外港口物流的发展

(1) 国际化。

世界经济一体化趋势使港口的国际贸易作用更加突出,港口主要为国际物流服务,如配送中心对进口商品从代理报关业务、暂时储存、搬运和配送、必要的流通加工到送至消费者手中,实现一条龙服务,甚至还接受订货、代收取资金等。在国际贸易物流方面,港口为船舶、汽车、火车、飞机、货物、集装箱提供中转运输、装卸仓储等综合物流服务;在商流方面,港口为用户提供如代理、保险、融资、货代、船代、通关等商贸和金融服务。如安特卫普港,它拥有完善的交通网络,与世界上100多个国家和地区建立了贸易关系,拥有300多条班轮航线，与世界上800多个港口相连，与以密集的高速公路、铁路为核心的陆运相衔接，形成完善的交通运输网络，保证商品运输的畅通。

(2) 社会化。

国外港口的物流发展，主要以构筑港口物流公共信息服务平台为立足点，以港口腹地的物流企业集聚区为载体，依托港口城市的区域优势、交通优势，规划建设港区物流园区，促进区域经济的全面发展。如鹿特丹港，它是重要的国际贸易中心和工业基地，在港区内实行"比自由港还自由"的政策。港口物流服务多元化，服务对象多样化，成为一个典型的港城一体化的国际城市，拥有大约3500家国际贸易公司，拥有一条包括炼油、石油化工、船舶修造、港口机械、食品等部门的临海沿河工业带。

(3) 信息化。

信息化是国外港口发展的重要特征，也是港口物流发展的先决条件。港口依靠天然的区位优势、信息中心地位、高效的信息技术，为客户提供高效的增值服务。应用先进的物流信息技术和手段，使运输、装卸、仓储、包装、流通加工、配送及信息处理等活动实现全程的可视化、自动化、无纸化和智能化。如洛杉矶港南加州码头，它引入革新的无线射频技术(RFID)，以实时位置系统自动收集进出货场的集装箱数据，提高码头处理集装箱的速度和准确性。所有进出码头的集装箱均以拖车运输，该系统能即时识别贴有RFID电子卷标拖车上的集装箱并确认其位置。通过港口物流信息"高速公路"，大大提高了港口货物的通过率。

(4) 综合化。

港口物流已经发展到了集约阶段，形成了一体化的物流中心。它可以提供仓储、运输、配货、配送和各种提高附加值的综合服务项目，将过去商品经由运输、仓储、批发带零售的多层次流通途径简化为港口集成服务到用户的"门到门"服务模式，从而提高了社会的整体经济效益。如新加坡港，它积极培育港口物流链，把港口发展与加工工业的发展结合起来，为工业提供专业、高效的物流服务，提升加工工业水平，进而又促进港口经营效益的提高。港口园区建设与吸引外资相结合，将一些临港土地和泊位提供给跨国公司作为专用物流中转基地，鼓励跨国企业在港区建设物流中心、配送中心等。

(5) 系统化。

港口物流向生产和消费两头延伸并加进了新的内涵，将原本仓储、运输的单一功能扩展为仓储、配送、包装、流通加工等多种功能。这些功能子系统通过统筹协调、合理规划，形成物流大系统，控制整个商品的流动，以达到利益最大化或成本最小化，同时满足用户需求不断变化的客观要求，更加有效地服务于社会经济活动。如鹿特丹港，它在货物码头和联运设施附近大力规划建设物流园区，其主要功能有拆装箱、仓储、再包装、组装、贴标、分拣、测试、报关、集装箱堆存修理以及向欧洲各收货点配送等，以发挥港口物流系统功能，提供一体化服务。

2. 我国港口物流存在的主要问题

(1) 我国港口的管理体制仍存在港政管理和码头经营合一的现象。

港口经营仍处于一种相对垄断的状态，企业无法按现代企业制度的要求自主决策、自主经营，致使与港口关联的临港工业、商贸业等业态得不到相应发展。

(2)物流建设各自为政,物流联盟程度不高。

物流是一个跨部门、跨行业的复合型产业,其发展涉及多个领域和部门。由于我国条块分割、部门分割的物流管理体制,导致各行业、企业多从自身角度出发,缺乏长期、紧密的伙伴关系,因此很难发挥物流服务快捷、准确及柔性连接。

(3)物流信息化建设程度不高。

目前,我国许多沿海港口都建立了物流信息系统,并起到了一定的作用。但就整体来看,我国港口物流信息系统的功能并没有完全发挥出来,港口物流所涉及的相关行业部门缺乏协调性和共享性。

(4)港口物流基础设施薄弱,功能不够完善。

虽然我国的水运史和港口史源远流长,特别是新中国成立后,经过5次大规模的港口建设,现已初步建成了布局合理、层次分明、功能齐全、河海兼顾、内外开放的港口体系。但是从全国范围来看,我国仍有众多港口处在以运输功能为主导的第一代港口阶段,基础设施薄弱,物流功能没有得到充分拓展,潜在优势没有得到充分发挥,对城市经济发展的促进作用受到限制。即使是近年来建设的现代化程度较高的宁波港北仑港区、深圳港盐田港区及大连、天津、青岛、上海等港口的集装箱码头,也只相当于发达国家20世纪90年代的水平。

(5)港口物流业人才匮乏。

我国物流企业管理和实务人才除总量紧缺外,总体上受教育层次也偏低,且专业化教育匮乏,物流从业人员实务经验不足,导致专业化物流服务方式有限,物流企业的经营管理水平难以提高。

(6)企业物流服务质量不高。

绝大多数企业只能提供单项或分段式物流服务,不能形成完整的物流供应链,难以提供一体化的服务,使得我国整体的物流服务水平下降一个台阶。

(1)现代港口发展特征是什么?
(2)如何发展港口物流才能促进港口发展?

项目一 港口概念认知

(1)了解港口的概念、构成及功能;
(2)熟悉国内外重要港口的地理位置、自然地理环境、社会经济环境、港口现状与发展等。

可采用讲授、情境教学、案例教学和分组讨论等方法。

教学内容

[情境设置]

对周边港口进行调研,完成对该港口的调研报告。了解该港口的地理位置、自然地理环境条件、基础设施设备建设、业务经营和航线开设、近5年吞吐量、港口定位及未来的发展方向等。

[相关理论知识]

一 港口概述

1. 港口的概念

港口是指具有船舶进出、停泊、靠泊,旅客上下,货物装卸、驳运、储存等功能,具有相应的码头设施,由一定范围的水域和陆域组成的区域。

港口通常是由人工建筑而成的,具有完备的船舶航行、靠泊条件和一定的客货运设施的区域,包括水域和陆域两部分,一般设有航道、港池、锚地、码头、仓库货场、后方运输设备、修理设备和必要的管理、服务设施等。而港湾是指具有天然掩护的、可供船舶停泊或临时避风之用的水域,通常是天然形成的。

在与其他各种运输方式所构成的运输系统中,港口既是网络系统中的枢纽,又是为车、船、货、客提供服务的中心。

2. 港口的构成

港口由水域和陆域两大部分组成。水域是供船舶进出港以及在港内运转、锚泊和装卸作业使用的。因此,要求水域有足够的深度和面积,水面基本平静,流速和缓,以便船舶的安全操作。陆域是供旅客上下船以及货物的装卸、堆存和转运使用的。因此,要求陆域有适当的高度、岸线长度和纵深,以便布置装卸设备入仓库和堆场,铁路、公路以及各种必要的生产、生活设施,具体要求如下。

(1)港口水域包括航道、锚地、港池。

(2)港口陆域包括码头岸线、泊位、仓库、堆场等陆上一切建筑所占据的陆地面积,即自港口岸线到陆上港界。

(3)港口工程建筑,包括陆上工程建筑和水上工程建筑。陆上工程建筑包括仓库房屋、道路(铁路、公路、桥梁等集航运设施)、客运站等;水上工程建筑包括航道、防波堤、护岸、码头(包括引桥)、浮筒、航标等。

(4)港口装卸、起重、搬运机械及为装卸生产服务的各种配套设施,如能源动力系统、机械制造厂和保养车间、装卸工属具加工制造车间、港内运输设备(汽车、机车、拖驳船队等)、船舶航修站等。

(5)港口管理与装卸生产组织机构,一般可分为以下两大部分。

一是行政管理(政府)部门。首先是港口管理当局代表国家或政府管理港口,主要包括港务监督、船舶检验、水上公安机关、水上法院等港政部门,同时还设置港口建设与发展规划、港湾环境监督与保护等部门。行政管理的主要任务是执行国家与政府的法令、政策、各项法律,对所有港、航、货等企业进行执法监督,维护国家主权和民族利益。

二是港口生产管理部门,主要包括各装卸公司、轮驳公司、仓储公司、公路与铁路运输公司、机械公司、理货公司等。各公司以企业的形式组建,内部可根据生产经营的需要,建立计划管理系统、生产指挥系统、技术管理系统、经营管理系统、劳动管理系统、后勤服务系统、经济管理系统等管理组织机构。

3. 港口的发展过程

(1) 第一代港口(19世纪初至20世纪60年代)。

第一代港口主要是海运货物的装卸、仓储中心。其功能是水运货物的转运、临时储存、发货等。第一代港口与城市的对外商品交易紧密联系。港口着重其在散件杂货装卸、运输方面的功能。

(2) 第二代港口(20世纪60~80年代)。

港口增加的工业、商业功能,使第二代港口成为具有使货物增值效应的服务中心。装卸业务开始为临港工业服务,并形成了部分专为临海工业服务的港区及工业港,港口对城市经济GDP的贡献十分明显,但装卸仍是港口的主业,港口的散货作业比重增加,且散货成为有些港口的主要货种。港口地区形成了自己独立的工业区,港口除与运输、贸易的关系十分密切外,港区工业在国民经济中的比重明显加大,港口为工业服务的功能十分突出。

(3) 第三代港口(20世纪80~90年代末)。

第三代港口适应国际经济、贸易、航运和物流发展的要求,在港航信息技术发展的促进下,逐步走向国际物流中心。此时集装箱运输逐步成熟,港口成为各种运输方式的联运中心。许多港口以发展集装箱运输为重点,力争吸引国际中转货,以成为国际或地区性枢纽港,集装箱吞吐量已成为港口发展水平的重要标志。在港口的信息中心地位确立的阶段,港口设施发展特点之一是集装箱码头的大型化。第三代港口虽然成为各种运输方式的交汇中心,但大多仍是联运中心,只有少量成为物流中心。货物装卸、储存、分运仍是港口的主体功能。

(4) 第四代港口(进入21世纪后)。

在经济全球化的环境下,现代物流中心成为港口新的发展目标,港口进入第四代发展阶段。

在已有的基础上,发达港口不断努力拓展综合物流的服务功能,除了具有国际多式联运的枢纽功能外,还是区域或国际性的商贸中心、金融中心、信息中心,对城市、区域经济的贡献极大。

以上港口发展的不同阶段,是根据发达港口的进程做出的相对划分,港口各发展阶段相互交叉,难以严格区分。值得指出的是,港口的发展与区域经济振兴和社会进步相关联,港口发展虽然有其本身的规律,但是各港口的特点和作用存在差异,所以也不是所有港口都按照同样的历程发展,而是要在各自所处的经济社会环境下,走有特色的道路,特别是要寻找新的经济增长点和发展空间,实现跨越式的发展。

4. 港口的发展趋势

以现代大型综合性枢纽港口为例,现代枢纽港的发展趋势总体上具有四个方面的特征,即港口规模的扩大化、服务功能的多元化、市场竞争的激烈化和港城一体化。未来枢纽港发展的核心是功能的多元化,这种多元化的趋势与现代物流趋势的结合,将使枢纽港成为国际及区域现代物流服务中心。

（1）为适应和满足国际贸易在全球范围的高速发展而产生的物流服务需求，现代枢纽港口的规模将不断扩大，这种扩大包括两方面内容，即港口占地规模的不断扩大与港口作业技术的科技水平不断提高。

（2）随着港口规模的扩大和运输技术的进步以及国际商贸活动的要求，港口功能已从最早的换装向提供以信息为基础的全程化服务的区域及国际性物流基地发展，从而使港口成为区域及国际经济大循环中的有机结合点。

（3）港口面临前所未有的激烈竞争，这种竞争不仅来自于邻近港口，还来自于具有区域战略地位的国外港口，竞争的焦点在于港口能否在最大限度上为所在经济中心城市、经济区域及国际经济活动提供最为便利、快捷、低成本、安全、可靠的全方位物流服务，这种竞争已成为枢纽港今后发展中的重要推动力。

（4）现代枢纽港口的规模功能扩充和单纯意义上的转口港口，渐渐让位于以腹地在国际及区域经济分工为基础的物流组织枢纽港口，使港口对于后方的依赖性更强，必须依托后方腹地发达的产业基础、在参与区域及国际经济活动中具有竞争能力的中心城市和以港口为核心的高效物流网络系统。

二 世界港口分布

1. 我国主要港口分布

我国是国际航运大国，根据国家口岸管理办公室公布的《国家口岸发展规划（2011—2015年）》，截至2012年5月，我国共有经国务院批准对外开放的口岸284个，其中沿海地区146个、沿边地区111个、内陆地区27个。这些港口中，无论是货物吞吐量（以万吨计）还是集装箱吞吐量（以标准箱计），近十几年来均快速增长。中国主要大港中已有上海、香港、宁波、深圳、青岛、广州、天津、高雄、厦门九个港口的集装箱吞吐量跻身于世界前20位之列。

从地理分布上看，我国的主要港口可以分为七大港口区域，每个港区以一两个大港为中心，周边分布着一些中小型港口，共同为其周边及内陆的经济腹地提供航运服务，见表1-1。

我国主要港口分布 表1-1

七大港区	中心港	其他主要港口	经济腹地和主要货种
东北沿海	大连港	营口、锦州、丹东	东北地区； 石油、粮食、杂货集装箱、煤炭、钢铁、金属矿石等
华北沿海	天津港	秦皇岛、唐山	腹地广阔，京津冀晋、内蒙古陕甘、青新宁及豫鲁部分地区，占全国面积的46.9%； 杂货集装箱、散粮、石油化工、焦炭煤炭等
黄淮沿海	青岛港	连云港、日照、烟台、威海	鲁豫冀晋，连接华东、华北、中南等地区； 集装箱、煤炭、五金、矿产、工业原料、纺织品、食品、冻货和其他农副产品等
华东沿海	上海港	宁波—舟山、南通、苏州	长江流域及陇海、浙赣铁路沿线地区和长江三角洲； 散杂货、集装箱、煤炭、钢铁、木材、矿石等

续上表

七大港区	中心港	其他主要港口	经济腹地和主要货种
东南沿海	厦门港	福州、泉州、汕头	闽南、珠三角地区； 钢材、化肥、粮食、糖、盐、茶、石墨粉、集装箱等
华南沿海	深圳、广州港	珠海、中山	珠江三角洲、京广、京九沿线南部地区； 集装箱为主，兼营化肥、粮食、饲料、糖、钢材、水泥、木材、沙石、石油、煤炭、矿石等
西南沿海	湛江港	北海、防城港、海口、八所	云贵川桂、湘西粤西海南； 煤炭、石油、金属矿石、钢铁、水泥、非金属矿石、化肥和粮食等

2.世界主要港口分布

从我国角度看，国际海运航线分为远洋航线和近洋航线。我国习惯上以亚丁湾为界，把亚丁湾以东地区的亚洲和大洋洲的海域称为近洋，把亚丁湾以西，包括红海两岸和欧洲以及南北美洲广大地区的海域划为远洋。近洋、远洋的主要港口分别见表1-2、表1-3。

近洋主要港口　　　　　　　　　　　　　　　　　　　　表1-2

国家和地区	主 要 港 口
朝鲜、韩国	朝鲜的清津港(CHONGJIN)； 韩国的釜山(BUSAN)、光阳(KWANGYANG)、仁川(INCHON)
俄罗斯	纳霍德卡港(NAKHODKA)、东方港(VOSTOCHNY)、符拉迪沃斯托克(海参崴)港(VLADI-VOSTOK)
日本	东京(TOKYO)、横滨(YOKOHAMA)、名古屋(NAGOYA)、神户(KOBE)、大阪(OSAKA)、福冈(门司港 KITAKYUSHU)
越南、泰国、柬埔寨	越南的胡志明港(HO CHI MINH)、海防(HAIPHONG)； 泰国的曼谷(BANGKOK)、林查班(LAEM CHABANG)； 柬埔寨的磅逊(KAMPONG SAON)
菲律宾	马尼拉(MANILA)、宿务(CEBU)、桑托斯(SANTOS)
新加坡、马来西亚	新加坡(SINGAPORE)； 马来西亚的巴生港(PORT KELANG)、槟城(PENANG)、丹戎帕拉帕斯港(TANJUNG PELEPAS)、马六甲(MALACEA)、古晋港(KUCHING)
印度尼西亚	雅加达(JAKARTA)、苏腊巴亚(泗水)(SURABAYA)、三宝垄(SEMARANG)
北加里曼丹	文莱的麻拉(穆阿拉)港(MUARA)、斯里巴加湾港(BANDAR SERI BEGAWAN)
孟加拉湾	缅甸的仰光(RANGOON)； 孟加拉的吉大港(CHITTAGONG)； 印度的加尔各答(CALCUTTA)、金奈(CHENNAI)

续上表

国家和地区	主 要 港 口
阿拉伯海、波斯湾（中东）	阿拉伯海基本港： 斯里兰卡的科伦坡(COLOMBO)； 印度的科钦(COCHIN)、孟买(BOMBAY)、圣凡(NHAVA SHEVA)； 巴基斯坦的卡拉奇(KARACHI)； 波斯湾(中东)基本港： 伊朗的阿巴斯(BANDAR ABBAS)； 阿拉伯联合酋长国的迪拜(DUBAI)； 卡塔尔的多哈(DOHA)； 沙特阿拉伯的达曼(DAMMAM)； 科威特(KUWAIT)； 伊拉克的巴士拉(BASRA)
澳大利亚、新西兰	澳大利亚的悉尼(SYDNEY)、墨尔本(MELBOURNE)、阿德雷德(ADELAIDE)、布里斯班(BRISBANE)、弗里曼特尔(FREMANTLE)； 新西兰的奥克兰(AUCKLAND)

远洋主要港口　　　　　　　　　　　　　　　表1-3

地 区	主 要 港 口
红海	也门的亚丁(ADEN)、荷台达(HODEIDAH)； 吉布提(DJIBOUTI)； 苏丹的苏丹港(PORT SUDAN)； 沙特阿拉伯的吉达(JEDDAH)； 埃及的苏伊士(SUEZ)、苏赫奈泉(SOKHNA)； 约旦亚喀巴(AQABA)
地中海	地中海欧亚基本港： 以色列的海法(HAIFA)、阿什杜德(ASHDOD)； 塞浦路斯的利马索尔(LIMASSOL)； 希腊的比雷埃夫斯(PIRAEUS)； 土耳其的梅尔辛(MERSIN)、伊斯坦布尔(ISTANBUL)； 意大利的那不勒斯(NAPLES)、焦亚陶罗(GIOIA TRURO)、塔兰托(TARANTO)、的里雅斯特(TRIESTE)、热那亚(GENOA)； 克罗地亚的里耶卡(RIJEKA)； 斯洛文尼亚的科佩尔(KOPER)； 马耳他(MALTA)； 西班牙的巴塞罗那(BARCELONA)、瓦伦西亚(VALENCIA)； 法国的马赛港(MARSEILLES)； 地中海—北非基本港： 埃及的达米埃塔(DAMIETTA)、亚历山大(ALEXANDRIA)、塞得港(PORT SAID)； 突尼斯(TUNIS)； 阿尔及利亚的斯克基达(SKIKDA)、奥兰(ORAN)、阿尔及尔(ALGIERS)； 摩洛哥的丹吉尔(TANGIER)

续上表

国家和地区	主 要 港 口
西欧	葡萄牙的里斯本(LISBON)； 法国的波尔多(BORDEAUX)、南特(NANTES)、布雷斯特(BREST)、勒哈弗尔(LE HAVRE)、敦刻尔克(DUNKIRK)； 英国的伦敦(LONDON)、费利克斯托(FELIXSTOWE)、布里斯托尔(BRISTOL)、利物浦(LIVERPOOL)、泰晤士(THAMESPORT)、南安普顿(SOUTHAMPTON)； 荷兰的鹿特丹(ROTTERDAM)、阿姆斯特丹(AMSTERDAM)； 比利时的安特卫普(ANTWERP)、泽布吕赫(ZEEBRUGGE)； 德国的不来梅港(BREMERAVEN)、汉堡(HAMBURG)
东北欧	北欧基本港： 丹麦的哥本哈根(COPENHAGEN)； 挪威的奥斯陆(OSLO)； 瑞典的斯德哥尔摩(STOCKHOLM)、哥德堡(GOTHENBURG)； 芬兰的赫尔辛基(HELSINKI)； 东欧基本港： 俄罗斯的圣彼得堡(St.PETERSBURG)； 拉脱维亚的里加(RIGA)； 爱沙尼亚的塔林(TALLIN)； 波兰的格但斯克(GDANSK)
北美洲西海岸	加拿大的鲁珀斯太子港(PRINCE RUPERT)、温哥华(VANCOUVER)； 美国的西雅图(SEATTLE)、塔科马(TACOMA)、奥克兰(OAKLAND)、圣弗朗西斯科(旧金山)(SAN FRANCISCO)、洛杉矶(LOS ANGELES)、长滩(LONG BEACH)； 墨西哥的瓜达拉哈拉(GUADALAJARA)
南美洲西海岸	秘鲁的钦博特(CHIMBOTE)、卡亚俄(CALLAO)； 智利的阿里卡(ARICA)、伊基克(IQUIQUE)
中美、加勒比海、北美东岸	中美及加勒比海沿岸基本港： 巴拿马的巴拿马城(PANAMA)、科隆(COLON)； 哥斯达黎加的利蒙港(PORT LIMON)； 海地的太子港(PORT-AU-PRINCE)； 古巴的哈瓦那(HAVANA)； 牙买加的金斯顿(KINGSTON)； 多米尼加共和国的圣多明各(SANTO DOMINGO)； 美国的休斯敦(HOUSTON)、新奥尔良(NEW ORLEANS)、迈阿密(MIAMI)； 北美东海岸基本港： 美国的萨凡纳(SAVANNAH)、查尔斯顿(CHARLESTON)、诺福克(NORFOLK)、巴尔的摩(BALTIMORE)、费城(PHILADELPHIA)、纽约(NEWYORK)、波士顿(BOSTON)； 加拿大的哈利法克斯(HALIFAX)、魁北克(QUEBEC)、蒙特利尔(MONTREAL)、多伦多(TORONTO)
南美洲东海岸	巴西的贝伦(BELEM)、累西腓(RECIFE)、萨尔瓦多(SALVADOR)、里约热内卢(RIO DE JANEIRO)、桑托斯(SANTOS)； 乌拉圭的蒙德维的亚(MONTEVIDEO)； 阿根廷的布宜诺斯艾利斯(BUENOS AIRES)

续上表

国家和地区	主 要 港 口
非洲东海岸	索马里的摩加迪沙(MOGADISCIO); 肯尼亚的蒙巴萨(MOMBASA); 坦桑尼亚的达累斯萨拉姆(DAR ES SALAAM); 马达加斯加的塔马塔夫(TAMATAVE); 莫桑比克的马普托(LOURENCO-MARQUES); 毛里求斯的路易港(PORT LOUIS); 南非的德班(DURBAN)、东伦敦(EAST LONDON)、伊丽莎白港(PORT ELIZABETH)
非洲西海岸	摩洛哥的达尔贝达(卡萨布兰卡)(DAR EL-BEIDA); 毛里塔尼亚的努瓦克肖特(NOUAKCHOTT); 塞内加尔的达喀尔(DAKAR); 冈比亚的班珠尔(BANJUL); 几内亚的科纳克里(CONAKRY); 塞拉利昂的弗里敦(FREETOWN); 利比里亚的蒙罗维尔(MONROVIA); 科特迪瓦的阿比让(ABIDJAN); 尼日利亚的拉各斯(LAGOS); 喀麦隆的杜阿拉(DOUALA); 刚果(金)民主共和国的马塔迪(MATADI); 刚果(布)共和国的黑角(POINTE NOIRE); 安哥拉的罗安达(LUANDA); 南非的开普敦(好望角)(CAPETOWN)

[技能训练目标]

了解国内外重要港口的分布与规模,能够深刻认知港口的相关概念、构成、功能、发展过程及发展趋势。

[技能训练准备]

(1)学生每6人自由结成一个小组,每个小组选一名组长;

(2)教师提出完成任务的具体要求和考核标准;

(3)教师组织学生参观港口或学生自己联系港口进行实地调研。

[技能训练步骤]

(1)每组共同进行调研活动,收集港口相关文献资料,分析调研资料、撰写港口调研报告,报告署名按照贡献大小排列。

(2)港口调研报告的课堂发表分小组进行,每小组派代表陈述。

(3)教师组织学生对每组调研报告进行学习讨论,依据考核标准进行成绩评定。

[技能训练注意事项]

(1)一丝不苟,认真撰写港口调研报告。

(2)调研报告内容确定要有依据、要准确。

(3)调研报告格式规范、条理清晰、阐述流畅。

项目二　港口物流认知

(1)了解港口物流的含义、功能和特点；
(2)理解港口物流的发展过程与发展趋势；
(3)结合实际案例,了解国际主要港口物流发展模式的特点与选择。

可采用讲授、情境教学、案例教学和分组讨论等方法。

[情境设置]
根据对自己周边的集装箱港口物流建设的调查,最终完成该港口的港口物流建设报告,具体包括该港口的港口物流发展模式、功能、特点和发展现状等。

[相关理论知识]

一　港口物流概述

1.港口物流的含义

目前,港口物流的概念在国内外物流界还没有得到清晰、准确和统一的界定。鉴于港口物流是物流总概念下一个具有港口特征的物流概念,因此,不妨参照2007年5月1日开始实施的《物流术语》(GB/T 18354—2006)对其的定义:港口物流是指以港口为核心,以铁路、公路运输为延伸,以内陆无水港为节点,以信息网络为纽带,实现物品,尤其是大宗物品从供应地向接收地的实体流动过程。以港口的装卸、搬运和中转功能为依托,根据实际需要,与运输、仓储、包装、流通加工、配送、信息处理等基本功能实施有机结合。

从以上定义可以看出,港口物流具有以下内涵。

(1)港口物流利用其自身的口岸优势,以先进的软硬件环境为依托,强化其对港口周边物流活动的辐射能力,突出港口集货、存货、配货特长。

(2)港口物流以处理大宗货物的集结与分拨为主,以适应海运物流的需要。

(3)港口物流的功能主要体现在以港口的装卸搬运和中转功能为依托,建立强大的现代物流系统,继而发展仓储、配送、加工改装、包装等产业,带动整个临港产业带的发展。

(4)港口物流不仅是港口装卸搬运系统的延伸,还是向内陆延伸、仓储、装卸搬运、货运代理、报关报检、包装加工、配送、信息处理等物流环节的有机结合,以临港产业为基础,以信息技术为支撑,以优化港口资源整体为目标,构建"港至门"、"门到门"的全程物流服务网络,为用户提供多功能、一体化的综合物流服务过程。

2.现代港口物流的基本功能

(1)运输、中转功能。

运输和中转是港口物流的首要功能。在现代港口物流活动中，运输是构成供应链服务的中心环节。运输功能主要体现在货物的集疏运上，运输方式包括公路运输、铁路运输、水路运输以及不同运输方式之间的转运，是对港口内外腹地具有辐射服务的运输网络。

（2）装卸搬运功能。

装卸搬运是港口物流实现运输、中转功能的必须活动，是影响货物流转速度的基本要素。专业化的装载、卸载、提升、运送、码垛等装卸搬运机械，可以提高装卸作业效率，减少作业对商品造成的损毁。

（3）加工、包装、分拣功能。

加工一般分为流通加工和组装加工，前者指粘贴标签、销售包装作业等，后者是指产品零部件的组装和满足客户个性化需求。

流通加工是为了促进商业销售和方便流通，并提高货物和商品的附加值。港口流通加工的基本形式包括：实现流通的加工，如水产品、肉类食品的冷藏加工，对大设备的解体或组装等；衔接产需的加工，如堆场原木的裁制加工、选煤、选矿等；生产延伸的加工，如利用港口仓库增加出口机电轻纺产品的外包装唛头、进行检验等；改善运输的加工，如将卸船后的液化石油气球罐减压导入槽车运输，将散装化肥、粮食加工成袋装；提高增值的加工，如大宗零配件的选配及装配、粮油食品的深加工等。港口流通加工可以更方便地满足用户对物品的个性化需要和多样化选择，发挥和完善港口物流服务的优势，同时，使物品能更好地适应各种运输工具和运输条件，从而加快货物运转，节省运输费用。

以包装目的分类，包装主要有运输包装和销售包装。包装是为了在物流环节中保护产品、方便储运、促进销售。在港口对商品进行包装，是因为集装箱运输最终目的是实现各类货物的直达联运，即货物在发货人工厂或集装箱场站装箱封门，在整个物流过程中无需搬运箱内的货物，将货物原封不动地送到收货人手中。因此，在设计运输包装时要考虑其对运输方式的适应性和方便性，同时要考虑何时、何地将运输包装转换为销售包装，由此达到货物运输安全、快捷的目的。港口是水陆运输方式的节点，可以开辟专门区域为客户提供适应物流要求的产品包装服务。

分拣是指在货物合理存放的基础上，按客户的需求，对货物进行快速分类。这些功能既能有效降低运输成本，也可以减少装卸和运输过程中的包装损坏，还可以保证上市商品的完整性和合格度。

（4）仓储、配送功能。

港口物流仓储功能指转运和库存的功能，是各种运输方式转换的临时库存和为原材料、半成品提供的储存和管理服务。由于经港口进出口的货物种类繁多，其对仓储条件的需求也各不相同，因此，港口物流中心应仓储设施齐全才能满足不同货物的要求。货物在物流过程中移动的次数越少，其完好率越高，损耗量越小，操作成本也越低。港口位于大船作业的最前沿，这无疑给货物的收发、存放、保管、分流带来最直观的效益，一般港口均有与其货种相配套的专业仓储设施和管理方式，以达到物流运动的合理化和专业化，这样促使用户从"自有型仓库"向"合作型仓库"转变，从满足于"自我服务"向社会化分工的专业服务方向转变。

在现代物流中，港口除仓储功能外，还新增加了货物配送功能。配送功能在库存仓储、存货管理的基础上为企业生产提供后勤服务。港口物流服务中,应有功能较强的配送系统。同时,由于港口物流的配送覆盖面广,运输线路长,业务复杂,因此,需要配有相应的管理、调度系统。配送功能发生于运输和消费的交汇处,是港口物流体系末端的延伸。

在经济全球化的时代,高效的港口配送已成为促进贸易发展的必要和有力的工具。一些国家和地区在港口地区开发了货物配送和物流中心,以便处理货物的仓储待运和转运。新型仓储与配送功能具有各自的特点:货物配送不是一项纯粹的物资流通,而是与信息流通紧密结合在一起,提供诸如包装、再包装、定价、贴标志、产品组装、修理、退货处理等典型服务。而新型港口仓储增加了物流加工功能,对储存货物的流通加工产生了一定的附加值。

港口库存配送可以降低用户成本,同时也发挥了港口专业化优势,如减少单向物流人力、物力、财力的投入,综合调配库存、运力、资源等生产要素;以专业化的形态进行规模经营等。港口实施库存与配送的结果可以以总量较低的"集中库存"(港口组织专业化的库存)取代总量(总和)较高的"分散库存"(分散于各个用户的库存总和),使社会物流总成本降低,企业生产领域资金结构优化,减少不必要的生产配套投入和无形消耗。

(5)信息处理功能。

现代国际物流流程长、中间环节多、风险大、销售市场覆盖面广,因此,要求信息能够得到迅速处理与传递。港口不仅是货物流通的中间环节,而且是信息流通的中间环节。信息是物流的基础,以港口为基础的电子信息交流已从分散的流通发展成为高密度的信息流通方式,与其相关的是运输链上各程序的流水线处理。运输商、顾客、关税管理及其他有关方面通过电子数据交换(EDI)或者以互联网为基础的系统(开放的或者区域的),紧密联系在一起。目前,港口的信息中心侧重点应由内部局域网转向物流电子商务网,并与专门从事EDI服务的企业寻求在物流信息管理方面的合作,整合港口物流中心货物的信息流,为客户提供即时、便捷的信息服务。新加坡港于1989年采用了EDI贸易网络系统,使以往需两天办理的进出口许可申请缩短到15~30min,贸易服务效率迅速提高。目前,我国已有天津、青岛、上海、宁波等主要港口建立了EDI系统。

信息处理已经成为港口进行物流运作必不可少的功能之一。港口物流要对大量的、不同品类的、不同客户的、不同流向的货物进行管理、仓储、加工、配送,需要有很强的信息处理能力。通过利用港口优势的信息资源和通信设施以及EDI网络,为用户提供市场与决策信息,其中主要包括物流信息处理、贸易信息处理、金融信息处理和政务信息处理等。港口信息化程度越好,港口物流的效率越高。

(6)保税性质的口岸功能。

这种口岸功能是港口在区域或部分区域实现保税(海关监管)区的功能,并设有海关、检验检疫等监管机构,为客户提供方便的通关验放服务。

(7)其他服务功能。

港口物流还具有其他一些辅助性功能,如接待船舶,船舶技术供应,燃料、淡水、一切船用必需品、船员的食品供应,集装箱的冲洗,引航,航次修理,天气恶劣时船舶的救助等。

总而言之,在现代物流体系下发展起来的港口物流已成为一种重要的物流形态,港口物流功能的实现不仅使现代港口起到简化贸易和物流过程的作用,而且也巩固和提高港口在国际多式联运和全球综合物流链中的地位和作用,进而为国民经济和世界经济的发展发挥更大的作用。

3. 港口物流的特点

随着港口规模扩大、运输技术进步以及国际商贸活动的活跃,港口功能已从最早的换装,向提供以信息化为基础的全程物流服务的区域及国际性物流基地发展,从而使港口成为区域及国际经济大循环中的有机结合点。因而,以港口为依托形成的港口物流,实际上综合了国际物流、区域物流、城市物流、海运物流的某些特征,形成了自己独特的特点。

(1) 港口物流在国际物流链中居于中心地位。

① 港口物流具有综合物流中心功能。传统的港口活动仅有中转与产品分配功能。随着国际多式联运的发展与综合运输链复杂性的增加,港口作为全球综合运输网络的节点,其功能也将更为广泛。现代港口功能在不断地以港口为中心向内陆扩展,成为连续不断的运输链中的综合物流中心;同时,港口又具有商务中心的功能,为客户提供方便的运输、商业和金融服务,如代理、保险、银行等,成为商品流、资金流、技术流、信息流与人才流的汇集中心。

② 港口物流在区域物流组织中的地位与作用日益突出。一是大型港口强大的综合服务和对区域经济的影响能力,不仅成为区域综合运输网络的重要组成部分,同时也是物流发展的重要支撑;二是大型港口服务功能的多元化与辐射作用,使其成为区域物流组织的中枢,扮演着区域物流中心的角色;三是大型港口处于陆运与水运的联结点,对依托港口的国际、国内贸易所产生的物流服务具有重要保障作用;四是支持和促进依托城市及腹地区域的经济发展,通过促进腹地的各个地区及城市间物资交流、经济结构与产业结构调整,为其发展提供了更多的机遇和更有力的支持;五是支持和促进港口自身及集疏运系统的建设与发展,使港口与其所在地区经济之间形成良好的互动发展关系。

(2) 港口物流的发展体现了国家物流发展的总水平。

港口由于其独特的地理优势以及比较完备的硬件设施,形成了既有的先天优势。港口汇集了大量的货主、航运企业、代理企业、零售商,成为物流、人流、技术流、资金流的交汇中心。同腹地物流相比,港口物流的实践者比较容易接收到最先进的技术和管理理念。港口作为国际物流链的中心,使得这些先进的技术与管理通过物流链渗透到陆向腹地。由此可见,一个国家港口物流的发展水平很大程度上决定了这个国家物流的发展水平。

(3) 港口物流发展受国家政策和国际环境的影响。

港口物流服务除了一般意义上的物流服务,还包括关检、海上救助和海事法庭等特殊服务。国际政策往往在很大程度上决定了港口物流的发展水平,港口的经济同周边国家有着不可分割的关系,周边国家的经济发展水平、经济体制、开放政策和外交政策等一系列因素都会影响港口物流的规模。

(4) 港口物流发展与集疏运体系及腹地经济等有关。

① 港口物流需要完善的集疏运系统。为了提供快速、可靠和灵活的物流服务,港口必须能够提供与其海向腹地和陆向腹地相连接的高效集疏运系统。针对当前港口面临陆上铁路、特别是公路集疏运能力不足的问题,港口需要依托所在城市整体发展布局及规划,将港口集疏运路网与城市交通路网进行有效衔接,并且在进行路网规划设计时参考城市意见,协调港城关系,达到互惠互利的目的。在海上方面扩大与班轮公司和其他港口间合作,增加挂靠点,开辟新航线,实现海上疏运的通畅。

②港口物流的发展受制于自身的区位及腹地经济。港口物流的发展不仅与港口自身的区位、码头条件、服务水平、物流环境等有关,也与港口所在城市的经济实力,甚至与港口腹地的经济发展情况密切相关。对于港口物流而言,腹地经济的发展水平、规模以及该地区的人口密度都会直接影响港口物流的吞吐量。另外,腹地的交通运输体系是影响港口物流的另一重要因素。目前,港口已经成为城市不可分割的重要组成部分和新的经济增长点。

(5)港口物流为增值服务提供了便利。

从现代物流服务的内容来看,港口具有十分突出的区位优势。在现代物流不断发展的进程中,港口不但可提供货物中转、装卸和仓储等现代物流服务,还可以提供多样化的物流增值服务,比如提供货物的快速运输、实时跟踪查询、物流加工、仓储、分拨、配送、信息处理分析,甚至包括供应链解决方案、企业物流模式设计等物流增值服务。此外,港口还可利用其信息与通信以及 EDI 网络,为用户提供所需的市场与决策信息。港口也是一个人员服务中心,提供贸易谈判条件、人才供应和海员服务等,并提供舒适的生活娱乐空间,强化港城一体化关系。

(6)港口物流面临比其他物流更加激烈的直接竞争。

随着国际贸易的迅速发展,航运竞争日趋激烈,船舶大型化、高速化和集装箱化成为不可改变的趋势,港口之间竞相发展物流中心,使得港口物流之间的竞争日益激烈。港口面临的竞争不仅来自邻近港口,还来自具有区域战略地位的国外港口。

(7)港口物流具有集散效应与整合效应。

①港口物流具有集散效应。港口作为国际运输体系的节点,因其国际货物的装卸和转运而产生了装卸公司、船运公司和陆运公司;又因船舶的停靠而产生了船舶燃料给养供给、船舶修理和海运保险;在货主和船公司之间还形成了无船承运人、货物代理和报关代理等中介公司。随着现代物流的形成和发展,围绕港口的新型企业则是以物流增值作业为特色的物流园区和物流中心。港口对一个地区或城市的开放和发展外向型经济起到了得天独厚的作用。从国际上看,凡是发达的综合性港口,它所依托的城市就发达,且多是区域化。

②港口物流具有整合效应。全球经济一体化的趋势促使港口物流必须向国际化、规模化、系统化发展,港口物流产业内部的整合,与陆域、航空物流的全方位合作势在必行。同时,港口物流的服务功能也会凸显一体化的特点,实行进一步拓展。港口物流将充分依托港口腹地运输、拆装箱、包装、库存管理等方面的服务,并提供最佳物流方案。

4. 港口物流的发展过程

伴随着港口从第一代港口向第四代港口的发展历程,港口物流的发展经历了从传统物流到配送物流、综合物流和供应链物流几个发展阶段。

(1)传统物流阶段。

20 世纪 40 年代以来,物流逐渐得到人们的认识和重视,但自 20 世纪 60 年代末,港口一直被认为是纯粹的"运输中心",主要功能是运输、转运、储存,港口物流处于传统物流阶段。

(2)配送物流阶段。

20 世纪 60 ~ 80 年代,EDI、JIT、配送计划以及其他物流技术的不断涌现、应用和发展,为物流管理提供了强有力的技术支持和保障。与此同时,集装箱运输的高速发展和集装箱运输船舶的大型化对港口的生产能力和效率提出新的要求,国际贸易的发展也带来了对国际配送的需求,许多大型跨国公司纷纷在各大港口建立配送中心,港口物流的发展也逐渐步入集运输、转运、储存、拆装箱、仓储管理、加工功能于一体的配送物流阶段。

(3) 综合物流阶段。

20世纪80~90年代,电子商务发展如火如荼,为港口物流带来了交易方式的变革,使物流向信息化发展并进一步向网络化方向发展。此外,专家系统和决策支持系统的推广,使物流管理更加趋于智能化。这些都使现代物流上升到了前所未有的重要地位。现代港口逐渐发展成为集商品流、信息流、资金流、人才流于一体的重要的物流中心。

(4) 港口供应链阶段。

进入21世纪以来,现代信息技术和现代物流的发展步入了一个全新的阶段,全球物流、共同配送成为物流发展的重要趋势,港口除了继续发挥其装卸集装箱货物的运输功能外,还主动参与和组织与现代物流有关的各个物流环节的业务活动及其彼此之间的衔接与协调工作,成为全球国际贸易和运输体系中的主要基地。港口物流正积极谋求融入某一条或几条物流链,以进一步增强港口的竞争力。

二 港口物流的发展模式

1. 港口物流发展模式含义

港口物流发展模式是指,各个港口根据外部环境和自身条件可供选择的发展物流的模式,包括港口物流发展的目标、方式、发展重心、途径、步骤等一系列要素。

从世界港口的发展历程可以看出,港口向高级阶段发展的历程,也是物流功能不断强化、完善的过程。世界上已经步入第四代的港口,如新加坡港、鹿特丹港等,都有成功的港口物流发展模式。就我国大陆港口的发展现状而言,大多数港口正处在第二代、少数港口处于第二代向第三代迈进的过程,构建和完善物流功能,就成为港口发展的重要内容。因此,借鉴世界先进港口物流发展经验,对探索我国港口物流发展模式具有重要的现实意义。

港口物流发展模式的选择,实际上是根据港口自身的特点,辩证地吸取其他港口的先进经验,制订港口物流发展目标及对策的过程。

2. 港口物流发展模式与港口发展战略

一个港口的发展战略由多项职能战略组成,例如,港口竞争战略、港口投资战略、港口物流战略、港口人才战略,这些是指港口发展方向、发展模式等方面的目标与措施。制订港口物流战略的重要作用在于为港口物流发展指明方向,它是建立在科学把握港口发展阶段、物流发展阶段、港口城市与腹地经济的发展水平、支柱产业的状况和需求走势等要素基础之上的。

可见,港口物流发展模式是港口物流战略的主要内容,而港口物流战略又是港口众多职能战略的一部分。因此,港口物流发展模式选择可以应用港口企业战略选择的思路和方法。但不能将港口发展战略等同于港口物流发展战略,二者有密切关联,但绝不等同,因为物流的范围更广、涉及的领域更多、问题也更复杂。因此,与一般的港口发展战略相比,港口物流发展战略有其自身的特点。

(1) 更强的综合性。

与港口系统相比,物流系统涉及面更广,政府管理部门更多、环节更多、链条更长、要求更高,因此综合性更强、难度更大。

(2)更强的动态性。

物流系统本身及其所处环境的复杂性和多变性导致了港口物流系统的多变性。从宏观上看,物流产业正处于一个发展的时期,很多规则还不健全,国家有关物流业的经济政策也正处于不断完善的过程之中。从微观上看,物流业务管理还受到科学技术发展的影响。新的理念和技术都会促使物流企业生产管理、基础设施建设、经营理念的变化,因此,港口物流战略具有更强的动态性。

(3)明显的阶段性。

港口的发展要经过第一代港口、第二代港口、第三代港口和第四代港口的不断完善。物流的发展也有部分功能整合、物流一体化、供应链管理、物流社会化等不同阶段。所以,港口物流发展模式要结合港口本身的发展历程和物流管理的发展过程综合考虑,规划出适合本港口物流发展阶段的相应的发展目标、发展方案和配套措施。

(4)更多差异性。

更多差异性源自于市场对物流服务提出的个性化要求,客户对港口物流服务的关注呈现多元化特点,有的客户追求规模化带来的低成本,有的客户则追求服务的准时化、精细化及一站式服务等。随着环境变化,人们对保税服务、物流金融服务等新型服务需求日益增加。生态文明理念的增强,使人们对物流活动还提出降低消耗、降低能耗、降低污染等要求。物流的任务不单纯是降低成本,更要通过提供服务帮助客户增加价值,同时满足人类社会及经济可持续发展的要求,这迫使港口粗放式的经营理念必须发生转变。

3. 港口物流发展模式选择的思路

港口物流发展模式是港口物流战略的重要内容之一。制订港口物流发展战略,其重点就是研究与确定港口物流发展模式的定位及其中长期目标。在制订物流发展战略时,港口企业可以应用战略选择的思路与方法,同时要对港口物流发展战略特征给予足够的重视。

制订港口物流战略的一般步骤如下:

(1)进行物流环境分析,即对影响港口物流发展的内部因素和外部条件进行分析,明确物流发展趋势和发展方向。

(2)基于SWOT分析等,选择和制订港口物流发展战略。

(3)要选择港口物流发展模式,对港口物流发展的阶段进行划分和定位,并提出相应对策。

4. 港口物流发展模式分类

世界各国港口物流发展内外环境的不同,决定了港口物流发展模式的多种多样。而且,港口物流发展模式是人们关于港口物流发展的规律和经验的总结,带有一定的主观性,因此没有统一的模式分类方法。从相关文献来看,港口物流发展模式主要有以下几种分类方法。

(1)根据港口物流发展的推动力不同来分。

根据港口物流发展的推动力不同,港口物流发展模式可以分为交通枢纽型港口物流、商业带动型港口物流、工业带动型港口物流和综合型港口物流4种类型。这一分类方法侧重的是促进港口物流发展的外部环境。

①交通枢纽型港口物流。交通枢纽型港口物流也称作中转型港口物流,这类港口处于国际航线的交通枢纽地位,主要为国内外各地区的经济联系以及运输服务,是海运货物和旅客中转换乘场所。比如,新加坡港就是典型的交通枢纽型港口物流中心。

②商业带动型港口物流。商业带动型港口物流也可称作贸易型港口物流,这类物流的发展主要是由商业、贸易的发展而带动起来的,主要功能是为发展国内外贸易服务,是海运和内河航线货物和旅客的起止点。比如,纽约港就是典型的商业带动型港口物流中心。

③工业带动型港口物流。工业带动型港口物流也可称作加工型港口物流,这类港口或者因为附近发现重要矿床而成为冶炼基地的工业港,或者因为接近燃料、原材料基地及其他原因发展成为加工业中心的工业港,主要是为原材料、产成品、燃料等物资的进出港服务,是供应链上的一个重要环节。比如,日本横滨作为东京—横滨工业区的核心城市,重点发展港口海运业和临港型工业,使横滨港成为典型的工业带动型港口物流中心。

④综合型港口物流。由于许多港口条件优越,港口不仅仅是货物周转的口岸,更是国际贸易中心和工业基地,综合型港口物流往往兼有多种类型港口物流的性质和功能,可以综合地为多方面服务。比如,荷兰鹿特丹港就是典型的综合型港口物流中心。

(2)根据港口在区域物流网络中的地位不同来分。

根据港口在区域物流网络中的地位不同,港口物流发展模式可分为港口物流中心模式、港口区域物流体系模式、区港联动模式三种。这一分类方法,侧重的是港口在区域物流网络中的地位和作用。

①港口物流中心模式。在物流网络中,港口是一个重要环节,是物流基地、物流枢纽或物流中心,是物流企业的聚集地,因此,物流中心模式是最常见的港口物流发展模式。这一模式是港口在既有货运业务基础上,进一步加强并整合存储、装卸搬运、包装、流通加工、物流信息处理等功能,以使其具有物流中心的职能,使港口作为物流中心来组织协调整个物流链的运作,向客户提供全方位、全过程物流服务。

这种模式适合于那些具有雄厚实力与广泛基础的枢纽型港口。世界上很多国际航运中心都是在原有海运业务基础上,丰富业务领域与港口功能,成功建设成物流中心。

②港口区域物流体系模式。港口区域物流体系模式是以港区为中心,以港口辐射的经济区域为依托,建设临港物流园区—物流中心—配送中心的发展模式,即在邻近港区内建立物流园区、港口腹地主要城市,或邻近大型企业建立物流中心、在中小城市和中小企业周边建立配送中心,来构建分层次的区域物流网络体系。这一模式的关键条件是腹地与港口之间要具有较强的产、供、销及物流服务关联关系。

这种模式最适合那些港口规模与实力不十分强大,但又迫切希望扩大服务范围的港口,通过3个层次物流体系的建立,港口影响力可以更加深入到内陆地区,也更有利于港口完善集疏运网络。

③区港联动模式。区港联动模式是指保税区与邻近港口合作,在港口划出特定区域(不含码头泊位)建立保税物流园区,实行保税区的政策,以发展物流业为主,按境内关外实行封闭管理。该模式可使港口充分利用区位优势和保税区的政策优势,将物流的仓储服务环节移到口岸,扩展港区功能,实现口岸增值,进而推动物流业务发展。

联动区域除享受保税区免征关税和进口环节税等方面的政策外,还叠加了出口加工区的政策,即实现国内货物入区视同出口,办理报关手续,实行退税,从而改变了保税区现行的货物实际离境方可退税的方式。此外,区港联动区域实行封闭管理,参照出口加工区的标准建设隔离设施,专门发展仓储和物流产业,区内不得开展加工贸易业务。

继保税物流园区之后,我国又设立了开放层次更高、优惠政策更多的保税港区。保税港区是指经国务院批准,设立在国家对外开放的口岸港区和与之相连的特定区域内,具有口岸、物流、加工等功能的海关特殊监管区域。保税港区将港口的物流功能和保税区的特殊政策完美结合,实行出口加工区、保税区和港区的三区合一,更能充分发挥区位优势和政策优势。这一模式的关键是获得政府相关部门批准,从2005年6月设立上海洋山保税港区开始,至2010年,我国已经获批了14个保税港区。

(3)根据港口物流园区(中心)经营方式的不同来分。

根据港口物流园区(中心)经营方式的不同,港口物流发展模式可以分为以下4种。

①地主型物流园区(中心)模式。在这种模式下,港口管理局统一对码头设施、临港工业以及其他物流设施进行管理,他们拥有很大的经营管理自主权和土地使用权。港口管理局拿出一部分仓库和堆场,开辟公共性物流中心,物流中心建成后,有重点地选择业务基础牢固、信誉好的物流经营方来加盟经营,而港口管理局只负责管理和提供配套服务,自己不参与物流中心的经营。鹿特丹港就是这种模式的典型代表。

②共同出资型物流园区(中心)模式。该模式是指港口联合数家水、陆运输企业共同构建物流园区(中心),有时甚至可以是股份制形式。其优点是,一方面可以解决港口资金缺乏的困境,另一方面通过与国内外先进的物流企业进行合作,可以更快地了解和掌握国内外现代物流中心的经营、管理和运作方式。安特卫普港采用的就是这种模式。

③独立型物流园区(中心)模式。该模式是指由码头经营商直接投资建设物流园区(中心),并负责港内的物流业务。这是一种高度市场化的经营模式,港口运营商完全依靠自己的力量经营各种物流业务,他们所经营的业务有竞争同时又互补,共同形成物流中心及其运营网络。香港港就是这种模式。

④联合型物流园区(中心)模式。这种模式是指港口与保税区,或者与所在城市共同构建物流园区(中心)。港口所在地政府在调整港口产业、产品结构方面提供帮助,解决港口用地、仓储、疏港道路等方面的困难,而港口则竭尽全力发展物流业务。新加坡港是这种模式最典型的代表。

(4)根据港口的战略联盟不同来分。

在经济全球化、一体化的今天,战略联盟已经成为港口发展物流的主要模式,其不但可以解决发展中的资金短缺问题,而且能够提高物流的专业化程度与服务质量,获得长期稳定的资源。依据港口物流联盟位于物流服务链条上的位置不同,可分为两大类:纵向联盟与横向联盟。其中,纵向联盟又可分为港口与航运公司联盟、港口与货源企业联盟、港口与物流企业联盟等;横向联盟指的是港口与港口联盟。

①港口与航运公司联盟。国际货运量的80%是通过海上运输完成的,所以港口物流的发展对航运有很大的依赖性。但现阶段,船舶大型化导致挂靠港口向少数港口集中的趋势,航运公司联盟的加强使其在与港口的市场博弈中更具主动权,不断升级的港口建设也加大了航运公司对停靠港口的选择范围,这些因素导致港口间竞争日益激烈。如果一个港口失

去了一些航运联盟的船舶停靠,就会失去大量的货源,为了避免这种情况的出现,港口开始与船公司联盟。联盟的形式可以多样化,如出租码头给航运公司或者允许航运公司参股运营港口,合作建设基础设施等。目前,全球主要枢纽港口大多与知名的班轮公司形成战略联盟,这样不但可以保证货源,而且可以借助班轮公司的国际运输、代理网络将业务向外拓展。如新加坡港务集团与地中海航运合作在巴西古丹港成立 MSC—PSA 亚洲集装箱码头,兴建3个泊位,年设计集装箱吞吐量可以达到200万标准箱。

②港口与货源企业联盟。在市场竞争条件下,为了确保获取长期稳定的货源,港口可以依靠本地区优势,引进各类加工业在临港地区进行生产,大力发展临港工业。临港工业的发展是港口物流发展的后盾。港口最好能与货源企业建立长期合作关系,形成战略联盟,共同经营码头或是出资建设集疏运系统。例如,青岛港利用自己的地理位置优势,先后与海尔集团、青啤集团、双星集团、青钢集团等众多腹地知名企业建立长期战略合作伙伴关系,确保港口物流的长期发展。

③港口与物流企业联盟。与资源或功能互补的物流企业结成联盟,是港口快速发展物流的另一个渠道。例如,世界上最大的物流设施开发商普洛斯公司,不仅是国外多个港口的合作伙伴,而且也已成为中国许多港口的合作伙伴。普洛斯公司有着丰富的物流地产经验,在北美洲、欧洲、亚洲等地的80多个国家和地区开发并管理约2400家配送设施、分支机构与物业资产,为众多的世界知名企业提供物流设施租赁服务。深圳盐田港、上海港、大连港等也有其投资的物流设施。

④港口与港口联盟。港口与港口联盟是港口联盟最常见的方式之一,其涉及范围也非常广泛,既可以是同一区域内也可以是不同区域的联盟,既可以是同一国家联盟也可以是不同国家之间的联盟。由于国际集装箱运输的高速发展、港口腹地的高度关联性,港口之间的竞争已经愈演愈烈,随之而来的是重复建设以及资源的浪费,因此港口群的协调发展已成为必然趋势。港口与港口联盟可以使港口间避免激烈的竞争,做到取长补短、合理分工,共享现有资源,降低本地区物流成本,提高物流效率和竞争力。很多国家已经意识到这一点,将地理位置临近、腹地交叉的港口组合成分工明确的湾港口群,例如,我国的长三角港口群、珠三角港口群等。

(5)根据单一主体投资(或经营)的物流网络覆盖港口数量不同来分。

根据由单一投资主体投资(或经营)的物流网络覆盖的港口数量不同,又可以分为单点式、网状布局式两种,单点式即只在一个港口投资或经营物流业务;网状布局式则在多个港口投资或经营物流业务。

港口物流网状布局模式是具有丰富港口运营管理经验的港口运营商或拥有雄厚资本的投资商,跨区域甚至是在全球范围内采取独资或合作的形式投资(经营)、港口运营商投资(经营)、物流服务商或物流地产商投资(经营)等类型。

①投资主体具有船公司背景。如 AP 穆勒·马士基——全球最大的集装箱航运公司,以航运起家,利用其全球航线网络逐步向港口运营渗透。目前,马士基在全球共投资了40个集装箱码头,其中,在中国的大连、天津、青岛、上海、深圳等港口共投资了13个码头。

②投资主体具有港口运营商背景。如和记黄埔港口(HPH)、新加坡港务集团(PSA)、迪拜世界港口公司(DP World)及招商局国际(CMHK)等。以新加坡港务集团为例,其经营的

码头达 26 个,遍布 18 个国家,构成了港口物流网络。

③投资主体为物流商。在国外,一些大型物流企业会在多个港口投资或经营物流业务,例如在世界物流行业排名第五位的日本通运公司,不仅在日本本土多个港口开展物流业务,而且在韩国、中国等多个港口也开展物流业务。再如著名物流地产商普洛斯公司,也在许多国家和地区的港口投资物流地产。

5. 世界典型港口物流发展模式分析

(1) 鹿特丹港。

鹿特丹港位于莱茵河和马斯河入海的三角洲,濒临世界海运最繁忙的多佛尔海峡,是荷兰和欧盟的货物集散中心,素有"欧洲门户"之称。目前,该港年吞吐量有超过 5 亿吨的纪录,位居世界级大港前列。它不但承担着国际货物和国内货物的水陆中转任务,而且是重要的国际贸易中心和工业基地,是港城一体化的国际城市。鹿特丹港吞吐的大部分货物的发货地或目的地都是欧洲其他国家,大量的货物通过发达的内陆运输网进行中转,运抵欧共体各成员国。具体说来,鹿特丹港物流发展模式主要有以下几个特点。

①政府统一规划,企业自主经营。鹿特丹港的土地、岸线和基础设施的所有权属于鹿特丹市政府,市政府下设港务局,负责港口的开发建设和日常管理工作。港务局对港区内的土地、码头、航道和其他设施统一规划和投资开发,在港区内开辟专门的物流中心,重点引进和布局与港口相关的产业。参与经营的私人企业以租赁方式进驻,一般只需投资码头上的机械设备、库场及其他一些辅助配套设施,从而使更多的私人企业能参与该港的经营。由于港区与物流中心实行一体化管理,鹿特丹港能使港口的各项设施为物流中心的发展提供更好的服务,同时物流中心的发展也能进一步促进港口自身乃至区域经济的发展,从而使二者互相促进,协调发展。

②配套设施完备,运作效率高。鹿特丹港配套设施完备,码头、堆场、仓库、装卸设备、环保设施、水陆空交通运输网以及各种支持保障系统非常完善,集装箱装卸过程完全用计算机控制;港口经营管理者的文化、业务素质高,经验丰富,港口管理设备和操作手段高度现代化。完善的水陆空腹地交通运输网使得货物在 24h 内便可送达以鹿特丹为中心、半径为 500km 的范围内的目的地。鹿特丹港通过铁路网与欧洲各主要工业地区相连,直达班列开往许多国外目的地。从鹿特丹到欧洲内陆的水上交通网也十分发达,内河航运更具环保、可靠、价廉及安全等优点。在鹿特丹港中转的货物大约有 40% 是通过驳船运往欧洲内陆的,充裕的近洋运输条件可以通过二程运输把洲际货物运往目的地。空运货物可以通过 80km 外的阿姆斯特丹国际机场或鹿特丹国际机场进出。此外,鹿特丹港还为客户提供多式联运等个性化运输和中转服务,鹿特丹港每天工作 24h,每周工作 7 天,每年工作 52 周,确保满足欧洲的每个货运需求。

③物流中心专业化、规模化。鹿特丹港成功的一个关键就在于在有限的港口资源条件下建立和发展物流中心,早在 1998 年该港就建立了配送园区,发展专业化的物流服务,从而成为世界各港纷纷仿效的范例。目前,鹿特丹港港区及腹地设有 Eemhaven、Botlek 和 Maasvlakte 三个专业化的大型物流中心。Eemhaven 物流中心面积约 35 万 m^2,主要提供大宗产品,如木材、钢材等的储存和配送服务;Botlek 物流中心面积约 105 万 m^2,是石油、化工产品专业配送中心;Maasvlakte 物流中心面积约 125 万 m^2,靠近港口码头,入驻企业是在欧洲建立配

送中心或期望加强供应链控制的大型企业。鹿特丹港务局还计划再增加55万 m^2 的物流中心区域。这些物流中心的位置一般靠近港口码头以及铁路、公路、内河等运输设施,建有连接码头的专用运输通道,采用最先进的通信和信息技术,有充足、熟练、专业的劳动力,可以提供物流运作的必要设备、场地、各项增值服务以及海关的现场办公服务。各物流中心一般都设有配送园区,这里的配送园区是许多企业在欧洲的配送中心,一些小规模企业也可利用这里的配送商把货物即时送到欧洲的许多地方。

④港城一体化并与港口腹地工业形成物流链。鹿特丹作为重要的国际贸易中心和工业基地,在港区内实行"比自由港还自由"的政策,是一个典型的港城一体化的国际城市,其拥有大约3500家国际贸易公司,拥有一条包括炼油、石油化工、船舶修造、港口机械、食品等部门的临海沿河工业带。

港口工业已成为鹿特丹港经济的重要组成部分,鹿特丹港约有50%的增加值来自港口工业,港口工业雇员高达2万人。鹿特丹港是世界三大炼油基地之一,也是重要的化工工业基地,全球著名的炼油及化工企业,如壳牌、科威特石油公司、阿克苏诺贝尔、伊斯特曼等都在鹿特丹港投资建厂。港区拥有4个世界级精炼厂、30多个化学品和石化企业、4个工业煤气制造商、12个主要储存和配送企业,炼油及化工业占据了港区 $48km^2$ 面积中约60%的面积。

管道运输对于鹿特丹石化公司非常重要,港口工业园区在地下共铺设了1300km的管道,它不但连接了港口工业园区的各公司,同时将原料运进或运出内陆。食品工业是另一个非常重要的产业,贸易、存储、加工以及运输公司全集中在港区,联合利华、可口可乐等是其中一些代表。对于欧洲各大超市来说,鹿特丹就是他们位于海边的超市,他们可以在鹿特丹找到所有想要的东西。

⑤全方位寻求联盟合作。面对竞争环境的变化,鹿特丹港不断调整战略,全方位寻求联盟合作。面对大的船公司希望对装卸程序能有更大的控制权的需求,鹿特丹港允许船公司在此经营船东码头,马士基、铁行渣华等已经在鹿特丹港拥有了自己经营的码头。为提高港口与腹地间的运输效率,鹿特丹港务局还与经营近海运输、驳船运输和铁路运输的企业进行战略合作。

⑥转变管理职能、创新管理机制。鹿特丹港务局面对新的挑战,注重改变管理职能,传统的管理任务是"发展、建设、管理并经营港口和工业园区,实施高效、安全、便捷的船务运输管理"。目前,鹿特丹港务局正在扮演着一个商业企业合作伙伴的角色,对物流链进行战略性投资,以巩固鹿特丹港和工业园的地位。

从推动鹿特丹港物流发展的动力分析,其位于欧洲主要交通枢纽,腹地工业、商贸均很发达,这些都成功助推了鹿特丹港口物流的发展,属于典型的综合型物流模式。

从港口在区域物流网络中的地位分析,鹿特丹港不仅已发展成为功能齐全的欧洲物流中心,也成为许多大型企业在欧洲配送体系的重要组成部分。鹿特丹港不仅拥有显著的区港联动特色,也采用了战略联盟模式。

从港口物流园区(中心)的经营方式分析,鹿特丹港属于地主型物流园区(中心)模式。

从鹿特丹港的物流发展模式分析不难看出,其成功得益于充分发挥自然优势,采取多渠道、全方位的综合物流发展模式。

(2)安特卫普港——共同出资型物流中心模式。

安特卫普港位于比利时北部斯海尔德河下游,距北海约 80km,是欧洲第二大港,港口接近欧洲主要生产和消费中心,吞吐量的一半为转口贸易,是欧洲汽车、纸张、新鲜水果等产品的分拨中心,运输量几乎 100% 是国际运输。具体说来,安特卫普港物流发展模式主要有以下几个特点。

①港务局与私营企业共同投资。与竞争对手鹿特丹港相比,安特卫普在港口物流中心的建设过程中,港务局的投资主要集中在港口基础设施,而物流、土地开发以及海运业务则由私营企业经营。多年来,安特卫普港务局预留了大批土地用于发展港内斯海尔德河两岸的配送业务,由于政策对路,安特卫普港的物流发展取得了很大的成就。目前,安特卫普的物流供应商能够向用户提供的仓库面积达到 480 万 m^2,还有面积约 5809hm^2 的"左岸"地区正在开发,可谓潜力巨大。

②完善各项基础设施,为物流中心发展提供条件。安特卫普港为发展做好了土地资源储备,这在土地资源弥足珍贵的今天是很难得的。不仅如此,安特卫普港还有现代化的汽车、钢材、煤炭、水果、粮食、木材、化肥、纸张、集装箱等专业码头设施,备有各式仓库和专用设备,建有炼油、化工、石化、汽车装备和船舶修理等工业开发区。港区还拥有优质的信息自检系统,自动化的装卸设备,高科技的电子数据交换和信息管理系统以及完善的交通运输网络等,这些都为安特卫普港发展成为跨地区跨国的物流链的中心节点提供了良好的基础条件。

③超前建设大规模的物流中心。安特卫普港内的一家主要装卸仓储公司——卡通内特公司正在负责建设一个高科技物流园区,该公司目前已获得 105hm^2 港区地块,场地筹备费用估计为 8 亿比利时法郎。另外,位于安特卫普五号码头的欧洲物流中心也正在兴建中,该项目总投资超过 5 亿比利时法郎。该中心建成后将由欧洲港口物流公司经营,一期工程包括一个 35000m^2 的物流中心,由 5 个 7000m^2 单元组成;二期工程包括一个占地 10000m^2 的仓库,目前正处于研究阶段。欧洲港口物流公司同时还在博奇地区经营一家新的欧洲配送中心,该中心紧靠安特卫普港,总面积约 8250m^2,从事纺织品及家用电器业务,产品主要出口非洲。

④大力发展临港工业,扩展腹地。广阔的市场是港口物流发展的重要推动力量,而市场的形成主要是依靠临港工业的发展和广大腹地的经济发展。安特卫普港以港区工业高度集中而著称,是比利时第二大工业中心,主要工业有炼油、化学、汽车、钢铁、有色冶炼、机械、造船等。安特卫普港目前已建成全球最大的化工集群,成为仅次于休斯敦的世界第二大石化中心。安特卫普港腹地广阔,除比利时外,还有法国北部、马尔萨斯和洛林、卢森堡,德国萨尔州、莱茵—美茵河流域、鲁尔河流域及荷兰的一部分,这些地区经济发达,市场需求旺盛,极大地推动了安特卫普港物流的发展。

⑤谋求与港、航企业深度合作。安特卫普港不仅与欧洲港、航企业广泛合作,而且伴随中亚、欧洲经贸的持续稳定发展,也积极拓展与中国的航运公司、港口合作,结成战略联盟,希望能与中国的港口、船公司开展合作项目。早在 2004 年 11 月,上海港与安特卫普港共同签署了《关于继续上海港和安特卫普港友好港协议的备忘录》(简称《备忘录》)。根据《备忘录》,两港将在信息交流、港口咨询和人员培训等方面继续加强合作,推进两港友好关系。之后,安特卫普港又与宁波港签订了《宁波港和安特卫普港缔结友好港协议》。

从安特卫普港的物流发展模式分析可以看出,其与鹿特丹港有很多相似的地方,如都处于重要的交通枢纽位置,发达的腹地工业、商业、贸易为其提供了充足的物流需求;港口物流设施、功能完善;积极寻求与港、航企业的合作。一个明显的不同是,安特卫普港的物流中心属于共同出资型的多方合资经营模式。

(3)香港港。

香港港连续十几年占据世界第一或第二大集装箱港口位置,是国际航运中心、国际重要的集装箱枢纽港,是地区性国际贸易中心、国际金融中心,也是重要的国际物流中心。具体说来,香港港口物流发展模式主要有以下几个特点。

①区位优势。香港地处包括港澳在内的珠江三角洲地区,该地区目前已成为举世瞩目的强大制造业中心,并正在向服务业、高增值行业转型,不仅为本区域,也为内地以及整个东南亚地区提供服务。香港与珠江三角洲地区人口总计约5000万人,两地的本地合计生产总值超过许多国家和地区,经济实力很强。香港是内地最大的贸易伙伴,内地也是香港转口货物的最大市场兼主要来源地,香港约有90%的转口货物是来自内地或以内地为目的地。香港凭借一流的运输设施和交通网络,加上珠江三角洲的强大生产能力,迅速发展成为连接内地与世界市场的物流枢纽。

②特区政府的强力支持。香港特区政府高度重视物流业的发展,提出要把香港建成国际及地区首选的运输及物流枢纽中心,香港成立了物流发展督导委员会和香港物流发展局,强化与港口物流相匹配的服务功能,健全法律制度,提供金融与保险等一系列物流援助或服务、快捷高效的海关通关服务等。特区政府为提高香港作为亚洲运输及物流枢纽的地位,还在北大屿山选址发展现代化物流园,同时,加强香港港的资讯和基础设施建设。

③优越的硬件设施、完善的软件体系。香港地处亚太地区中心,是中国南面对外的门户,是亚洲首屈一指的国际运输及物流枢纽,有完善的海、陆、空运输设施和配套设备。香港港拥有全世界最繁忙的集装箱码头,吸引了众多船公司挂靠,最具吸引力的是,香港港是一个自由港,这里高效、快捷和完善的服务赢得了世界称誉。

香港港在软件配套方面,拥有相对完善并为外国商家信任的法律体制;具备优质的国际性金融和保险服务;港务、运输等行业也提供24h制的各式客户服务。香港港的各类配套设施、物流服务、货柜码头的服务效率及素质,均属国际水准。在软环境方面,与物流有关的资讯科技、网站,甚至软件物流供应链管理设计公司,都有不同程度的参与。同时,作为供应链IT管理中心,香港的通信网络是另一优势。不论长途电话,还是专用电信网络,香港的运作成本都相当便宜。香港作为亚太地区重要的商贸中心,拥有强健的金融架构及完善的司法制度,资金可以自由进出,所以有逾900家国际企业在香港设立总部。因此,香港有优势成为亚太地区的供应链管理枢纽。

④物流企业功能强,实行一体化服务。物流企业行业相关度高,实行一条龙经营和一体化服务。以亚洲货柜物流中心为例,其中心大楼分A、B座,A座7层、B座13层,为全球规模最大及首栋多层式货柜处理中心。亚洲货柜物流中心母公司——环球货柜有限公司在香港有4个子公司,分别负责葵涌港3号码头的经营和管理、亚洲货柜物流中心的出租和管理、集装箱运输以及新业务拓展。4个分公司如同一个有机整体,互相补充,将分散的码头装卸、堆场、仓储、运输、包装等各环节的单一经营活动集中为一条龙经营,充分发挥整体的竞争优势。另外,物流中心还充分利用港口各项资源和设施,与海关等有关各方联合协作,

为企业提供包括腹地运输、拆装箱、报关、报检、包装、质量控制、库存管理、订货处理和开具发票等在内的一体化物流服务。

⑤围绕主业提供多种增值服务。香港充分利用其国际金融中心的有利条件,为企业提供金融、保险等方面的服务,提供货物在港口、海运及其他运输过程中的最佳物流解决方案以及其他各项餐饮、休闲、娱乐等辅助性增值服务。以亚洲集装箱物流中心为例,除提供物流综合服务平台,具有全面货物处理、集散及分配服务等主要功能外,还有零售、体育、娱乐、餐饮、银行、维修等辅助功能,其中心大楼A座1~6层及B座1~12层为各种仓库,A7、B7、B12设候车位,底层设有24h自助服务的银行ATM机,提供各种银行服务,同时还设有维修服务间,专门提供车辆维修服务,中间层提供仓储服务,顶层设写字楼、俱乐部、餐厅等提供餐饮及零售服务。

⑥物流自动化水平高。以香港国际货柜(HIT)集装箱堆场为例,其堆场的活动均以自动化系统进行计划、协调和监督,计算机系统存有每个集装箱的详细资料,提供多种查询、报告及分析工具,协助管理集装箱储存。自动化系统与资讯交换服务和闸口程序自动化系统联通,并具有显示堆场三维地图的特别功能,能随时提供码头最多9万个标准箱的准确位置。通过这些先进技术,缩短了船只靠泊的时间,加快了货柜车在码头的周转,并能对客户的特殊要求做特殊性处理。亚洲集装箱物流中心也是如此,其中心大楼设施先进、自动化程度高,内设自动控制交通系统、闭路电视安全监察防盗系统、自动通风冷气监控系统和先进的防火报警消防灭火系统等。

⑦物流信息化水平高。香港港目前使用的港口交通管理系统(VTS),其控制中心包括5个跟踪船舶用的操纵终端,它们存有《劳氏日报》所收集的大约4万艘船舶的情报信息,政府和船舶代理行所提供的情报信息也能存入各自船舶的信息中。港口物流的信息化不仅体现在对现有系统的电子化改造,更重要的是通过改善业务流程,提供统一的服务,从而提高港口的国际竞争力。这就需要构建综合性信息系统以便将复杂而重复性的进出港手续整合起来,使之变成简单的文件标准化、下端系统(卸货、保管、运输、包装、管理等)资料的信息化、集装箱码头的自动化等工作,充分利用现代信息技术实行网络化管理。以亚洲货柜物流中心为例,货车进出物流中心均由闭路电视系统实时监控,仓库操作信息通过专门设计的软件处理,并通过网络与各大船务公司等联网,实现货物的快递装运。此外,该中心还有可与世界著名的第三方物流链管理系统联网的客户信息服务网,可以提供电子船务查询、集散物流服务查询、物流操作管理系统、全面物业管理系统以及电子采购、电子商贸等各项业务。

⑧规划建设高增值物流园区。鉴于物流设施与港口发展的关系密切,香港港口及航运局在《如何加强香港作为全球及区域首选的运输及物流枢纽地位研究》中提出,在机场或港口后方规划建设增值物流园。增值物流园不仅提供一般的仓储服务,而且提供各种物流增值服务、准时制货物处理。

⑨重视人才。香港港与大学和教育机构、行业协会广泛合作,培养一流的港口物流操作管理人才。同时,通过建立全球公认的公务员廉洁制度,提高港口物流从业人员全员素质,从而提供优质的物流服务。

从推动香港物流发展的动力来分析,在发展前期,香港港交通枢纽型和商业带动型模式特点明显,随着华南地区外向型工业的发展,香港港也具有工业带动型成分,因此,香港物流发展也属于综合型模式。

从港口物流园区(中心)的经营方式分析,香港港属于独立型物流园区(中心)模式,即由港口企业自行组织专业化物流中心,利用港口的设施、人力和上下游业务关系开展物流业务。

[技能训练目标]

通过对我国现有的港口物流发展现状调研学习,了解当前港口物流发展模式的特点,港口物流建设与港口发展之间的联系,了解影响港口物流发展模式的选择因素。

[技能训练准备]

(1)学生每6人自由结成一个小组,每个小组选一名组长;
(2)教师提出完成任务的具体要求和考核标准;
(3)教师组织学生参观港区/物流园区或学生自己联系港区/物流园区进行调研。

[技能训练步骤]

(1)每组共同进行调研活动,分析调研资料、撰写港口物流调研报告,报告署名按照贡献大小排列。
(2)港口物流调研报告的课堂发表分小组进行,每小组派代表陈述。
(3)教师组织学生对每组调研报告进行学习讨论,依据考核标准进行成绩评定。

[技能训练注意事项]

(1)一丝不苟,认真撰写港口物流调研报告。
(2)调研报告内容确定要有依据、要准确。
(3)调研报告格式规范、条理清晰、阐述流畅。

 思考练习

一、简答题

(1)简述港口的构成。
(2)简述港口物流的含义。
(3)现代港口物流应具备哪些基本功能?

二、思考题

(1)港口对地区的经济发展有哪些作用?
(2)现代港口如何选择港口物流发展模式?

三、案例分析

新加坡港称雄的"奥秘"

新加坡港已发展成为国际著名的转口港和世界第一大集装箱港口,是世界最重要的航运中心之一。新加坡港的成功发展有许多经验和做法值得借鉴。

1. 发展集装箱中转业务

从1960年开始,集装箱运输在世界上逐渐兴起。新加坡港抓住机遇,开始大力兴建集装箱专用泊位,首个泊位于1972年投入运营。通过逐步改建和新建集装箱专用码头,配合积极的集装箱中转政策,并与政府和相关行业紧密协作,新加坡港由此迅速发展,转变成为地处东南亚的集装箱国际中转中心。

新加坡港与世界上123个国家和地区的600多个港口建立了业务联系,每周有430艘班轮发往世界各地,为货主提供多种航线选择。有了如此高密度、全方位的班轮航线作为保证,需要中转的集装箱到了新加坡很快就会转到下一个航班运往目的地。新加坡港的大部分集装箱在港堆存时间为3~5天,其中20%的堆存时间仅为1天。

新加坡港作为国际集装箱的中转中心,极大地提高了全球集装箱运输系统的整体效能,成为国际航运网络中不可或缺的重要一环,是新加坡国际航运中心的最大特色。

2. 提升综合服务功能

除了海运,新加坡港还在空运、炼油、船舶修造等方面具备产业优势,同时又是重要的国际金融和贸易中心。利用这些优势条件,围绕集装箱国际中转衍生出了许多附加功能和业务,丰富和提高了新加坡作为现代意义上国际航运中心的综合服务功能。

(1)国际集装箱管理和租赁中心。

发达的集装箱国际中转业务,吸引了许多船公司把新加坡港作为集装箱管理和调配基地,形成了一个国际性的集装箱管理与租赁服务市场。

在许多港口经常会出现因为没有足够空箱可以提供,只能眼看生意转至其他船公司的情况。但在新加坡港,由于集装箱管理与租赁形成了市场,这种因为缺少空箱而丢失生意的情况很少发生。

(2)空港联运。

空港联运是新加坡海港与新加坡空港合作开展的一项增值业务。它是指通过海运和空运的配合与衔接,利用两种运输方式的优点,满足用户的特殊需求。空港联运本身并没有给新加坡港带来可观的箱量和收入,但它确实满足了客户的应急之需,极大地提升了客户对新加坡港的信任度和新加坡作为国际航运中心的知名度,在广泛和长远意义上为新加坡港带来了丰厚的回报。

(3)国际船舶换装修造中心。

新加坡港拥有一个40万吨级的巨型旱船坞和两个30万吨级的旱船坞,能够同时修理的船舶总吨位超过200万t,是亚洲最大的修船基地之一。在为船舶提供维修服务的同时,新加坡港还提供国际船舶换装与修造一体化的服务。需要检修的船舶往往满载货物从其他港口驶往新加坡港,将货物在新加坡港换到其他船舶后,就近在新加坡港进行维修。这样做既节省了成本,又方便了船主,也为新加坡的修船业带来了更多的生意。

(4)国际船舶燃料供应中心。

新加坡是世界第三大炼油中心,世界排名前列的Exxon Mobil、BP等石油公司均把新加坡作为石油提炼和仓储地。产业的规模效应使得船用成品油的价格相对较低,加上位于国际航线的要冲,新加坡港已发展成为国际船舶燃料供应中心,往返欧亚航线的船舶大部分只选择在新加坡港或鹿特丹港两地加油。

(5) 港口物流被列为国家重点产业之一。

新加坡港有天然优越的自然地理位置,港口物流一直被列为国家重点产业之一加以大力发展,政府一贯重视发挥港口的优势,将港口视为新的重要生财之源。因此,能从长远的战略发展角度来规划港口的发展;在扩充、改善、提升港口相关设施水平和能力方面,既有资金(包括政府投资、民间企业投资和国外投资),又有技术和人力保障,使新加坡港的基础设施水平始终保持世界先进水平。

另外,政府注重先进电子技术在港口行业中的运用,注意以先进的电子设备装备港务服务项目。港口内的调度、计划、日常业务、船只进出港指挥、安全航行、货主及海运公司的业务商谈等均大量采用电子技术,既提高了效率,又节省了大量人力费用支出。

3. 科技应用水平高

新加坡港作为国际航运中心,要集合政府职能部门、航运公司、物流企业、金融和法律服务机构等一起高效运作,实现前面所述诸多复杂的功能。这是一件非常不容易的事,它的完成主要得益于高科技的应用。构筑新加坡港国际航运中心信息平台的主要是 TRADENET 和 PORTNET 两个电子信息系统。

早在 1990 年,新加坡港就投资建立了全国 EDI 贸易服务网——TRADENET。该网络通过横向联合,把新加坡港所有国际贸易主管机构连接至一个整体系统网络中,实现各部门之间的信息共享。通过垂直联合,目前已与 5000 多家公司的管理信息系统实现联网,确保信息流的畅通。PORTNET 系统是一个国家范围内的电子商务系统,该系统连接整个航运界,包括相关政府职能部门、代理、海关、港务集团、港口用户等,并逐步向世界其他港口延伸。目前,PORTNET 系统有 7000 多家用户,平均每年处理超过 7000 万宗交易。可以说,正是有了这样一个全社会共享的电子信息平台,才使得新加坡港的国际航运中心功能得以有效发挥。

4. 实行域外经营战略

从 1996 年开始,新加坡开始改革港口管理体制,把港口的管理和经营职能分开。设立新加坡海事和港口局(MPA)负责港口管理,设立新加坡港务集团(PSA)负责港口生产和经营,对 PSA 进行股份制改革和私有化。同时,为了适应经济全球化和国际化要求,按照全球供应链管理模式,进行口岸作业流程再造,积极推动现代物流业的发展。此外,通过港口体制改革强化 PSA 作用,突出其港口经营,赋予 PSA 域外投资经营权,并配合国家区域发展战略,即在"金砖国家"建设异国"飞地"工业园区,在全球范围内抢占集装箱运输市场。

5. 注重人才培养

现代的港口已脱离了纯粹的海运概念,向着综合物流中心的方向发展,因此管理人才就成为港口竞争力最重要的环节之一。新加坡政府历来重视培养高级港务管理人才,除加强港口设施外,重点是培养港口业务所需的各个层次的专业人才,使港口各层次的管理运转协调一致,不出现脱节现象。这一点,往往被其他港口所忽视。

6. 发展临港工业

目前,新加坡港已成为全国的经济中心。该港不仅是世界上集成电路的主要生产地,而且炼油业也发达,是仅次于休斯敦、鹿特丹的世界第三大炼油中心。

为满足第三代物流发展和顾客的需要,新加坡港已在裕廊码头建立了物流中心,培育港口物流链,港口与加工业联合发展。港口园区建设与吸引外资相结合,将一些临港土地和泊位提供给跨国公司作为专用中转地使用,鼓励大跨国企业在港区建设物流中心/配送中心等。这样,港口物流为临港工业提供专业、高效的物流服务,提升加工工业水平,进而又促进港口经营效益的提高。

7. 提供各项收费优惠

新加坡港自1996年开始,对进港装卸的集装箱运输公司实行多种收费优惠待遇,对订有长期使用港口合同的海运公司则实行更为优惠的收费,直至免收港口使用费。另外,港口不断改善服务,采用电子技术降低业务管理费用,将部分利益转让给海运公司。港口还极为重视国外一些重要港口的动向,及时采取各项对策,应对其他国家港口出台的收费下调措施,避免老客户被他人拉走。

问题:

(1) 新加坡港面对竞争自身做出了哪些调整以满足客户需求?

(2) 新加坡港成为集装箱中转港的优势是什么?

任务二　国际集装箱班轮运输业务运作

 内容简介

在现代港口物流活动中,运输是构成供应链服务的中心环节。1956年4月26日,美国反大西洋轮船公司首次将58只集装箱装载在一艘经过改装的油轮甲板上,由美国新泽西州的纽约港运往得克萨斯州的休斯敦港后,海上集装箱运输就进入了一个快速发展时期。随着集装箱运输的船舶、码头泊位、装卸机械、集疏运的道路桥梁等硬件设施的日臻完美,集装箱运输在全世界得到普及。本任务的主要学习内容就是对国际集装箱班轮运输进出口业务流程、海运提单签发与集装箱班轮运输服务费用计算等内容进行学习和掌握。

 教学目标

1. 知识目标

（1）了解集装箱班轮运输的基础知识和进出口货运流程；
（2）熟悉集装箱船舶和集装箱船舶配积载；
（3）熟悉集装箱班轮运输进出口货运业务；
（4）掌握海运提单的种类和签发；
（5）掌握集装箱班轮运输服务费用的计算。

2. 技能目标

（1）能够模拟完成集装箱班轮货运进出口业务相关操作；
（2）能够正确完成海运提单的缮制；
（3）能够准确完成集装箱班轮运输服务费用的计算。

 案例导入

中远转轨物流之路

作为世界第二大航运物流集团,同时也是中国最大的航运物流集团,中国远洋运输（集团）总公司（以下简称"中远集团"）目前拥有和经营着600多艘现代化远洋船舶,总计超过3500万载重吨,航行足迹遍及世界160多个国家和地区的1300多个港口,其下属的中国远洋物流公司连续几年荣膺"中国物流百强企业"第一名,是中国名副其实的物流行业老大。

(1) 预见未来，以物流的发展为主业。

中远集团对发展物流的认识和理解经历了一个不断深化和扩展的过程。

1993年，中远集团编写了《国际班轮市场物流服务之研究》等报告，对发展物流的必要性和可能性进行了研究和探讨。

在实践中，中远集团的集装箱运输服务根据客户需求，从提供"港到港"单纯的海上运输服务开始向"门到门"多式联运服务扩展。

20世纪90年代中期以后，海运市场竞争日益激烈，航运公司纷纷开始寻求其他业务，以求能够保持盈利。中远集团提出，建立适应生产力发展的物流业务揽货手段，以获取箱量和物流管理的增值效益，增强航运竞争力。

这个时期，中远集团对发展物流的认识，集中在发展以海运为中心向两端延伸的物流服务，以中远船队揽货作为物流业务的主要任务。

在这一思路的指导下，1998年，中远集团率先成立了综合物流部门。在"依托多式联运网络，发展综合物流事业"的工作思路下，中远集团开始积极探索切实可行、操作性强的多式联运和物流发展之路，组织实施了一系列以海运为基础的物流项目。

(2) 业务重组，加大物流建设力度。

为了适应国际环境的变化，进一步提高中远集团核心产业的国际竞争力、加快中远集团建立现代企业的步伐、及早与国际资本市场对接，中远集团提出并实施了核心业务重组改革计划。

该计划的根本目的是通过对中远集团现有的集装箱运输和物流业务进行重组，构筑班轮和物流两个业务单元，形成以"班轮+物流"为主体的核心产业，理顺体制、优化资源，实现做强班轮、壮大物流，进一步提高核心竞争力，实现中远集团的可持续发展。

这次业务重组的核心是构筑班轮和物流两大业务单元，在保持和加强班轮的持续竞争能力和客户服务功能的同时，为物流提供一个可快速增长的空间，并使其迅速发展成为全球领先的物流经营人，实现集团整体价值最大化。

业务重组整合了中远集团内的物流资源。集团在海外依靠合作伙伴，在国内加速向现代综合物流经营人转变，这为提高中远核心竞争力提供了有力的支持，同时也为更好地服务于全球客户，提高中远的国际竞争力，在国际上树立一个主业突出、实力雄厚的中远形象提供了极大的帮助。

(3) 树立品牌，健全物流网络。

中远集团在做好生产经营的同时，加大了资本经营、品牌经营和网络经营的力度。中国远洋物流公司的成立就是一个很好的例子。

2002年1月8日，中国远洋物流有限公司正式揭牌成立，该公司总部设在北京，下设大连、北京、青岛、上海、宁波、厦门、广州和武汉8个区域公司，在国内29个省、市、自治区建立了300多个业务网点，形成了功能齐全的物流网络系统；在韩国、日本、新加坡、希腊和中国香港设有代表处，并与国外40多家货运代理企业签订了长期合作协议。

就规模实力而言，中远物流已跻身中国最大的专业化物流企业之列。各种资源的有效整合和使用，为中远物流事业的快速发展奠定了坚实的物质基础。凭借全国性的网络优势，中远物流在细分市场的基础上，以开拓汽车物流、化工物流、家电物流、工程物流、消费品物流和展品物流业务为重点，为客户提供高附加值服务，并与许多领域的知名企业建立了广泛的业务合作关系,形成了稳定的客户群,并着力建设铁路运输、驳船运输、城际快运和航空运输四大物流通道。

目前,除航运资源外,中远集团在全球参与投资和经营管理的码头近20个,在国内分布在香港、上海、青岛、天津、大连、深圳、太仓、营口,在国外分布在美国、新加坡和意大利等地,码头总资产超过200亿元人民币。总体上看,中远的码头经营效益显著,具有稳定的投资回报,为中远物流业务的发展提供了有力的保证。

除海运和陆运外,中远集团还大力开拓和发展航空物流业务,中远集团与东方航空公司合作,分别成立了从事航空物流的中国货运航空有限公司和上海东方远航物流有限公司,并且取得了很好的经营业绩。

近年来,中远集团围绕集装箱运输、船舶调度指挥和现代物流业务,建立了集装箱运输管理信息系统、全球航海智能系统、船岸通信系统和物流仓储调度系统等全球信息系统,以及集装箱运输和物流管理的电子商务平台,并逐步优化和完善了电子物流网络。

(1)国际航运公司在港区物流中处于什么位置?
(2)国际集装箱班轮运输如何从"港到港"向"门到门"扩展?

项目一　集装箱班轮运输进出口货运流程

(1)了解集装箱班轮运输的概念及特点;
(2)熟悉集装箱班轮运输进出口货运流程;
(3)熟悉集装箱船舶及集装箱船舶配积载。

可采用讲授、情境教学、案例教学和模拟实训等方法。

[情境设置]

某船公司开设了上海—东京—洛杉矶的国际集装箱班轮航线,每周五开航。船公司集装箱配载中心或其船舶代理在截载后装船前将集装箱船舶预配船图(包括字母图、质量图)通过EDI发送到上海港指定集装箱码头。集装箱码头经营公司集装箱配载人员根据集装箱预配船图和集装箱实际进场情况完成出口最终实配图(行箱位图),集装箱码头根据实配图完成装船工作。

[相关理论知识]

一、集装箱班轮运输概述

1. 班轮运输概述

班轮运输,也称定期船运输,是指班轮公司将船舶按事先制订的船期表,在特定航线上的各挂靠港口之间,经常为非特定的众多货主提供规则的、反复的货物运输服务,并按运价本或协议运价的规定计收运费的一种运营方式。

(1)件杂货班轮运输。

最早的班轮运输是杂货班轮运输。杂货班轮运输的货物以件杂货为主,还可以运输一些散货、重大件等特殊货物。

(2)集装箱班轮运输。

20世纪60年代后期,随着集装箱运输的发展,班轮运输中出现了以集装箱为运输单元的集装箱班轮运输方式。由于集装箱班轮运输具有运送速度快、装卸方便、机械化程度高、作业效率高、便于开展联运等优点,到20世纪90年代后期,集装箱班轮运输已逐渐取代了传统的杂货班轮运输。

(3)班轮运输特点。

①"四固定一负责",即具有固定航线、固定挂靠港口、固定船期和相对固定的运价,承运人负责装船、卸船、理舱、平舱作业和费用。

②具有公共承运人的性质。班轮运输的服务对象是非特定的、分期的众多货主。因此,班轮公司具有公共承运人的性质。

③承运人与货主之间,在货物装船之前通常不在书面签订具有详细条款的运输合同。双方的权利义务关系通常以货物装运后承运人签发的海运提单背面条款为依据,并受相关国际公约的制约。

④以集装箱运输为主。传统的杂货班轮运输主要以装载件杂货为主。近十几年来,集装箱班轮运输逐渐取代传统杂货班轮运输,成为当前件杂货运输的主要方式。

⑤交接货物的方式与地点特殊。杂货班轮运输一般是码头仓库接收或交接货物,统一装船卸船。集装箱班轮运输通常是码头堆场交接集装箱。

⑥班轮公司和托运人双方不计滞期费和速遣费。

⑦集装箱班轮运输中,目前大多数班轮公司不承接小批量的拼箱货,需要集拼经营人来安排小批量的拼箱货运输。

2. 集装箱班轮运输航线

船舶在两个或多个港口之间从事货物运输的线路称为航线。海运航线按其不同的要求分为国际大洋航线、地区性的国际航线和沿海航线;根据船舶运营的形式可分为定期船航线和不定期船航线。当前,世界上规模最大的三条主要集装箱班轮运输航线是:远东—北美航线,远东—欧洲、地中海航线和北美—欧洲、地中海航线。

(1)远东—北美航线。

远东—北美航线,习惯上也称为跨太平洋航线。该航线实际上可以分为两条航线,一条是远东—北美西岸航线,另一条为远东—北美东岸航线。远东—北美西岸航线主要由远东—加利福尼亚航线和远东—西雅图、温哥华航线组成。其涉及港口主要有亚洲的高雄、釜山、上海、中国香港、东京、神户、横滨等港口,以及北美西岸洛杉矶、西雅图、塔科马和奥克兰港,涉及亚洲的中国、韩国、日本以及北美的美国和加拿大东部地区。远东—北美东岸的纽约航线涉及的北美东岸港口主要有美国东海岸的纽约港、新泽西港、查尔斯顿港和新奥尔良港。若将大洋洲的澳大利亚和新西兰等国家包括在该航线内时,称其为泛太平洋航线。

(2) 远东—欧洲、地中海航线。

远东—欧洲、地中海航线,也被称为欧地线。该航线由远东—欧洲航线和远东—地中海航线组成。远东—欧洲航线是1879年由英国4家船公司开辟的世界最古老的定期航线。该航线在欧洲地区涉及的主要港口有:荷兰的鹿特丹港,德图的汉堡港、不来梅港,比利时的安特卫普港和英国的费利克斯托港。远东—地中海航线是1972年10月开始集装箱运输的,其地中海地区主要涉及的港口位于西班牙南部的阿尔赫西拉斯、意大利的焦亚陶罗,以及位于地中海中央、马耳他岛南端的马尔萨什洛克港。

(3) 北美—欧洲、地中海航线。

北美—欧洲、地中海航线,也被称为跨大西洋航线。该航线实际包括三条航线:北美东岸、海湾—欧洲航线,北美东岸、海湾—地中海航线和北美西岸—欧洲、地中海航线。

3. 集装箱班轮船期表

班轮船期表是班轮承运人运营组织工作的一项重要内容。船期表的作用是多方面的,首先是为了招揽航线途经港口的货载,既满足揽货的需要,又体现货物运输服务质量;其次是有利于船舶、港口和货物的及时衔接,以便船舶在挂靠港口的短时间内取得尽可能高的工作效率;最后是有利于提高船公司航线经营的计划质量。

以前船期表登在一些地方报纸上,现在最重要的载体是船务期刊,如《中国航务周刊》《香港航务周刊》等。

表2-1是某集装箱船公司的一份船期表,我们可以看到,船期表的主要内容包括:航线、船名、航次号、截关日、始发港、中途港、终点港、离港时间、到港时间;收货地点和截货时间;业务、客服联系电话、传真,公司网址、地址。有时会附带其他注意事项。

某集装箱船公司船期表　　　　　　表2-1

NINGBO / EUROPE SERVICES 宁波/欧洲航线
联系人:××× TEL:××× FAX:××× 2011年9月
AEX1 航线(靠四期)

Vessel		Voy	Ning Bo	Felixstowe	Hamburg	Rotterdam	Zeebrugge	班期挂靠码头
船名		航次	宁波	费里克斯多	汉堡	鹿特丹	泽布勒赫	
EVER SUNNIT	长峰	0531-018W	7-Sep	28-Sep	1-Oct	3-Oct	4-Oct	日装一开六截关四期
XIN LOS ANGELES	新洛杉矶	0041W	14-Sep	5-Oct	8-Oct	10-Oct	11-Oct	
EVER CONQUEST	长捷	0533-023W	21-Sep	12-Oct	15-Oct	17-Oct	18-Oct	
CSCL LE HAVRE	中海勒阿弗尔	0035W	28-Sep	19-Oct	22-Oct	24-Oct	25-Oct	
EVER CHARNING	长姿	0535-027W	5-Oct	26-Oct	29-Oct	31-Oct	1-Now	

(1)船名(Vessel's Name)与航次号(Voyage Number)。

船名和航次是用来识别某航线一个特定航次的标识资料。如表3-1所示,该航线一共有五艘船运行,每周开一班。

(2)截关日(Closing Date)。

截关日是承运人为特定的航次在指定的送货地点或截关地点(集装箱终端或码头)最后接收货物的日期。出口商必须在最后日期和时间前安排好货物到达承运人指定的截关地点,否则有可能丢掉订单。

截关日是船期表最重要的内容,具体到小时则称为截关日期及时间(Cut-off Date and Time)。前面示例中,堆场收货地宁波港四期国际集装箱码头,堆场截货时间为"日装一开六截",就是说该航线上的船周日装船、周一开航,截关日是周六。

截关日之后承运人一般不再收货,但如果船舶空舱太多,承运人为减少损失,在截关日以后也会收货,这些临时托运的货物称为加载货物,加载货物时要注意舱容和积载系数及海关的最后报关时间。

结关日同截关日不同,结关日是指海关对货物结束监管的日期。一般海关放行后几日内,报关行或货主办理出口退税等后续工作的程序,有时结关工作持续的时间很长,特别是保税货物。

二 集装箱班轮运输进出口货运流程

(1)订舱托运。

发货人或货物托运人根据贸易合同或信用证有关条款的规定,在货物托运前一定的时间填制订舱单,向船公司、代理人或向其他运输经营人申请订舱。

(2)接受托运申请。

船公司、代理人或其他运输经营人在决定是否接受发货人的托运申请时,首先应考虑其航线、港口、船舶、运输条件等能否满足发货人的要求。在接收托运申请后,相关人员应着手编制订舱清单,然后分送集装箱码头堆场、集装箱货运站,以安排空箱及办理货运交接。

(3)发放空箱。

通常,集装箱的空箱由发货人到集装箱码头堆场领取,拼箱货运的空箱则由集装箱货运站负责领取。

(4)拼箱货装箱。

发货人将不足一整箱的货物交付集装箱货运站,由货运站根据订舱单的资料,核对场站收据装箱。

(5)整箱货交接。

由发货人自行负责装箱并将加海关封志的整箱货运至集装箱码头堆场,码头堆场根据订舱清单,核对场站收据及装箱单验收货物。

(6)集装箱的交接签证。

集装箱码头堆场在验收货物和集装箱后,即在场站收据上签字,并将签署的场站收据交还给发货人,据此换取提单。

(7)换取提单。

发货人凭经签署的场站收据,向负责集装箱运输的人或其代理换取提单,然后去银行结汇。

(8)装船。

集装箱码头根据待装的货箱情况,制订出装船计划后,待船舶靠泊后装船。

(9)海上运输。

海上承运人对装船的集装箱负有安全运输、保管、照料的责任,并依据集装箱提单条款划分与货主之间的责任、权利、义务。

(10)卸船。

集装箱码头根据装船港承运人代理寄来的有关货运单证制订卸船计划,待船舶靠泊后卸船。

(11)整箱货交付。

如内陆运输由收货人自己负责安排,集装箱码头堆场根据收货人出具的提货单将货箱交收货人。

(12)拼箱货交付。

集装箱货运站在掏箱后,根据收货人出具的提货单将货物交收货人。

(13)空箱回运。

在掏箱完毕后,收货人和集装箱货运站应及时将空箱运回至集装箱码头堆场。

三 集装箱船舶

集装箱船舶是用来专门装运规格统一的标准集装箱的船舶。各种货物在装船前已先装入标准集装箱内。在装卸船过程中不再出现千万件的单件货物,便于装卸,大大提高了装卸效率,减轻了劳动强度,加速了车船周转,加快了货物送达,降低了运输成本。

当前,集装箱船舶可分为部分集装箱船、全集装箱船、滚装集装箱船和可变换集装箱船四种。

1. 部分集装箱船

部分集装箱船又称半集装箱船,是指在船的舯部装载集装箱,而在船的艏艉部分装载普通杂货的船舶。船的艏艉部分因形状不规则,若用于装载集装箱,则舱容浪费太大,故在艏艉舱装载普通杂货。一般来说,半集装箱船适用于货源不足,而有大量重件货(如钢材、木材等)的航线或港口装卸设施不足(无装卸桥等设备)的航线。

2. 全集装箱船

全集装箱船是专门用以装运集装箱的船舶,又称集装箱专用船,是当前国际集装箱运输使用最多的船舶。它与一般杂货船不同,其货舱内有格栅式货架,装有垂直导轨,便于集装箱沿导轨放下,四角有格栅制约,可防止倾倒。集装箱船舱内和甲板上均可用于集装箱的装载,舱内可堆放3~9层集装箱,甲板上还可堆放3~4层。它在海上运输时能安全、有效地大量运载集装箱。船上没有装卸设备,必须依靠码头岸边的装卸桥进行装卸,所以,全集装箱船不能靠泊没有装卸桥的码头。

根据全集装箱船的发展规模,大体划分为六代。

第一代集装箱船:出现于20世纪60年代,载箱量为700~1000TEU,载质量约10000t。船舶尺度:船长约150m,船宽约22m,吃水为8~9m,舱内可装6列,5~6层;甲板上装6列,1~2层。

第二代集装箱船:出现于20世纪70年代,载箱量为1000~2000 TEU,载质量为15000~20000t。船舶尺度:船长为175~225m,船宽为25~30m,吃水为9.5~10.5m,舱内装7~8列,6层;甲板上装8~10列,2~4层。

第三代集装箱船:出现于1973年石油危机以来,这代船的航速降低至20~22节,但由于增大了船体尺寸,提高了运输效率,载箱量为2000~3000TEU,载质量约30000t。船舶尺度:船长为240~275m,船宽约32m,吃水为10.5~12m,舱内装9~10列,7~9层;甲板上装12~13列,2~4层。

第四代集装箱船:出现于20世纪80年代后期,集装箱船的航速进一步提高,集装箱船大型化的限度则以能通过巴拿马运河为准绳,载箱量为3000~4000TEU,载质量为40000~50000t。船舶尺度:船长为275~295m,船宽约32m,吃水为11.5~12.5m,舱内装10~11列,8~9层;甲板上装13~14列,4~5层。

第五代集装箱船:载箱量为4000TEU以上,目前最大的为10200TEU。载质量为50000~75000t。船舶尺度:船长为280~300m,船宽为32.2~39.4m,吃水为11.5~13.5m,舱内装12~13列,8~9层;甲板上装15~16列,5层。

第六代集装箱船,1996年春季竣工的Rehina Maersk号集装箱船最多可装载8000TEU,这个级别的集装箱船开启了第六代集装箱船的时代。目前,可装载10000及以上TEU的集装箱巨轮已经问世。

3. 滚装集装箱船

这种船本身无须装卸设备,一般在船侧或船的首、尾有开口斜坡连接码头,装卸货物时,载箱拖挂车直接开进或开出船舱。优点:滚装船码头设备简单,投资少;由于带轮滚装,车辆从船上直接开上开下,比吊装式集装箱船的装卸效率高;适应各种货物运输,通用性较大等。缺点:舱容利用率低、造价高、运输成本比全集装箱船高等,但适用于沿海或近洋短途航线。

4. 可变换集装箱船

其货舱内装载集装箱的结构为可拆装式的。因此它既可装运集装箱,必要时也可装运普通杂货。

四 集装箱船舶配积载

1. 集装箱船舶配积载的概念

(1)集装箱船舶配载:是指把预定装载出口的集装箱,按船舶的运输要求和码头的作业要求而制订的具体装载计划(预配图、实配图)。

(2)集装箱船舶积载:根据实际装箱情况而编制的船图,包括最终积载图或主积载图。

2. 集装箱船舶配载的作用

(1)满足船舶稳性、吃水差、负荷强度、剪切强度等技术规范要求,保证船舶的安全航行。

(2)满足不同货物的装运要求,保证货物运输安全质量。

(3)充分利用船舶的运输能力,提高船舶的箱位利用率。
(4)合理安排堆场进箱计划,减少翻箱倒箱,提高堆场的利用率。
(5)有效组织码头装船作业,提高生产作业效率。
(6)码头装船作业签证的原始依据和吞吐量的统计资料。

3. 集装箱积载位置的表示方法

每个集装箱在全集装箱船上都有一个用6位阿拉伯数字表示的箱位号。它以"行"、"列"、"层"三维空间来表示集装箱在船上的位置。第1、2两位数字表示集装箱的行号;第3、4两位数字表示集装箱的列号;第5、6两位数字表示集装箱的层号。

(1)"行"是指集装箱在船舶纵向(首尾方向)的排列次序号,规定由船首向船尾顺次排列。规定单数行位表示20ft箱,用01、03、05、07等表示。双数行位表示40ft箱,用02、06、10、14等表示。由于04、08、12等箱位间有大舱舱壁隔开,无法装40ft箱。

(2)"列"是指集装箱在船舶横向(左右方向)的排列次序号,有两种表示方法。

①从右舷算起向左舷顺次编号,即01、02、03、04……依此类推,如图2-1a)所示。

②从中间列算起,向左舷为双数编号,向右舷为单数编号。如左舷为02、04、06……右舷为01、03、05……中间列为"00"号,如列数为双数,则"00"号空,如图2-1b)所示。这种表示法目前较常用。

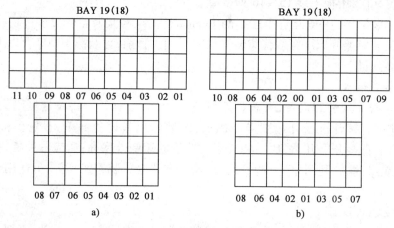

图2-1 集装箱船的列号编号

(3)"层"是指集装箱在船舶竖向(上下方向)的排列次序号,有三种表示方法。

①从舱内底层算起,一直往上推到甲板顶层,如舱底第1层为01,往上为02、03、04……如图2-2a)所示。

②舱内和甲板分开编号,舱内层号数字前加"H"字头,从舱底算起为H1、H2、H3……甲板上层号数字前加"D"字头,从甲板底层算起为D1、D2、D3……如图2-2b)所示。

③舱内和甲板分开编号,从舱底算起用双数,即02、04、06……甲板上从甲板底层算起,层号数字前加"8",即82、84、86……目前常用这种编号方法,如图2-2c)所示。

4. 集装箱船舶配积载图的编制过程

首先完成船舶预配图的编制,实配图和最终积载图都是以预配图为基础的。其编制过程如下:

(1)由船公司的集装箱配载中心或船舶大副,根据分类整理的订舱单,编制航次集装箱预配图。

(2)航次集装箱预配图由船公司直接寄送给港口的集装箱装卸公司,或通过船舶代理用电报、电传或传真形式传给港口集装箱装卸公司。

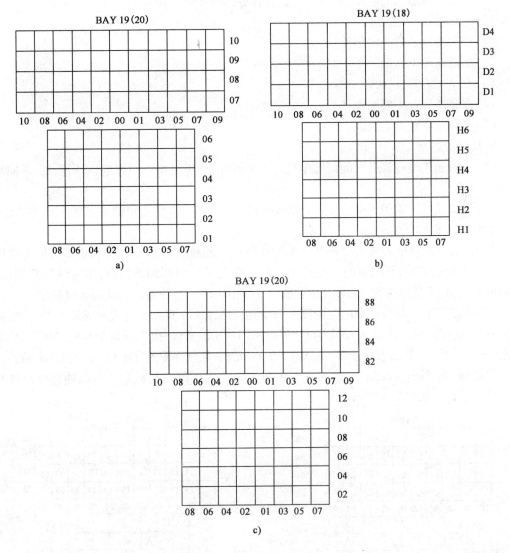

图2-2 集装箱船的层号编号

(3)港口装卸公司收到预配图后,由码头船长或集装箱配载员,根据预配图和码头实际进箱情况,编制集装箱实配图。

(4)待集装箱船靠泊后,码头配载员持实配图上船,交由大副审查,经船方同意后签字认可。

(5)码头按大副签字认可的实配图装船。

(6)集装箱装船完毕后,由理货公司的理货员按船舶实际装箱情况,编制最终积载图。

5. 集装箱船配积载图的编制要求

(1) 要保证船舶的稳性。集装箱船的 GM[1] 值至少要达到 0.7m 以上，一般在 1.2~1.5m 范围内。对于小型集装箱船(甲板上装 8 列)，GM 要求为 1.2m 以上，横摇周期以 15s 为最佳；对于大型集装箱船(甲板上装 11 列以上)，GM 值要求在 1.5m 以上，横摇周期以 18s 为宜。

(2) 保持具有适当的吃水差，以保证具有良好的操纵性。

(3) 充分利用船舶的箱位。

(4) 要保持船舶的纵向强度。

(5) 尽量避免中途港倒箱。

(6) 在平衡舱时，消灭重点舱。

(7) 在装卸作业中要能保持船舶左右平衡。

(8) 要注意特种箱的配载。

6. 预配图编制

(1) 由船舶代理将该航次的订舱单进行分类整理，分类时按不同卸港、不同质量、不同箱型来分，特种箱应另行归类。

(2) 船舶代理或船舶调度用传真(或电传)把资料传送给船公司的集装箱配载中心，或由船舶调度把资料直接送交船舶大副。

(3) 集装箱配载中心或大副根据分类整理后的订舱单进行预配。订舱单是编制配载图的最重要的原始资料，是配载的主要依据。订舱单上主要包括如下内容：装箱港和卸箱港，每箱的总质量，集装箱的种类、箱型和数量。备注中应注明特种箱的特性和运输要求。

第一幅：字母图(Letter Plan)。船图上每个箱位内用 1 个英文字母表示该箱的卸箱港，如 K 代表神户港(KOBE)，L 代表长滩港(LONGBEACH)，N 代表纽约港(NEW YORK)，H 代表休斯敦港(HOUSTON)，C 代表查尔斯顿(CHARLESTON)等，一般在预配图有注明。如图 2-3 所示。

第二幅：质量图(Weight Plan)。在图上每个箱位内用阿拉伯数字表示以吨为单位计算的集装箱总重。如图 2-4 所示。

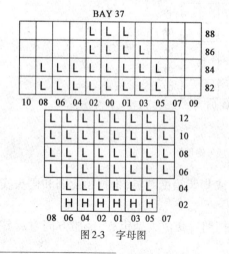

图 2-3 字母图

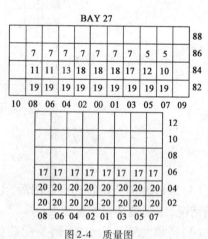

图 2-4 质量图

---

[1] GM 是船舶修正前的初稳心高度，是船舶静水力计算的一个重要指标。GM 值太小，船舶稳性不足；GM 值过大，船舶摇摆周期短，摇晃厉害。

第三幅:冷藏箱和危险货物箱图(Reefer/Dangerous Plan)。该图上所配的均为冷藏箱和危险货物箱,冷藏箱在图上的箱位内用英文"R"表示,危险货物箱在图上箱位内用阿拉伯数字表示,按国际危规规定的危险等级或用"IMCO 或 D",敞顶箱用"O/T";板架箱用"F/R"。如图2-5所示。

7. 集装箱的实配图(Container Terminal Bay Plan)

(1)封面图。只有一幅,通常在图上标注着集装箱的卸箱港和特殊集装箱的标记。

封面图上卸箱港的表示方法有两种:一种与预配图一样用一个英文字母表示,也有用不同的颜色来表示不同的卸箱港。两者比较,后一种表示更清楚。

封面图上特殊箱的表示方法与预配图一样。冷藏箱用"R"表示,危险货物箱因图上的箱格内又表示了卸箱港,故一般在该箱格上加○,并在旁边注明危险等级,如"D4.1"、"D6.1"等。图2-6是某货轮某航次的实配封面图中的第5行的封面图,该行的甲板上有3个到纽约港的冷藏货物箱,2个到长滩港的危险货物箱为4.1级,舱内有5个到休斯敦港的危险货物箱为1.4级。

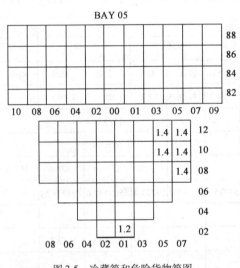

图2-5 冷藏箱和危险货物箱图

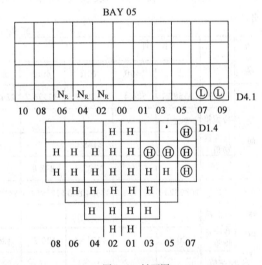

图2-6 封面图

(2)行箱位图。此图每行位一张,在每个箱位图中应标有如下内容(如图2-7所示):

①集装箱的卸箱港和装箱港:表示方法一般为卸箱港在前、装箱港在后,中间用"×"符号隔开,也有的只标注卸箱港不标注装箱港。

②集装箱的总重。

③集装箱的箱主代号、箱号和核对数字。

④堆场上的箱位号。

8. 最终积载图

最终积载图是船舶实际装载情况的积载图,它是计算集装箱船舶的稳性、吃水差和强度的依据。最终积载图由最终封面图、装船统计表及最终行箱位图三部分组成。

(1)最终封面图实际上是把预配图中的字母图和特种箱位图合并在一起,按照实际装箱情况来表示。关于各个箱的质量,在最终行箱位图中可以找出。

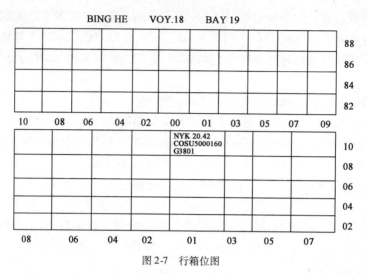

图 2-7 行箱位图

（2）装船统计表是实际装船完毕后集装箱的统计数字，统计表中包括下列内容（如表2-2所示）：

装 船 统 计 表　　　　　　　　　　　　　　　　　　　　　　　　表2-2

装箱港		长 滩		纽 约		查尔斯顿		休斯墩		总 计		选港箱
		20ft	40ft	20ft	40ft	20ft	40ft	20ft	40ft	20ft	40ft	40ft
上海	重箱	33582.1	586.4	1112041.5	32526.7	28419.3	592.3	38584.8	17.7	2103627.7	43693.1	
	冷藏箱	242.1								242.1		
	危险货物箱			8148.0		119.6				9167.6		
	空箱			1227.6	828.8					1227.6	828.8	44158.4
神户	重箱	1482323.1	801173.5	3235409.3	1381964.3	581017.3	57725.9	21382.9	19221.4	5509132.6	2944112.1	
	冷藏箱											
	危险货物箱	120.4		11215.5	120.2	120.1		220.9		15286.9	120.2	
	空箱											
总计	集装箱	184	85	465	179	88	62	61	20	798	346	44
	质量	2967.7	1239.9	7841.9	2540.0	1476.2	845.2	998.6	229.1	13284.5	4852.2	158.4
总重		4207.6		10381.9		2321.5		1227.7		18138.7		158.4

注：①从表中可见，从上海港装船到各目的港的重箱，20ft 有 210TEU，质量总计 3627.7t，40ft 有 43FEU，质量总计 693.1t；空箱20ft 有 12TEU，质量总计 27.6t，40ft 有 8FEU，质量总计 28.8t；冷藏箱20ft 有 2TEU，质量总计 42.1t；危险货物箱 20ft 有 9TEU，质量总计 167.6t。

②由神户港装船到各目的港的重箱，20ft 有 550TEU，质量总计 9132.6t，40ft 有 294FEU，质量总计 4112.1t；空箱没有；冷藏箱没有；危险货物箱 20ft 有 15TEU，质量总计 286.9t，40ft 有 1FEU，质量总计 20.2t。

③此表是在神户港卸船完毕后编制的，因此，表中已扣除了上海港到神户港的集装箱，因为，这些集装箱在神户港已卸下。

④船上装载的总集装量：20ft 有 798TEU，质量总计 13284.5t，40ft 有 346FEU，质量总计 4854.2t，合计为 18138.7t。此外，还有选港箱 40ft 的 44TEU，质量总计 158.4t。

①装箱港、卸箱港和选箱港。

②集装箱状态：分重箱、空箱、冷藏箱、危险货物箱以及其他特种箱。

③箱型:分 20ft 和 40ft。
④数量和质量的小计和总计。
(3)最终行箱位图的每个箱位上应标有如下内容(如图 2-8 所示):
①卸箱港和装箱港。
②箱主代号、箱号和核对数字。
③特种箱的标志。
④集装箱的总重。
⑤船上的箱位号。
⑥40ft 箱的标志:用×表示箱位,即此箱位已被 40ft 箱占用。

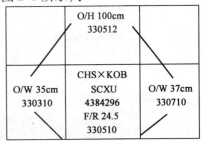

图 2-8　最终行箱位图

⑦超高和超宽标志:超高(O/H)箱应在箱位上方用"∧"符号表示,并标出其超高的高度;超宽(O/W)箱要在箱位的左向或右向用"＜"或"＞"符号表示,并标出其超宽的宽度。

技能训练

[技能训练目标]

能够掌握集装箱班轮运输进出口货运流程,能够运用仿真实训软件模拟集装箱船舶配积载操作。

[技能训练准备]

在校内实训室,安装集装箱船舶配积载模拟操作软件系统,提供实际教学案例。

[技能训练步骤]

(1)教师对集装箱船舶配积载模拟操作软件进行演示操作。

(2)学生进行模拟操作,完成相应实训报告。

(3)模拟操作步骤:

第一步,船舶规范查询。

查询集装箱船舶信息,包括集装箱船舶资料、船舶倍位、船舶舱盖、船舶机械。如图 2-9、图 2-10 所示。

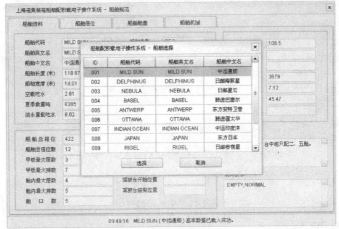

图 2-9　船舶资料

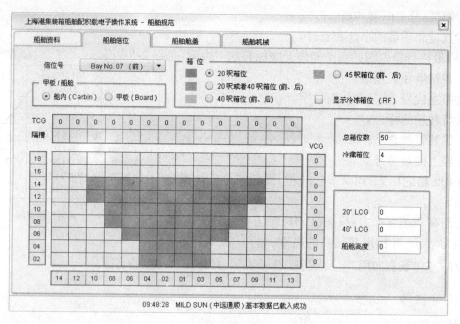

图 2-10　船舶倍位

第二步，集装箱信息查询。

显示与此船舶航次相关的集装箱信息，包括提单信息。点击提单窗口中的提单号可以关联至集装箱。选中集装箱后，点击"查看详情"可以看到集装箱的详细信息，包括箱号、经营人、航次、箱重等相关信息。如图 2-11 所示。

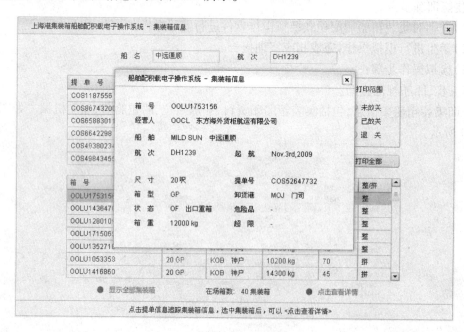

图 2-11　集装箱信息

第三步，船舶预配。

制作船舶预配图,包括字母图、质量图。如图 2-12 所示。

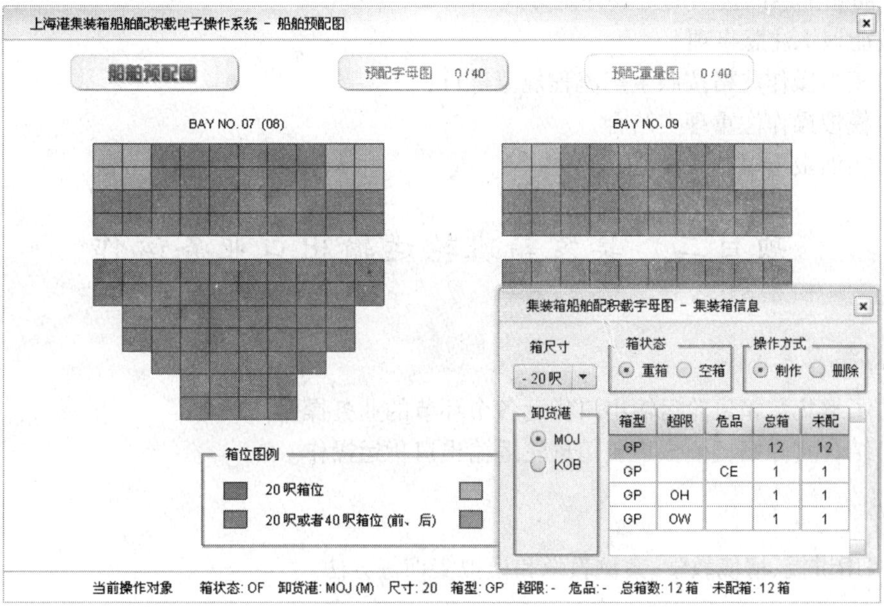

图 2-12　船舶预配图

第四步,最终配载。

根据船舶预配图制作最终积载图(行箱位图)。需要完成行箱位图的箱号、卸货港、箱重等信息。如图 2-13 所示。

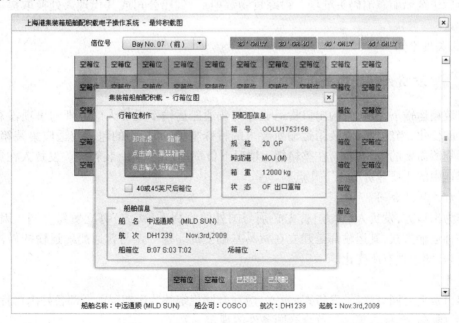

图 2-13　最终积载图

第五步,模拟船舶。

对集装箱配载图的检验。模拟船舶可以显示船舶的配载参数(稳性、强度、吃水差等)信息,是对船舶配载的优劣的主要评定方式。

[技能训练注意事项]
(1)模拟操作严格按照生产流程规范进行;
(2)模拟操作注重理实结合;
(3)实训报告填制认真、正确。

项目二　集装箱班轮运输出口业务运作

(1)了解集装箱班轮运输出口货运各个环节的业务操作;
(2)结合实际案例模拟集装箱班轮运输出口货运操作。

可采用讲授、情境教学、案例教学和模拟实训等方法。

[情境设置]
某货代公司操作员根据发货人的委托,办理一票整箱货出口业务,向船公司或其订舱代理进行订舱,订舱确认成功后,联系集卡公司去船公司指定地点提取空箱,再去货主工厂进行装箱后送至船舶靠泊码头堆场。跟踪货物装船后,到船公司或其代理人处换取提单并交付发货人。

[相关理论知识]

一　发货人在出口货运中的业务

集装箱运输下,发货人的出口货运业务与普通船运输下发货人应办理的事项没有什么特别大的变化,当然也有集装箱运输所要求的特殊事项,如货物的包装应适应集装箱运输,保证货物所需要的空集装箱,在整箱货运情况下负责货物的配箱、装箱等。发货人在集装箱出口货运中的主要业务有以下几点。

1. 订立贸易合同

作为出口方,发货人(卖方)首先必须与国外的收货人(买方)订立贸易合同。因为,无论哪一种运输方式,其运输都是建立在贸易基础上的。这一点与普通船舶运输的做法完全一样,但合同条件有所变化。

2. 备货

出口贸易合同订立后,发货人(卖方)应在合同规定的装运期限前全部备好出口货物,其数量、品质、包装、标志等必须符合合同条件的规定。

3. 订舱

在以 CIF、CFR 价格条件成交时,发货人负有租船订舱的责任。特别是在出口特殊货物需采用特殊集装箱运输时，发货人的这一责任则显得更重要。由于一般集装箱船对上述特殊集装箱的装载数量有限，因此应尽早订舱。

订舱工作一般由发货人委托国际货运代理公司来具体完成。货主一般都会给货代颁发海运出口代理委托书，即构成这单业务的委托凭证。实际业务中，很多出口企业给货代企业出货明细单，然后由货代操作员录入自己公司系统后生成委托书，按照客户的要求，代理客户向班轮公司订舱。只有订舱成功，才能继续下面的其他各项程序，由此可见订舱工作的重要性。

出货明细单须明确的重点信息如表 2-3 所示：

出口货物明细单　　　　　　　　　　　　　　　　　　　　　　表 2-3

经营单位（装船人）	HANGZHOU SAMSUNG DOWN PRODUCTS CO.,LTD. TANGXIA, CHENGDONG TOWN, XIAOSHAN CITY, ZHEJIANG, P. R. CHINA		信用证号		
			合同号	SDP090097	
提单或承运人收据	收货人	TO ORDER	起运地	SHANGHAI, CHINA	
			目的港	AARHUS, DENMARK	
	通知人	DANSK SUPERMARKED A/S BJODSTUPSVEJ18, DK8270HOJBJERG	贸易性质	一般贸易	结汇方式：T/T
			可否转运	NO	可否分批：NO
	运费	FREIGHT COLLECT	装运期		
			有效期限		
标记唛头	货物规格及货号	件数	数量	毛重/净重	单价	金额
DSI：370330 Our art no Order no	DIAMANT 4 SEASONS SANITIZED QUILTS	410CTNS	1300SETS	4880/4185kg	USD21.17	USD27521.00
	DIAMANT SANITIZED QUILTED PILLOWS	200CTNS	2000PCS	2000/1640kg	USD3.55	USD7100.00
	TOTAL：610CTNS		1300SETS/2000PCS	6880/5825kg		USD34621.00

总体积：61.900m³

外轮注意事项：

请于 6 月 5 日左右订购一个 40ft 的集装箱

单位名称：杭州×××有限公司　　　　　　　　　　　电话：0571 - 8527×××
单位地址：浙江省杭州市华浙广场××号××层××座　传真：0571 - 8527×××
邮政编码：310006

单位签章

(1)装运期限、装运港、目的港。

这些信息直接影响货代订舱的航线船期,班轮的开航日期不应晚于客户要求的装运期限。

(2)品名、毛重、件数、规格、箱型、箱量。

要从货物的品名判断货物的性质,进而判断其在运输中有无特殊要求,这会影响订舱、报价、选箱、装载等一系列工作。货物的毛重、规格会影响集装箱预配,进而影响向船公司预订的集装箱型号、数量以及报价。如果货主自装箱,则托书中应显示所装箱型和箱量。

(3)运费及支付时间。

客户付费方式一般与使用的贸易术语有关,C组术语常为运费预付,F组术语常为运费到付,但是因承运人较为强势,很少接受到付,因而实际操作中多采取船公司提单预付、货代提单到付。

(4)特约服务内容。

特约服务内容是除订舱装船之外,客户要求提供的其他服务,包括代理报关、代理报检和代办海运保险等。

(5)提单要求。

客户信用证的提单条款要求,如托运人、收货人、通知方的填写方式;在提单上显示信用证号码、开证行名称、开证日期等。

4. 报关

拼箱货习惯按普通船运输的方法报关,整箱货则通常采用统一报关,因为海关人员到现场审查很方便。这既可以更好地发挥集装箱运输的优越性,又可省略一些手续。

5. 货物装箱与托运

报关完毕后,在整箱货运下发货人即可安排装箱,并在装箱完毕后将货箱运至集装箱码头堆场,取得经码头堆场签署的场站收据。拼箱货经报关后运至集装箱货运站,由货运站负责装箱并签署场站收据。

6. 投保

出口货物如是以CIF价格条件成交,发货人则负责办理投保手续,并支付保险费,也可委托货运代理代投保。

7. 支付运费和签发提单

如是预付运费,发货人只要出示经码头堆场签署的场站收据,支付全部运费后,承运人或其代理人即签发提单。如是到付运费,在支付清运费后,只要出示提单,即签发提货单。此外,在对签发清洁提单有异议时,发货人可向承运人出具保证书以取得清洁提单。

8. 向收货人(买方)发出装船通知

在以FOB、C&F价格条件成交的出口贸易合同下,发货人在货物装船完毕后向收货人发出的装船通知则作为合同的一项要件。如果货物的丢失、损害是由于发货人在货物装船完毕后没有向收货人发出装船通知,致使收货人未能及时投保,造成该货物的丢失、损害,则由发货人负责赔偿。

二 船公司在出口货运中的业务

目前,在集装箱运输中,船公司仍占主要地位,因此,船公司作为国际集装箱运输的中枢,如何做好集装箱的配备、掌握货源情况,如何在各港口之间合理调配集装箱,接受订舱,并以集装箱码头堆场、货运站作为自己的代理人向发货人提供各种服务是极为重要的。从某种意义上说,集装箱运输能否顺利进行,依赖于船公司的经营方式。在集装箱出口货运业务中,船公司的主要业务有以下几点。

1. 掌握待运的货源

船公司通常采用下述两种方法掌握待运的货源情况,并据此部署空集装箱的计划。

(1)暂定订舱。暂定订舱在船舶到港前若干天提出,由于掌握货源的时间较早,所以这些货物能否装载到预定的船上,以及这些货物最终托运的数量是否准确,都难以确定。

(2)确定订舱。确定订舱通常在船舶到港前较短时间提出,一般都能确定具体的船名、装船的日期。

2. 配备集装箱

无论集装箱运输使用哪一种运输方式,其采用集装箱装载货物这一点是不变的。因此,在进行集装箱运输之前,首先要配备集装箱,特别是在采用集装箱专用船运输时,由于这种船舶的特殊结构,只能装载集装箱运输,为此,经营集装箱专用船舶的船公司,需要配备适合专用船装载、运输的集装箱。

当然,在实际业务中并不是所有的集装箱都由船公司负责配备,有的货主自己也配有集装箱。此外,还有专门供出租使用的集装箱租赁公司。为有效利用船舶的载箱能力,船公司应配备最低数量的集装箱,在进行特殊货物运输时,还应配备特殊的集装箱。

3. 接受托运

发货人或货物托运人根据贸易合同、信用证有关条款的规定,在货物装运期限前向船公司或其他代理人以口头或书面形式提出订舱。船公司根据所托运货物的运输要求和配备集装箱的情况,决定是否接受这些货物的托运申请。船公司或其代理在订舱单上签署后,则表示已同意接受该货物的运输,船公司接受托运时,一般应了解下述情况。

(1)订舱的货物详细情况。

(2)运输要求。

(3)装卸港、交接货地点。

(4)由谁负责安排内陆运输。

(5)有关集装箱的种类、规格等。

4. 接受货物

(1)集装箱运输下,船公司接收货物的地点有以下几处。

①集装箱码头堆场。在集装箱码头堆场接受的货物一般都是由发货人或集装箱货运站负责装箱并运至码头堆场的整箱货。

②集装箱货运站。集装箱货运站在作为船公司的代理时接受非整箱货运输。

③发货人工厂或仓库。在由船公司负责安排内陆运输时,则在发货人工厂或仓库接受整箱货运输。

(2)在上述三种接受方式中,船公司要了解以下信息:
①是否需要借用空集装箱。
②所需集装箱的数量及种类。
③领取空箱的时间、地点。
④由谁负责安排内陆运输。
⑤货物具体的装箱地点。
⑥有关特殊事项。

5. 装船

通过各种方式接受的货物,按堆场计划在场内堆存,待船舶靠泊后即可装船。装船的一切工作均由码头堆场负责进行。

6. 制送主要装船单证

为了能及时向收货人发出装船通知,以及能使目的港集装箱码头堆场编制卸船计划和有关内陆运输等工作的需要,在集装箱货物装船离港后,船公司或其代理缮制有关装船单证,从速送至卸船港。通常,由装船港船公司代理缮制和寄送的单据有以下几种:

(1)提单副本或场站收据副本。
(2)集装箱号码单。
(3)货物舱单。
(4)集装箱装箱单。
(5)积载图。
(6)装船货物残损报告。
(7)特殊货物表等。

三 集装箱码头堆场在出口货运中的业务

集装箱码头堆场的主要业务工作是办理集装箱的装卸、转运、装箱、拆箱、收发、交接保管、堆存、捆扎、掏载、搬运以及承揽货源等。此外,还应洽办集装箱的修理、冲洗、熏蒸和有关衡量等工作。

1. 集装箱的交接

发货人和集装箱货运站将由其或其代理人负责装载的集装箱货物运至码头堆场时,设在码头堆场大门的门卫对进场的集装箱货物核对订舱单、码头收据、装箱单、出口许可证等单据。同时,还应检查集装箱的数量、号码、铅封号码是否与场站收据记载相一致。检查箱子的外表状况以及铅封有无异常情况,如发现有异常情况,门卫应在码头收据栏内注明,如异常情况严重,会影响运输的安全,则应与有关方联系后,决定是否接受这部分货物。对于进场的集装箱,堆场应向发货人、运箱人出具设备收据。

2. 制订堆场作业计划

堆场作业计划是对集装箱在堆场内进行装卸、搬运、储存、保管的安排,这是为了经济、合理地使用码头堆场和有计划地进行集装箱装卸工作而制订的,堆场作业计划的主要内容有以下几点:

(1)确定空箱、实箱的堆放位置和堆高层数。

(2) 装船的集装箱应按到港先后顺序,集装箱的种类、规格、载重分别堆放。

(3) 同一货主的集装箱应尽量堆放在一起。

3. 集装箱的装船

为了能在最短时间内完成装船工作,码头堆场应在船舶到港受载前,根据订舱单、先后到港的卸箱顺序,制订出船舶积载图和装船计划,等船靠泊后,码头堆场根据码头收据和装箱单,按装船计划装船。装船完毕后,由船方在装箱单、码头收据、积载图上签字,作为确认货物装船的凭证。

4. 对特殊集装箱的处理

对堆存在场内的冷藏集装箱应及时接通电源,每天还应定时检查冷藏集装箱和冷冻机的工作状况是否正常,箱内温度是否保持在货物所需要的限度内,在装卸和出入场内时,应及时解除电源。

对于危险品集装箱,应根据可暂时存放和不能存放两种情况分别处理。能暂存的货箱应堆存在有保护设施的场所,而且堆放的数量不能超出许可的限度。对于不能暂存的货箱,应在装船预定时间内装上船舶。

5. 与船公司的业务关系

集装箱码头应保证:

(1) 根据船期表提供合适的泊位。

(2) 船舶靠泊后,及时提供足够的操作人员与机械设备,以保证船舶速遣。

(3) 适当掌握和注意船方设备,不违章操作。

船公司应保证:

(1) 向码头确保船期,在船舶到港前一定时间提出确实到港通知。如发生船期改变,则应及时通知码头。

(2) 装船前2~10天提供出口货运资料,以满足堆场制订堆场计划、装船计划的需要。

(3) 应及时提供船图,以保证正常作业需要。如船公司不能按时提供有关资料,则失去靠泊的可能。

船公司与码头堆场的主要业务有:

(1) 收发箱作业以及其附属业务。

(2) 缮制设备收据、签署场站收据。

(3) 装卸箱作业以及船边至堆场之间的搬运、整理等工作。

(4) 缮制装卸箱清单、积载图报送代理公司。

(5) 接受装拆箱货物的作业,缮制装箱单。

(6) 有关集装箱的堆存、转运、冲洗、熏蒸、修理等事项。

四 集装箱货运站出口货运业务

集装箱货运站是集装箱运输的产物,集装箱运输的主要特点之一就是船舶在港时间短,这就要求有足够的货源,一旦在卸箱操作完毕后,即可装满船开航。集装箱货运站的主要业务就是集散货物。集装箱货运站有两种类型,一种叫港口型,另一种叫内陆集散型,集装箱货运站的主要业务有以下几点。

1. 办理货物交接

在货物不足一箱时,一般都将其运至集装箱货运站,由集装箱货运站根据所托运的货物种类、性质、目的港,将货物拼装在其他集装箱内,并负责将已装货的集装箱运至码头堆场。

集装箱货运站在根据订舱单接受前来托运的货物时,应查明这些货物是否已订舱,如货物已订舱,货运站则要求货物托运人提供码头收据、出口许可证,然后检查货物的件数是否与码头收据记载相符、货物的包装是否正常、能否适合集装箱运输。如无异常情况,货运站即在场站收据上签字。反之,则应在码头收据的备注栏内注明不正常的情况,然后再签字。如不正常的情况较严重,可能会影响以后的运输安全,则应同有关方联系,决定是否接受这些货物。

2. 积载装箱

集装箱货运站根据货物到站的情况,在货物达到一定数量后,即开始配箱、装箱。

配箱时应注意:

(1)当不同货物混装在同一箱内时,则应根据货物的体积、质量、外包装的强度、货物的性质等情况,将货物区分开,包装牢固的货物、重货装在底部,包装不牢固的货物、轻货则应装在上部。

(2)货物在箱内的质量分布应均衡,如箱子某一部位的负荷过重,则有可能使箱子底部发生弯曲或有脱开的危险。

(3)在进行货物堆码时,应根据货物的包装强度,决定堆码的层数。

(4)货物与货物之间,应加隔板或隔垫器材,避免货物相互擦伤、沾湿、污损。

(5)应根据货物的不同种类、性质、包装,选用不同规格的集装箱。

货物装箱时应注意:

(1)货物的装载应严密整齐,货物之间不留有空隙,这样不仅可充分利用箱内容积,也可防止货物相互碰撞而造成损害。

(2)应使用清洁、干燥的垫料(胶合板、草席、缓冲器材、隔垫板),如使用未干的潮湿物料,易发生货损事故。

(3)在装箱完毕后,应采取必要的措施,防止箱口附近的货物倒塌。

(4)装载的货物应安全系牢,以防止其在运输中因摇晃、紧急制动、碰撞导致货损事故发生。

3. 制作装箱单

集装箱货运站在进行货物装箱时,应制作集装箱装箱单,制作时必须准确、清楚。

4. 将装载的货箱运至码头堆场

货物装箱完毕后,集装箱货运站在海关监督之下加海关封志,并签发场站收据。同时,货运站应尽快与码头堆场取得联系,将已装货的集装箱运至码头堆场。

五 集装箱运输班轮出口主要货运单证

1. 场站收据联单(Dock Recipt, D/R)

1)场站收据定义与作用

(1)场站收据定义。

场站收据联单是一套综合性的单证,它把货物订舱单(也称托运单)、装货单(也称关单、下货纸)、收货单[也称大副收据(Mate's Receipt, M/R)]、场站收据(Dock Receipt, D/R)、理货单、配舱回单、运费通知等单证汇成了一套联单,由托运人或其代理(即货代)填制,流转到承运人及其代理、集装箱场站、理货公司等海运参与方使用,可提高集装箱货物托运的效率。

场站收据是由承运人发出的、证明已收到托运货物并开始对货物负责的凭证。从这个作用上来讲,场站收据类似传统件杂货运输所使用的大副收据(大副收据也可换取正本海运提单)。但不同之处在于,场站收据标志着集装箱货物运输的承运人责任开始于场站而不是传统件杂货的船边,这意味着承运人责任的延伸。

(2)场站收据作用。

一般认为,场站收据的作用有:

①船公司或船代确认订舱并在场站收据上加盖有报关资格的单证章后,将场站收据交给托运人或其代理人,这意味着运输合同开始执行。

②出口货运报关的凭证之一。

③承运人已收到托运货物并对货物开始负有责任的证明。

④换取海运提单或联运提单的凭证。

⑤船公司、港口组织装卸、理货、配载的资料。

⑥运费结算的依据。

⑦如信用证中有规定,可作为向银行结汇的单证。

(3)场站收据构成。

场站收据相当于传统的托运单、装货单、收货单等一整套单据,共有10联(有的口岸有7联),场站收据是集装箱运输专用的出口货运单证,不同港口使用联数有10联、12联、7联不等。这里以10联格式为例,说明场站收据的组成。其中:

①第1联:集装箱货物托运单(货主留底)(B/N)。

②第2联:集装箱货物托运单(船代留底)。

③第3联:运费通知(1)。

④第4联:运费通知(2)。

⑤第5联:场站收据(装货单)(S/O)。第5联副本:缴纳出口货物港务费申请书。

⑥第6联:大副联(场站收据副本)。

⑦第7联:场站收据(D/R)。

⑧第8联:货代留底。

⑨第9联:配舱回单(1)。

⑩第10联:配舱回单(2)。

场站收据10联单的格式(以第2联为例)如表2-4所示。

2)场站收据10联单的流转程序

集装箱出口运输的整个订舱和装船工作环节中都贯穿着场站收据10联单的使用。场站收据10联单在各参与方的流转如图2-14所示。

(1)发货人或货代填制场站收据1~10联后,留下货方留底联(第1联)。

场站收据第 2 联　　　　　　　　　　表2-4

Shipper(发货人)		委托号：
		Forwarding Agents
		B/L No.(编号)
Consignee(收货人)	第②联	
Notify party(通知人)		集装箱货物托运单 船代留底
Pre-carriage by(前程运输)　　Place of receipt(收货地点)		

OceanVesse(船名)　Voy. No.(航次)　Port of Loading(装货港)					
Port of Discharge(卸货港)		Place of Delivery(交货地点)		Final Destination(目的地)	
Container No. (集装箱号)	Seal No. (铅封号) Marks &Nos (标记和号码)	No. of Containers or Packages (箱数或件数)	Kind of Packages & Description of Goods (包装种类与货名)	Gross Weight 毛重(千克)	Measurement 尺码(立方米)
Total No. of Containers or Packages(IN WORDS)集装箱数或件数合计(大写)					
Freight & Charges (运费与附加费)		Revenue Tons 运费吨	Rate(运费率)　Per(每)	Prepaid(运费预付)	Collect(到付)
Ex. Rate: (兑换率)	Prepaid at(预付地点)		Payable at(到付地点)	Place of Issue(签发地点)	
	Total Prepaid(预付总额)		No. of Original B/L(正本提单份数)	货值金额	
Service Type on Receiving □ – CY,□ – CFS,□ – DOOR		Service Type on Delivery □ – CY,□ – CFS,□ – DOOR		Reefer Temperature Required (冷藏温度)	°F　　°C
Type of Goods (种类)	□Ordinary　□Reefer　□Dangerous　□Auto （普通）　（冷藏）　（危险品）　（裸装车辆） □Liquid　□Live Animal　□Bulk　□_____ （液体）　（活动物）　（散货）			危险品	Class： Property： IMDG Code Page： UN No.
发货人或代理名称地址：				联系人：	电话：
可否转船：　　可否分批：　　装期：				备注：	装箱场站名称：
效期：　　　　制单日期：					
海运费由_____支付 如预付运费托收承付,请核准银行账号					

（2）第2~10联送订舱代理或船代订舱（船代需签章、编号）。

（3）船代编号后,留下第2~4联,并在第5联上加盖确认订舱及报关章,然后将第5~10联退给货代,货代留下第8联、第9联,并把第10联给货主作为配舱回单。

(4)发货人或货代将第5~7联送海关报关。
(5)海关审核认可后,在第5联装货单上加盖放行章。
(6)货代负责将箱号、封志号、件数等内容填入第5~7联,并将集装箱货物连同这些联在规定的时间送到堆场,堆场业务员检查海关放行章后允许进入。

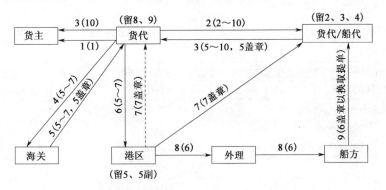

图 2-14　场站收据10联单在各参与方的流转

(7)场站业务员在集装箱货物进场、验收完毕后,在第5~7联上填入实收箱数、进场完毕日期,并签收和加盖场站公章,以表示承运人责任的开始。第7联返回货代,可向船公司或其代理换取待装船提单;第5联由场站留底。
(8)第6联送理货员,在装船时交大副交接签收,作为大副收据。
(9)大副签收加货物批注后,第6联返还货代,可向船公司或其代理换取已装船提单。

2. 集装箱设备交接单(Equipment Receipt, E/R)
1)集装箱设备交接单的构成与流转
(1)设备交接单的构成。
集装箱设备交接单,是集装箱在流转过程中有关单位或个人进行设备交接的凭证,主要内容是记载集装箱箱体、状态、封志、危品类别等状况,以便作为发生箱损责任及费用划分的依据。
设备交接单的使用遵循一箱一单、箱单同行的原则,分出场(港)设备交接单和进场(港)设备交接单两种,各有三联,分别为箱管单位(船公司或其代理人)留底联,码头/堆场联,用箱人/运箱人联。集装箱设备交接单(出场)、集装箱设备交接单(进场)的格式如图2-15、图2-16所示。
(2)设备交接单的流转程序。
①由箱管单位填制设备交接单的用箱人、运箱人、船名、航次、集装箱的类型及尺寸、集装箱状态(空、重箱)、免费使用期限和进(出)场目的等。
②用箱人或运箱人到码头、堆场提箱时,应对照设备交接单检查集装箱,双方签字,码头、堆场留下箱管单位联和码头堆场联(共两联),将用箱人或运箱人联退还给用箱人或运箱人。
③码头、堆场将留下的管箱人联退还给箱管单位。
2)设备交接单的填写
设备交接单的各栏分别由箱管单位(船公司或其代理人)、用箱人或运箱人(货代或集卡车队)、码头堆场的经办人填写。具体项目如下:

集装箱设备交接单(出场)
EQUIPMENT INTERCHANGE RECEIPT

OUT 出场

No.

用箱人/运箱人(CNTR. USER/HAULIER)		提箱地点(PLACE OF DELIVERY)	
发往地点(DELIVERED TO)		返回/收箱地点(PLACE OF RETURN)	
船名/航次 (VESSEL/VOYAGE No.)	集装箱号 (CNTR. No.)	尺寸/类型 (SIZE/TYPE)	营运人 (CNTR. OPTR)
提单号 (B/L No.)	危险类别 (IMCO CLASS)	铅封号 (SEAL No.)	免费期限 (FREE TIME PERIOD)	运载工具牌号 (TRUCK WAGON BARGE No.)
货重 (CARGO W.)	出场目的/状态 (PPS OF GATE-OUT/STATUS)	进场目的/状态 (PPS OF GATE-IN/STATUS)	出场日期 (TIME-OUT) 月　日　时

出场检查记录(INSPECTION AT THE TIME OF INTERCHANGE)

普通集装箱 (GP. CNTR.)	冷藏集装箱 (RF. CNTR.)	特种集装箱 (SPL. CNTR.)	发电机 (GEN. SET)
□正常(SOUND) □异常(DEFECTIVE)	□正常(SOUND) 设定温度(SET)　　℃ □异常(DEFECTIVE) 记录温度(RECORDED)　℃	□正常(SOUND) □异常(DEFECTIVE)	□正常(SOUND) □异常(DEFECTIVE)

损坏记录及代号(DAMAGE & CODE)

BR 损坏(BROKEN)　　**D** 凹损(DENT)　　**M** 丢失(MISSING)　　**DR** 污箱(DIRTY)　　**DL** 危标(DG LABEL)

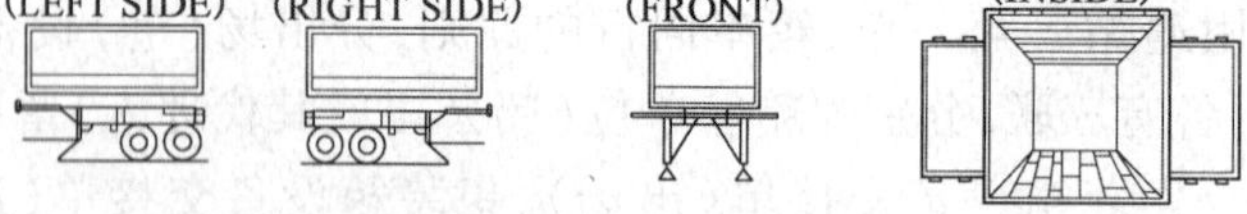

左侧(LEFT SIDE)　右侧(RIGHT SIDE)　前端(FRONT)　内部(INSIDE)

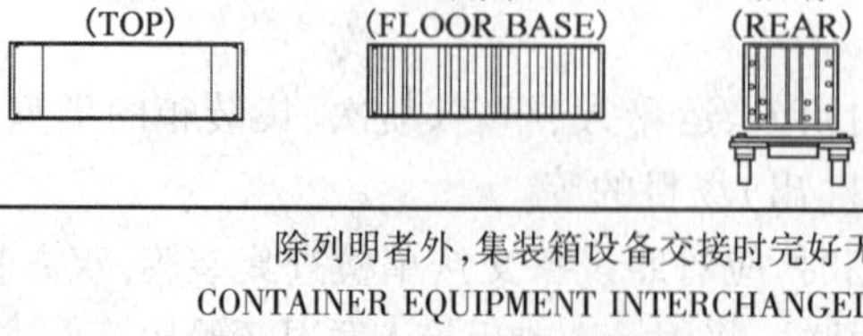

顶部(TOP)　底部(FLOOR BASE)　后端(REAR)

如有异状,请注明程度及尺寸(REMARK)

除列明者外,集装箱设备交接时完好无损,铅封完整无误。
CONTAINER EQUIPMENT INTERCHANGED IN SOUND CONDITION
AND SEAL INTACT UNLESS OTHERWISE STATED.

用箱人/运箱人签署　　　　　　　　　　码头/堆场值班员签署
(CONTAINER USER/HAULIER'S SIGNATURE)　　(TERMINAL/DEPOT CLERk'S SIGNA TURE)
　　年　　月　　日　　　　　　　　　　　　年　　月　　日

GB/T 16561—1996 格式印制

(一)箱管单位留底

图 2-15 集装箱设备交接单(出场)

集装箱设备交接单(进场)
EQUIPMENT INTERCHANGE RECEIPT

IN 进场

EIR No.

用箱人/运箱人(CONTAINER USER/HAULIER)	提箱地点(PLACE OF DELIVERY)

来自地点(WHERE FROM)	返回/收箱地点(PLACE OF RETURN)

船名/航次 (VESSEL/VOYAGE No.)	集装箱号 (CONTAINER No.)	尺寸/类型 (SIZE/TYPE)	营运人 (CNTR. OPTR)

提单号 (B/L No.)	铅封号 (SEAL No.)	免费期限 (FREE TIME PERIOD)	运载工具牌号 (TRUCK WAGON BARGE No.)

出场目的/状态 (PPS OF GATE-OUT/STATUS)	进场目的/状态 (PPS OF GATE-IN/STATUS)	进场日期 (TIME-IN)
		月 日 时

进场检查记录(INSPECTION AT THE TIME OF INTERCHANGE)　□正常(SOUND)　□异常(DEFECTIVE)

损坏记录及代号(DAMAGE&CODE)

BR 损坏(BROKEN)　D 凹损(DENT)　M 丢失(MISSING)　DR 污箱(DIRTY)　DL 危标(DG LABEL)

左侧(LEFT SIDE)　右侧(RIGHT SIDE)　前端(FRONT)　集装箱内部(CONTAINER INSIDE)　顶部(TOP)　底部(FLOOR BASE)　箱门(REAR)

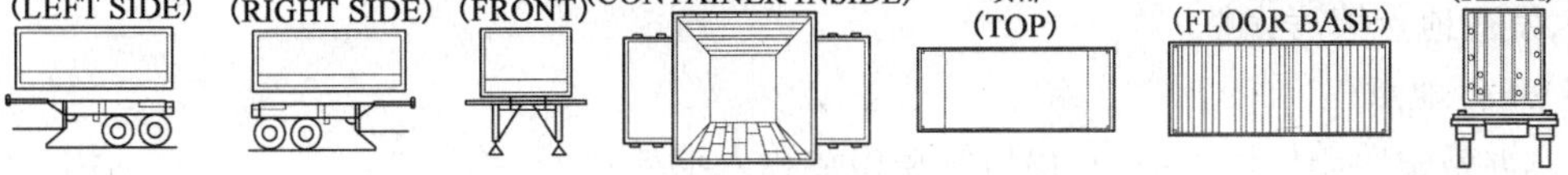

用箱通知(NOTICE):	如有异状,请注明程度及尺寸(REMARK):

②码头、堆场

注意背面条款(CLAUSE ON THE REVERSE SIDES)　　　　　　　　　有效日期:
除列明者外,集装箱及集装箱设备交接时完好无损,铅封完整无误。
THE CONTAINER/ASSOCIATED EQUIPMENT INTERCHANGED IN SOUND:
CONDITION AND SEAL INTACT UNLESS OTHERWISE STATED.

用箱人/运箱人签署　　　　　　　　　　　放箱码头/放箱堆场值班员签署
(CONTAINER USER/HAULIER'S SIGNATURE)　(TERMINAL/DEPOT CLERK'S SIGNATURE)
____年____月____日　　　　　　　　　　____年____月____日

图 2-16　集装箱设备交接单(进场)

(1)用箱人/运箱人栏。

由船舶代理人填写,填写时应列明责任方或委托方。说明及要求如下:

①责任方系指对集装箱使用过程中的灭失、损坏负有赔偿责任并负责支付集装箱超期使用费用的一方,或与海上承运人或其代理人签订集装箱使用合同的一方。他们可以是货方或货方代理人,可以是货方或货方代理人委托的内陆(水路、公路、铁路)承运人,可以是根据委托关系向海上承运人或其代理人提供集装箱检验、修理、清洗、租赁、堆存等服务的单位。

②委托方系指委托责任方进行内陆(水路、公路、铁路)运输的一方。他们可以是货方或货方代理人,也可以是内陆(水路、公路、铁路)承运人。责任方可要求船舶代理人将委托方列明于本栏内。凡一并列明责任方和委托方者,船舶代理人在向责任方收取集装箱超期使用费用时,可按委托方分别开列账单,便于责任方向委托方收取费用。

③凡具备责任方条件者,方可向船舶代理人办理集装箱发放手续。凡责任方或委托方办理集装箱发放手续者,必须持责任方书面委托,并明示责任方与委托方办理的集装箱发放手续,承担集装箱使用过程中发生的灭失、损坏,承担集装箱超期使用费。委托书中还应列明责任方和委托方的全称、地址、电话和经办人,列明银行结算账号。

(2)提箱地点栏。

进口拆箱由船舶代理人填写;出口装箱由港区、场/站填写;因检验、修理、清洗、租赁、堆存、转运出口而提离有关港区、场/站的空箱,提箱地点由船舶代理人填写。

(3)发往地点栏。

进口拆箱由船舶代理人填写,出口装箱由运箱人填写。

说明及要求:该栏是实施集装箱动态管理的重要栏目。船舶代理人通过计算机的统计分析,能随时掌握海上口岸的集装箱分布情况,为生产和箱管提供决策依据。填写时字体必须清楚,发往地点填写完整。

(4)来自地点栏。

进口拆箱由船舶代理人填写,出口装箱由运箱人填写。

说明及要求:如进口箱出口需套箱时,必须在套箱前到船舶代理人处办理套箱手续,更正"进场联"的"来自地点栏",并加盖船舶代理人同意套箱字样,否则,港区、场/站不予收箱,船舶代理人将视其为超期使用。

(5)返回/收箱地点栏。

进出口全部由船舶代理人填写。

说明及要求:用箱人/运箱人或港区、场/站必须严格按集装箱设备交接单规定的地点还箱、收箱;收箱地点必须符合《口岸国际集装箱场/站管理办法实施细则》的规定,向用箱人/运箱人提供服务。

(6)船名/航次栏。

进出口全部由船舶代理人填写。

(7)集装箱箱号栏。

进口拆箱由船舶代理人填写;出口装箱除指定箱号外,由港区填写。

说明及要求:因出口货物短装或退关造成集装箱不能按集装箱设备交接单规定的船名/航次使用,用箱人/运箱人可持该单证"进场联"到船舶代理人处办理更正手续后可继续使用。

(8)尺寸/类型栏。

进出口全部由船舶代理人填写。

(9)营运人栏。

进出口全部由船舶代理人填写。

说明及要求:

①营运人栏是港区、场/站对集装箱进行管理的主要依据。凡集装箱设备交接单签发后,营运人发生变更时,必须由船舶代理人及时通知港区、场/站。

②用箱人/运箱人根据情况需要套箱时,必须于套箱前到船舶代理人处办理套箱手续,以免盲目套箱。

(10)提单号栏。

进口拆箱由船舶代理人填写,出口装箱由运箱人要求装箱点填写。

说明及要求:凡货运站交付或拼箱交货的进出口集装箱,只需在该栏内列明一票提单号码,但填写必须清楚正确。

(11)铅封号栏。

进口拆箱由船舶代理人填写,出口装箱由运箱人要求装箱点填写。

(12)免费期限栏。

进出口全部由船舶代理人填写。

(13)运载工具牌号栏。

进出口全部由运箱人填写。

说明及要求:填写时,必须列明内陆承运人单位简称及承运车辆牌号。

(14)出场目的/状态栏。

此栏由船舶代理人填写。

(15)进场目的/状态栏。

此栏由船舶代理人填写。

(16)出场日期栏。

此栏由港区、场/站道口填写。

(17)进场日期栏。

此栏由港区、场/站道口填写。

(18)出场检查记录栏。

此栏由运箱人与港区、场/站道口工作人员联合检查。

场/站道口工作人员注明程度及尺寸。

(19)进场检查栏。

此栏由运箱人与港区、场/站道口工作人员联合检查。如有异状,由港区、场/站道口工作人员注明程度及尺寸。

说明及要求:集装箱进出场责任划分,交接前由交方承担,交接后由接方承担。

(20)用箱人/运箱人签署栏。

此栏由运箱人签署。

(21)码头/堆场值班员签字栏。

此栏由港区、场/站道口工作人员签署。

说明及要求:签署集装箱设备交接单时,字体必须清楚,姓名应写全名。

(22)注意事项。

集装箱设备交接单一经签发不得更改。凡需更改者,必须到船舶代理人处办理更正手续,并于集装箱设备交接单更正处盖有船舶代理人箱管更正章,其他更正章一律无效。未经办理更正手续的集装箱设备交接单一律不得进入港区,违者按规定追究责任。

3. 装箱单(Container Load Plan,CLP)

集装箱装箱单是记载每个集装箱内所装货物名称、数量、尺码、质量、标志和箱内货物积载情况的单证,是集装箱运输的辅助货物舱单。装箱单由装箱人编制,每个集装箱编制一份,一式五联,其中码头、船代、承运人各一联,发货人或装箱人两联,格式如图2-17所示。

不论是由货主自行装载的整箱货,还是由集装箱货运站负责装载的拼箱货,负责装箱的人都要制作装箱单。集装箱装箱单是详细记载每个集装箱内所装货物情况的唯一单据。因此,在以集装箱为单位进行运输时,集装箱装箱单是一张极其重要的单据,该单据的主要作用有:

(1)在装货地点,作为向海关申报货物出口的代用单据。

(2)作为发货人、集装箱货运站与集装箱码头堆场之间的货物交接单。

(3)作为承运人通知集装箱内所装货物的明细表。

(4)在卸货地作为办理集装箱保税运输手段的单据之一。

(5)该单据上所记载的货物与集装箱的总质量是计算船舶吃水差、稳性的基本数据。可见集装箱装箱单内容记载准确与否,与保证集装箱货物的安全运输有着密切的关系。

集装箱装箱单记载的事项应与场站收据和报关单据上的相关事项一致,否则会影响正常装船和报关。对于特殊货物,应加注特定要求,比如对冷藏货物要注明对箱内温度的要求,对危险货物要加注标识等。

发货人或货运站将货物装箱并缮制装箱单后,连同装箱货物一起送至码头集装箱堆场。集装箱堆场的业务人员在5联单上签收后,留下码头联、船代联和承运人联,将发货人联、装箱人联退还给送交集装箱的发货人或集装箱货运站。发货人或集装箱货运站联除自留一份备查外,将另一份寄交给收货人或卸箱港的集装箱货运站,供拆箱时使用。集装箱堆场自留码头联,据此编制装船计划,将船代联及承运人联分送船舶代理人和船公司,据此缮制积载计划和处理货运事故。

技能训练

[技能训练目标]

能够正确掌握集装箱班轮运输的出口货运业务,运用国际货运代理实训软件模拟完成一票货物的出运订舱操作。

[技能训练准备]

(1)在校内实训室,安装国际货运代理操作软件系统,准备实际案例和实训指导书;

(2)学生学习订舱操作流程。

[技能训练步骤]

(1)教师扮演一家货运代理企业的操作主管,学生扮演货代公司的操作员。

(2)教师运用实训软件进行模拟操作演示。

装箱单 CONTAINER LOAD PLAN						集装箱号 Container No.		集装箱规格 Type of Container: 20　40	
船名 Ocean Vessel	航次 Voy. No.					铅封号 Seal No.		冷藏温度 Reefer. Temp. Required　°F　℃	
箱主 Owner	提单号码	收货地点 Place of Receipt				卸货港 Port of Discharge	装货港 Port of Loading	交货地点 Place of Delivery	
		场 CY	站 CFS	门 Door				场 CY	站 CFS　门 Door
		1. 发货人 Shipper	2. 收货人 Consignee	3. 通知人 Notify		件数及包装种类 No. & Kind of Pkgs.	标志和号码 Marks & Numbers	货名 Description of Goods	尺码(立方米) Measurement Cu. M
									重量(公斤) Weight kg
危险品要注明危险品标志分类及闪点 In case of dangerous goods, please enter the label classification and flash point of the goods				R Rant　D Doon				总件数 Total Number of Packages 重量及尺码总计 Total Weight & Measurement	
	重新铅封号 New Seal No.					开封原因 Reason for Breaking Seat	装箱日期 Date of Vanning at: (地点及国名 Place & Country)	装箱人 Packed by: 发货人 货运站 (Shipper/CFS)	皮重 Tare Weight
	出口 Export	驾驶员签收 Received by Drayman				堆场签收 Received by CY			总毛重 Gross Weight
	进口 Import	驾驶员签收 Received by Drayman				货运站签收 Received by CFS		签署 Signed	发货人或货运站留存 1. SHIPPER/CFS (1)一式十份 此栏每份不同

图 2-17　集装箱装箱单

(3)学生根据实训案例要求和实训指导书进行订舱模拟操作,并填制订舱单和场站收据。

第一步,根据发货人委托资料录入货代操作系统,生成订舱委托书。如图2-18所示。

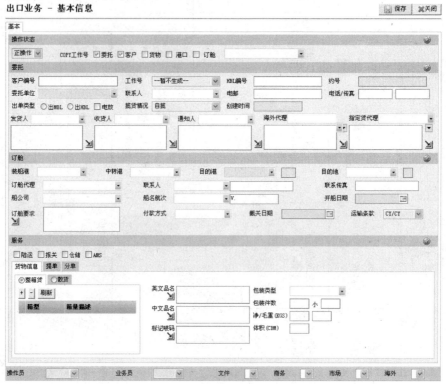

图2-18 委托人信息录入

第二步,向船公司或其代理进行订舱操作。如图2-19所示。

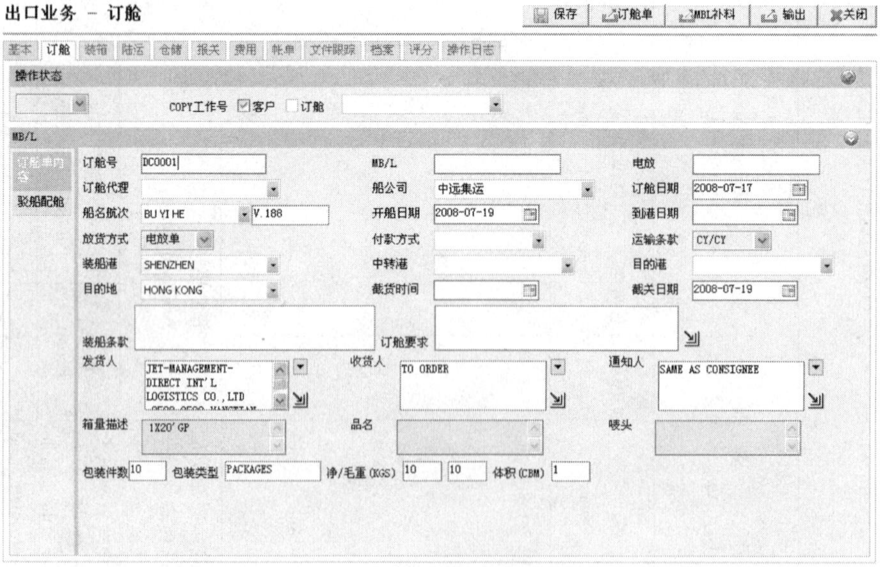

图2-19 订舱模拟操作

[技能训练注意事项]
(1)一丝不苟,严格按照操作规范进行操作,认真撰写实训报告。
(2)实训操作确定要规范、正确。

项目三　集装箱班轮运输进口业务运作

(1)熟悉集装箱班轮运输进口货运业务;
(2)结合实际案例模拟集装箱班轮运输进口业务操作。

可采用讲授、情境教学、案例教学、实训教学和分组讨论等方法。

教学内容

[情景设置]
某货代公司操作员根据发货人的委托办理一票整箱货进口业务,向船公司或其订舱代理进行换单,办理好清关手续后,联系集卡公司去船公司指定地点提取重箱,送到货主工厂进行掏箱后将空箱送至船公司指定还箱堆场。

[相关理论知识]

一 船公司在进口货运中的业务

集装箱船舶不仅船型大,运输速度也快,且靠挂港口少。因此,从某种意义上说,限制挂靠港口和缩短装卸时间不仅能提高船舶的周转率,而且对船公司的经济效益和使收货人尽快收到货物都是有利的。船公司要达到这一目的,必须要有合理的组织工作程序。船公司在集装箱进口货运中的业务有以下几点。

1. 做好卸船准备工作

由于集装箱船舶要求在最短的时间内卸完集装箱,因此,如果没有一个完整的卸船计划,集装箱则有可能停滞在码头上,影响船舶卸卸,使码头工作陷入混乱,延迟对收货人的交货,从而在一定程度上削弱了集装箱运输能缩短装卸作业时间和提高船舶周转率的优势。

因此,船公司主管进口货运的人,应在船舶从最后装船港开出后,即着手制订船舶预计到港的计划,并从装船港代理那里得到有关货运单证。与此同时,主管进口货运的人与港方、收货人、海关和其他有关部门尽早取得联系,等船舶靠泊稳妥后,尽快将集装箱卸下,并办理海关手续,做好交货准备工作。在装船港代理处取得的主要单证有:

(1)提单副本或码头收据副本。
提单副本或码头收据副本作为制订船舶预计到港通知书、交货通知书、交货凭证、货物舱单、动植物清单,以及答复收货人有关货物方面的各种询问之用。

(2) 积载图。

积载图作为编制集装箱卸船计划、堆场计划、交货计划,以及有关集装箱、机械设备的保管、管理资料之用。

(3) 集装箱装箱单。

集装箱装箱单为办理保税内陆运输,以及办理货物从码头堆场运出手续之用,并作为集装箱货运站办理掏箱、分类、交货的依据。

(4) 集装箱号码单。

集装箱号码单作为向海关办理集装箱暂时进口手续、设备管理的依据以及作为与其他单据核对所用。

(5) 装船货物残损报告。

凭装船货物残损报告向责任方提出索赔,该报告也是货损事故处理中主要单证之一。

(6) 特殊货物表。

特殊货物表系向海关和有关方面办理危险品申报,以及冷藏货物、活牲畜等特殊货物的交货之用。

2. 制作并寄送有关单据

船公司或其他代理公司在收到装船港寄来的单据后,应从速制作下述有关单据寄送有关方。

(1) 船舶预计到港通知书。

船舶预计到港通知书是向提单副本所记载的收货人或通知方寄送的单据,其内容和提单大致相同,除货物情况外,还记载该船预计抵港日期。在普通船运输下,船公司一般没有给收货人船舶预计到港通知书的义务,也就是说可以不送。但在集装箱运输下,为了能使码头堆场顺利地进行工作,防止货物积压,使集装箱有效利用而不发生闲置、加速周转,则有必要将货物预计到达的日期通知收货人,让收货人在船舶抵港前做好收货准备工作,等集装箱货物从船上卸下后即可提走。

(2) 交货通知。

交货通知是货物具体交付日期的通知,是在确定了船舶抵港日期和时间,并且确定了集装箱的卸船计划和时间后,船公司或其代理人把货物的交付时间通知给收货人的单据,货物交付通知习惯先用电话通知,然后寄送书面通知,以防止纠纷。

(3) 货物舱单。

货物舱单作为向海关申请批准卸货之用。

3. 卸船与交货

集装箱的卸船与交货计划主要由码头堆场负责办理,但收货人在接到船公司寄送的船舶预计到港通知后,有时会通知船公司,在其方便的时间提供提货的可能机会。对于收货人的这一要求,船公司应转告集装箱码头堆场,在交货时尽可能满足收货人的要求。

4. 提货单的签发

除特殊情况外,船公司或其代理人只要收到正本提单,就有义务对提单持有人签发提货单。因此,提货单的签发是采用与正本提单相交换的形式进行的。提货单仅仅是作为交货的凭证,其不具有提单那样的流通性。

在签发提货单时,首先要核对正本提单签发人的签字,签发提单的日期,提单背书的连贯性,判定提单持有人是否正当,然后再发给提货单。提货单应具有提单所记载的内容,如船名、交货地点、集装箱号码、铅封号、货物名称、收货人等交货所必须具备的项目。在到付运费和未支付清其他有关费用情况下,则应收讫后再签发提货单。

正本提单尚未到达,而收货人要求提货时,可采用与有关银行共同向船公司出具担保书的办法,担保书内应保证:

(1)正本提单一到,收货人应即交付船公司或其代理人。

(2)由于是在没有凭正本提单下发生的提货,船公司由此而遭受的任何损失,收货人应负一切责任。

此外,如收货人要求更改提单上原指定的交货地点时,船公司或其代理人应收回全部的正本提单后,才能签发提货单。

二 集装箱码头堆场在进口货运中的工作

1. 集装箱的卸船准备工作

如来港靠泊的集装箱船系定期班轮,则应根据协议和有关业务章程的规定,在船舶抵港前一定的时间将船期计划通知码头。如由于天气和其他原因未能按期到港,则必须提早通知。在船舶抵港前几天,码头堆场应从船公司或其代理人那里取得如下有关单证。

(1)货物舱单。

(2)集装箱号码单。

(3)积载图。

(4)集装箱装箱单。

(5)装船货物残损报告。

(6)特殊货物表。

集装箱码头堆场根据这些单证安排卸货准备工作,并制订出集装箱的卸船计划、堆场计划、交货计划。

①集装箱卸船计划。为了减少船舶在港时间,卸船与装船往往同时进行,为使卸船工作有条不紊地进行,有必要制订卸船计划。卸船计划的制订是为了能在最短的时间内使大量的集装箱能顺利装上与卸下。

②集装箱堆场计划。集装箱能否合理安置在码头堆场内,除了会影响卸船计划能否顺利执行外,还将严重影响交货计划能否顺利执行。为了达到这一目的,有必要制订堆场计划。

③集装箱的交货计划。集装箱的交货计划是为了能使从船上卸下的集装箱不积压在码头堆场内,并向最终目的地继续运输或直接交给收货人所制订的计划。

2. 卸船与堆放

集装箱码头堆场根据制订的卸船计划从船上卸下集装箱,并根据堆场计划在堆场内存放集装箱。在堆场内存放从船上卸下的集装箱时应注意:

(1) 空箱与实箱应分开堆放。
(2) 了解实箱内货物的详细情况。
(3) 是否需要安排中转运输。
(4) 在码头堆场内交货,还是在货运站交货。
(5) 预定交货日期。

3. 交货

从船上卸下的集装箱货物,交货对象大致可分为收货人、集装箱货运站、内陆承运人三种。根据不同的交货习惯,交货时应办理的手续有:

(1) 交给收货人的手续。

当收货人或其代理人前来提取装有货物的集装箱时,应出具船公司或其代理人签发的提货单,经核对无误后,堆场将货箱交给收货人。交货时,码头堆场和收货人双方在交货记录上签字交接,如对所交接的货物有批注,则应将该批注记入交货记录。交货记录是证明船公司责任终止的重要单证。

(2) 交给集装箱货运站的手续。

如系拼箱货,则由集装箱货运站从码头堆场将集装箱货物运至货运站,并由其拆箱将货交付收货人。一般情况下进行的集装箱货物交接,由码头堆场与货运站共同在集装箱装箱单上签字,作为货物交接的收据,码头堆场与货运站是各自独立的,交接时则应制作交货记录,并由双方签署,以明确对集装箱货物的责任关系。

(3) 交给内陆承运人的手续。

如集装箱货物需继续运往内地最终交货地点,码头堆场则应与船公司或其代理公司取得联系后,再把集装箱交给内陆承运人。在这种情况下,如船公司对货物的责任终止于码头堆场,则应以交货记录进行交接。如内陆承运人作为船公司的分包人,即船公司对全程运输负有责任时,码头堆场与内陆承运人只需办理内部交接手续,在集装箱运至最终交货地点后再办理交货记录。

4. 有关费用收取

码头堆场在将集装箱货物交给收货人时,应查核该货物是否发生了保管费、再次搬运费。另外,集装箱的使用是否超出了免费使用期,如已超出则应收取滞期费,在发生上述费用的情况下,码头堆场应在收取这些费用后,再交付集装箱货物。

5. 制作交货报告和未交货报告

集装箱码头堆场在交货工作结束后,应根据实际交货情况制作交货报告送交船公司,作为日后船公司据以处理收货人提出的关于货物丢失和损坏的索赔依据。

如收货人一时未能前来提货,码头堆场则应制作未交货报告送交船公司,船公司据以催促收货人早日提货,如收货人仍不前来提货,船公司可对货物采取必要的措施。

三 集装箱货运站在进口货运中的业务

拼箱货由集装箱货运站从码头堆场领取后,在货运站拆箱,并按提单分类,将货物交给前来提货的收货人。集装箱货运站主要的进口货运业务有以下几方面。

1. 做好交货准备

集装箱货运站应在船舶到港前几天,从船公司或其代理人处取得下列有关单证。

(1)提单副本或场站收据副本。
(2)货物舱单。
(3)集装箱装箱单。
(4)集装箱货物残损报告。
(5)特殊货物表。

集装箱货运站根据上述单据做好拆箱交货准备工作。

2. 发出交货通知

在确定了船舶抵港日期和卸港计划后,货运站与码头堆场联系确定提取集装箱的时间,根据这一时间由集装箱货运站制订出拆箱和交货计划。

集装箱船舶在港期间,货运站有可能同时进行拆箱交货、接货装箱的作业,其业务相当繁忙紧张,为使拆箱的货物尽早让收货人提走,应对收货人发出交货日期的通知。交货日期通知也是计算集装箱货物保管费和再次搬运费的依据。

3. 从码头堆场领取载货的集装箱

集装箱货运站在与码头堆场取得联系后,即从堆场领取载货的集装箱,在进行集装箱货物交接时,码头堆场应与货运站在集装箱装箱单上签字。另外,对出堆场的集装箱应办理设备交接手续,由堆场出具设备收据,双方在设备收据上签字。

4. 拆箱交货

集装箱货运站从码头堆场领取集装箱后,即开始拆箱作业。在从箱内取出货物时,应按装箱单记载的末尾向前的顺序进行。拆箱后应将空箱退还给码头堆场。

当收货人前来提货时,货运站应要求收货人出具船公司签发的提货单,在将提货单记载的内容与货物核对无误后,即可交货。交货时,集装箱货运站应与收货人在交货记录上签字,如发现货物有异状,则应将这种情况记入交货记录的备注栏内。

这种交货记录与普通船运输下的船舶记录有同样的性质,是交货完毕的凭证,船公司对货物的责任以双方在交货记录上的签署为准。

5. 有关费用收取

集装箱货运站在交付货物时,应查核该货物有无发生保管费和再次搬运费,如已发生,则应收取后再交货。

6. 制作交货报告和未交货报告

集装箱货运站在交货工作结束后,制作交货报告寄送船公司,船公司据以处理有关货物的损害赔偿责任。对积压在货运站的未交货物,则应制作未交货报告寄送船公司,船公司据以催促收货人迅速提货,如收货人仍不前来提货,船公司可对货物采取必要的措施。

四 收货人在进口货运中的业务

收货人在集装箱进口货运中的具体业务有:

(1)签订贸易合同。

收货人作为买方首先必须与卖方(发货人)订立贸易合同。

(2)租船订舱。

如果货物系以 FOB 价格条件成交,收货人则负有租船订舱之责任,并有将有关船名、装船日期通知发货人的义务。

(3)申请开信用证。

收货人必须在合同规定的日期向其所在地银行提出开证申请,并按合同规定的内容填写开证申请书,请开证行(所在地银行)开证。

(4)投保。

进口货物如以离岸价 FOB 或到岸价 C&F 价成交,收货人则负有投保之责任,并支付保险费。

(5)取得有关装船单据。

收货人要取得有关装船单据,则必须向银行支付货款,也就是说,购买装船单据,或向银行付款后取得装船单据。如在按托收汇票结汇时,进口地银行对出口地银行负有代收货款的责任。所以,在付款交单条件下,收货人只有在支付货款后才能取得单据。如为承兑交单,收货人在对接管的票据确认后,才能取得单据,收货人在得到单据后,应仔细审核提单记载的事项和提单背书的连续性。

(6)换取提货单。

收货人在提货前,应将提单交还给船公司或其代理人,据以取得提货单。在集装箱货物从船上卸下后,凭提货单即可提货。

(7)提取货物。

通常,整箱货应去码头堆场提货,拼箱货则应去货运站提货,应注意的是,如整箱货连同集装箱一起提取,还应办理集装箱设备收据。

(8)索赔。

收货人在提取货物时,如发生货物的丢失、损坏时,即应向责任方提出损害赔偿。

五 集装箱交货记录联单(Delivery Record)

1. 交货记录联单的构成及作用

交货记录标准格式一套共五联:

(1)到货通知书(除进库场日期外所有栏目由船代填制)。

(2)提货单(同上,盖章位置则由责任单位盖章)。

(3)费用账单(蓝色,剩余栏目由场站、港区填制)。

(4)费用账单(红色,同上)。

(5)交货记录(同上,提货人签名)。

各联单据的作用:

(1)到货通知书(Arrival Notice)。

到货通知是船公司在卸货港的代理人向收货人或通知人(往往是收货人的货运代理人)发出的船舶预计到港时间的通知。它是船公司在卸货港的代理人根据掌握的船舶动态和装箱港的代理人寄来的提单副本或其他货运单证、资料编制的。

船公司在卸货港的代理人向收货人或通知人发出到货通知书的目的在于要求收货人事先做好提货准备,以便集装箱货物抵港后能尽快疏运出港,避免货物在港口、堆场积压,使集装箱堆场能更充分地发挥其中转、换装作用,使集装箱更快周转。

到货通知书只是船公司或其代理人为使货运程序能顺利进行而发出的单证,这个通知发出的是否及时,以及收货人或其代理人是否能收到,作为承运人的船公司并不承担责任,也就是说,承运人并不对此通知承担责任风险。进口商的货运代理人为了保证进口货物代理的服务质量,也应主动与船公司的代理人联系,及早获取进口货物到货通知书,便于提前做好接卸进口货物的准备。

(2)提货单(Delivery Order)。

提货单是船公司或其代理人指示负责保管货物的集装箱货运站或集装箱堆场的经营人,向提单持有人交付货物的非流通性单据。

(3)交货记录(Deliver Record)。

船公司或其代理人向收货人或其代理人交货时,双方共同签署的,证明双方间已进行货物交接和载明其交接状态的单据叫交货记录。

(4)费用账单。

收货人或其代理人结算港口费用,提取货物的单据。

2. 交货记录的流转程序

(1)船舶代理人在收到进口货物单证资料后,在规定时间内向收货人或通知人发出到货通知书。

(2)收货人或其代理人在收到到货通知书后,凭海运正本提单(背书)和到货通知书向船舶代理换取提货单及场/站、港区的费用账单联、收货记录四联等联,提货单经船代盖章方始有效。

(3)收货人或其代理人持提货单在海关规定的期限内备妥报关资料,向海关申报。海关查验后,在提货单的规定栏目内盖放行章。收货人或其代理人还要办理其他有关手续的,亦应办妥手续,并取得有关单位盖章。

(4)收货人及其代理人凭已盖章放行的提货单、费用账单和交货记录联,向场/站或港区的营业所办理申请提货作业计划,港区或场/站营业所核对船代提货单是否有效及有关放行章后,将提货单、费用账单联留下,作为放货、结算费用及收费依据。在第五联交货记录联上盖章,以示确认手续完备,受理作业申请,安排提货作业计划,并同意放货。

(5)收货人及其代理人凭港区或场站已盖章的交货记录联到港区仓库,或场/站仓库、堆场提取货物。提货完毕后,提货人应在规定的栏目内签名,以示确认提取的货物无误。交货记录上所列货物全部提交后,场/站或港区应收回交货记录联。

(6)场/站或港区凭收回的交货记录联核算有关费用。填制费用账单(一式两联),结算费用。将第二联(蓝色)费用账单联留存场/站、港区制作部门,第四联(红色)费用账单联用作向收货人收取费用的凭证。

(7)港区或场/站将第二联提货单联及第四联费用账单联、第五联交货记录联留存归档备查。

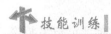

[技能训练目标]

能够正确掌握集装箱班轮运输的进口货运业务,运用国际货运代理实训软件模拟完成一票货物的换单操作。

[技能训练准备]

(1)在校内实训室,安装国际货运代理操作软件系统,准备实际案例和实训指导书。

(2)学生学习进口整箱货代理操作流程。

[技能训练步骤]

(1)教师扮演一家货运代理企业的操作主管,学生扮演货代公司的操作员。

(2)教师运用实训软件进行模拟操作演示。

(3)学生根据实训案例要求和实训指导书进行换单模拟操作。

第一步,根据收货人委托资料录入货代操作系统。如图2-20所示。

图2-20 委托人信息录入

第二步,向船公司或其代理进行换单操作。如图2-21所示。

图2-21 换单模拟操作

项目四 提单签发

(1)了解海运提单的含义、性质和作用;

(2)熟悉海运提单的分类及其在实际中的运用;

(3)结合实际案例,掌握海运提单的记载内容和填制方法。

可采用讲授、情境教学、案例教学和分组讨论等方法。

[情境设置]

一票集装箱货物按照船公司要求送至指定集装箱码头堆场,随后货代单证员把集装箱的详细资料,即集装箱箱号、封条号码、所装货物的品名、数量、体积、质量等传给船公司。船公司收到提单补料资料后出具一份提单样本,由货代公司和托运人进行核对确认。该集装箱装船完毕,船舶开航后1~2天,船公司给发货人签发集装箱海运提单。

[相关理论知识]

一 海运提单及种类

当货物经过订舱、装箱、报检、报关、投保等环节,并最后经海关验讫放行后,就可以装船。货物装上船后,班轮公司或国际货运代理就要缮制海运提单,并将提单签发给货物的托运人。

1. 海运提单及其作用

海运提单,简称提单(Bill of Lading)。在国际海上运输中,提单既是一份非常重要的业务单据,又是一份重要的法律文件。提单是国际海上运输中最具特色的运输单据。《汉堡规则》、《海牙规则》和《海牙—维斯比规则》都是有关提单的国际公约。我国的《海商法》则给提单下了确切的定义:"提单,是指用以证明海上货物运输合同和货物已经由承运人接收或者装船,以及承运人保证据以交付货物的单证。提单中载明的向记名人交付货物,或者按照指示人的指示交付货物,或者向提单持有人交付货物的条款,构成承运人据以交付货物的保证。"

在国际贸易中,提单是一种有价证券,起着贸易单证的作用。作为有价证券,提单既是物权证券,又是债权证券,它同时代表物权和债权。

根据法律的规定,提单具有海上货物运输合同的证明、货物收据和交付货物的物权凭证的功能和作用。

(1)提单是海上货物运输合同的证明。

提单是运输合同成立的证明,但不是运输合同。虽然提单上印刷的条款中规定有承运人与货物关系人之间的权利与义务,提单又是法律承认的处理有关货物运输争议的依据,但是提单并不具有作为经济合同应具备的基本条件,因为提单上的主要项目,诸如船名、开航日期、航线、挂靠港及其他有关货运条件都是事先公布的,而且是众所周知的,至于运价和运输条件也是承运人预先规定的,提单条款是承运人单方面制订的,在提单上也只有承运人单方面的签字。而合同实际上在托运人向承运人或其代理人订舱、办理托运手续时就已经成立。

确切地说,承运人或其代理人在托运人填制的托运单上盖章时,承运人与托运人之间的合同就已告成立。由于合同履行在前,提单签发在后,提单只是在履行运输合同过程中出现的一种证据,所以将提单称为"海上货物运输合同已存在的证明"是比较合理的。

如果在签发提单之前,承运人与托运人双方另有约定,且该约定又不同于提单条款规定的内容,则应以该约定为准。如果在签发提单之前,承运人与托运人没有约定,并且托运人在接受提单时也未提出任何异议,这时可将提单条款推定为合同条款的内容,从而约束承、托双方。这种情况下,提单才能从运输合同的证明转化为运输合同本身。

当提单转让给善意的第三人(提单的受让人、收货人等)以后,承运人与第三人之间的权利、义务等就按提单条款的规定处理,即此时的提单就是第三人与承运人之间的运输合同。

我国《海商法》规定,"承运人与收货人、提单持有人之间的权利、义务关系,依据提单规定确定。"

(2) 提单是证明货物已由承运人接管或已装船的货物收据。

承运人签发提单,就表明他已按提单上所列内容收到货物。已装船提单是在货物装船后,根据货物的原始收据——大副收据等签发的,上面记载有证明收到的货物的种类、数量、标志、外表状况等内容。

在国际贸易中,经常使用 FOB、CFR 和 CIF 三个传统的价格术语。在这三个传统的价格术语下,货物装船就象征着卖方已将货物交付给买方,货物的装船时间也就是卖方的交货时间,因此提单上还记载着货物装船的时间。用提单来证明货物的装船时间,可以作为履行贸易合同的一个必要的条件。如果卖方未按时装船,提单上的装船时间不符合贸易合同上的约定,结汇时,银行将不会接受该提单。收货待运提单证明承运人已接管货物,它更具有明显的货物收据的功能。

提单作为货物收据,其法律效力在不同的当事人之间也是不同的。

对托运人来说,提单只是承运人依据托运人所列提单内容收到货物的初步证据(Prima Facie Evidence)。换言之,如果承运人有确实证据证明他在事实上未收到货物,或者在收货时实际收到的货物与提单所列的情况有差异,承运人可以通过一定的方式减轻或者免除自己的赔偿责任。

但对于善意接受提单的收货人来说,提单是承运人已按托运人所列内容收到货物的绝对证据(Conclusive Evidence)。承运人不能提出相反的证据否定提单上所记载的内容。

我国《海商法》对提单有关货物记载事项证据效力的规定为:"……承运人或者代其签发提单的人签发的提单,是承运人已经按照提单所载状况收到货物或者货物已经装船的初步证据;承运人向善意受让提单的包括收货人在内的第三人提出与提单所载状况不同的证据,不予承认。"

(3) 提单是承运人保证凭以交付货物的物权凭证。

提单是承运人保证凭以交付货物的物权凭证,承运人或其代理人在目的港必须也只能向提单的持有人交付货物。也就是说,收货人是根据提单的物权凭证的功能,在目的港以提单与货物相交换的方式来提取货物。在这种情况下,即使是真正的收货人,如果他不能提交正本提单,承运人也可以拒绝放货给他。

提单作为物权凭证的功能,是用法律的形式予以确定的,提单的转移就意味着提单上所载货物的转移,提单的合法受让人或提单持有人就有权要求承运人交付提单上所记载的货物。除提单中有关规定外,提单的转让是不需要经承运人同意的。

提单具有物权凭证的功能,提单所代表的物权可以随提单的转移而转移,提单中所规定的权利和义务也随着提单的转移而转移。即使货物在运输过程中遭受损失或灭失,也因货物的风险已随提单的转移而转移给了提单的受让人。提单的受让人能否得到赔偿将取决于有关海上货物运输的法律、国际公约和提单条款的规定。

提单的转让是受时间上的限制的。在办理提货手续前,提单是可以转让的。一旦办理了提货手续,该提单就不能转让了。

2. 海运提单的种类

海运提单(Ocean Bill of Lading or Marine Bill of Lading)种类较多。随着世界经济的发展,国际海上运输中所遇到的海运提单的种类也越来越多。国际货运代理在客户托运时就要弄清楚,客户需要签发的是哪一种提单。如果客户使用信用证结汇方式,信用证上都会详细列明需要签发什么样的提单。

1)班轮公司提单、无船承运人提单

按照提单签发人身份的不同,海运提单可分为班轮公司提单和无船承运人提单。

(1)班轮公司提单(Liner Bill of Lading or Ocean Bill of Lading)。

班轮公司提单俗称船东提单或船东单(Master Bill of Lading,MBL),是指在班轮运输中,由班轮公司或其代理人作为承运人直接签发给托运人的海运提单。信用证上有时会规定,只接受船东提单。

(2)无船承运人提单(NVOCC Bill of Lading or House Bill of Lading,HBL)。

无船承运人是指无船承运业务的经营者以承运人的身份签发给托运人的提单。我国《海商法》规定,无船承运人应属承运人,即契约承运人,虽然他自己不拥有船舶,也不经营船舶,但是他对于实际托运人来说是承运人,并承担承运人的责任,当然同时也享受承运人的权利和义务。但他与海运实际承运人享受的权利与义务还是有些区别的,例如,海运实际承运人可享受海事赔偿责任限制,而无船承运人却不能享受。

在我国,无船承运人又具有国际货运代理的身份,所以无船承运人提单又经常被称为货代提单。

2)已装船提单、收货待运提单

按照货物是否已经装船,海运提单可分为已装船提单和收货待运提单。

(1)已装船提单(On Board Bill of Lading or Shipped Bill of Lading)。

已装船提单是指整票货物全部装上船后,由承运人或其代理人向托运人签发的货物已经装船的提单。这种提单中,除了载明其他通常事项外,还必须注明装运船舶的名称和货物实际装船完毕的日期。

(2)收货待运提单(Received for Shipment Bill of Lading)。

收货待运提单,简称待装提单或待运提单,是指承运人虽已收到货物,但货物尚未装船,应托运人的要求而向其签发的提单。由于待运提单上没有明确的装船日期,而且又不注明装运船舶的名称,因此,在跟单信用证的支付方式下,银行一般都不会接受这种提单。

待到货物装船后,承运人在待运提单上加注了装运船舶的名称和装船的日期后,待运提单就成为已装船提单了。

3)记名提单、不记名提单、指示提单

按照提单收货人一栏的记载,海运提单可分为记名提单、不记名提单和指示提单三种。

(1)记名提单(Straight Bill of Lading)。

记名提单是指在提单"收货人"一栏内具体填上特定的收货人名称的提单。记名提单只能由提单上所指定的收货人提取货物。记名提单是不得转让的。

由于记名提单不得转让,因而可以避免因转让而带来的风险,但也失去了其代表的货物可转让流通的便利。银行一般都不愿意接受记名提单作为议付的单证。

(2)不记名提单(Open Bill of Lading or Blank Bill of Lading or Bearer Bill of Lading)。

不记名提单是指在提单"收货人"一栏内不填写任何内容(空白),或填写"应向提单持有人交付货物(To the Bearer or To the Holder)"的提单。不记名提单无须背书即可转让。也就是说,不记名提单由出让人将提单交付给受让人即完成了转让,谁持有提单,谁就可以凭此提取货物。

(3)指示提单(Order Bill of Lading)。

指示提单是指在提单"收货人"一栏内只填写"凭指示(To Order)"或"凭某某人的指示(To the Order of ×××)"字样的提单。指示提单经过记名背书或空白背书后可以转让。指示提单除由出让人将提单交付给受让人外,还必须背书,这样提单才算完成了转让。

如果提单"收货人"一栏内只填写"To Order",这种提单被称为托运人指示提单。"收货人"一栏内如填写"To the Order of Shipper"也一样为托运人指示提单。这种提单在托运人未指定收货人或受让人之前,提单所载明的货物仍属于托运人。

如果提单"托运人"一栏填写了"To the Order of ×××"则被称为记名指示提单。在这种情况下,由记名的指示人指定收货人或受让人。记名指示人"×××"可以是银行,也可以是贸易商等。

3. 清洁提单、不清洁提单

按照对货物外表状况有无批注,海运提单可分为清洁提单和不清洁提单。

(1)清洁提单(Clean Bill of Lading)。

清洁提单是指没有任何有关货物残损、包装不良或其他有碍于结汇的批注的提单。

由于提单正面已印有"外表状况明显良好(In Apparent Good Order and Condition)"的字样,所以如果承运人或其代理人在签发提单时未加任何相反的批注,则表明承运人确认了货物装船时外表状况良好这一事实,因此承运人在目的港必须将在装船时接收的同样外表状况良好的货物交付给收货人。正常情况下,在银行结汇时,都应提交清洁提单。

(2)不清洁提单(Unclean Bill of Lading)。

不清洁提单是指承运人加注有货物及包装状况不良或存在缺陷,如水渍、油渍、污损、锈蚀、包装不牢固、残破、下雨时装船等批注的提单。承运人通过批注,声明货物是在外表状况不良的情况下装船的,在目的港交付货物时,若货物有损毁可归因于这些批注,从而减轻或免除自己的赔偿责任。正常情况下,银行都拒绝以不清洁提单办理结汇。

实践中,当出现货物及包装状况不良或存在缺陷,承运人要在提单上加以批注时,托运人往往会出具保函,要求承运人签发清洁提单,以便顺利结汇。由于这种做法实际上掩盖了提单签发时的真实情况,所以承运人将会承担由此而引起的以下风险责任:

①因承运人不能以保函对抗善意的第三方,所以承运人要赔偿收货人的损失,然后根据保函再向托运人追偿赔款。

②如保函具有欺骗性质,则保函在承运人和托运人之间也属无效,承运人将只能独自承担责任,而无法向托运人追偿赔款。

③如承运人接受了具有欺骗性质的保函,不但要承担赔偿责任,而且会丧失责任限制权利。

④虽然承运人通常会向保赔协会投保货物运输责任险,但如果货损早在承运人接受货物前就已经发生,那么保赔协会对此是不负责任的,责任只能由承运人自负。

⑤如果承运人是在善意的情况下接受了保函,则该保函也只对托运人有效。但是,托运人在发生争议时经常会抗辩:货物的损坏并不是包装表面缺陷所致,而是由于承运人在运输过程中没有履行其应当适当、谨慎地保管和照料货物的义务所致,因此承运人要向托运人追偿也是很困难的。

所以,一般来说,在发现货物及包装状况不良或存在缺陷的情况下,承运人是不愿接受托运人的保函而签发清洁提单的。当然,实践中还是有承运人愿意接受保函,这主要是根据托运人的商业信誉,相信其会履行自己的保证所致。

4. 直达提单、转船提单、多式联运提单

按照货物不同的运输方式,海运提单可分为直达提单、转船提单和多式联运提单三种。

(1)直达提单(Direct Bill of Lading)。

直达提单是指由承运人签发的,货物从装货港装船后,中途不经过转船而直接运抵卸货港的提单。

(2)转船提单(Transshipment Bill of Lading or Through Bill of Lading)。

转船提单是指在装货港装货的船舶不直接驶达货物的目的港,而要在中途港换装其他的船舶运抵目的港,而由承运人为这种货物运输所签发的提单。

(3)多式联运提单(Combined Bill of Lading or Multimodal Transport Bill of Lading)。

多式联运提单是指货物由海上、内河、铁路、公路和航空等两种以上不同运输工具,共同完成全程运输时所签发的提单。这种提单主要用于集装箱运输。多式联运提单一般由承担海运区段运输的船公司签发。

5. 倒签提单、顺签提单、预借提单

按照签发提单时间的不同,海运提单可分为倒签提单、顺签提单和预借提单三种。

(1)倒签提单(Anti-Date Bill of Lading)。

倒签提单是指在货物装船完毕后,应托运人的要求,由承运人或其代理人签发的、提单签发日期早于货物实际装船完毕日期的提单。即托运人从承运人处得到了以早于货物实际装船完毕日期作为提单签发日期的提单。由于签发提单的日期是倒填的,所以称为倒签提单。

有些以信用证为支付方式的货物,由于某种原因,货物实际装船完毕的日期迟于信用证规定的装运日期,若仍按实际装船完毕的日期签发提单,银行将不会接受,从而影响结汇。为了使签发提单的日期与信用证规定的日期相吻合,以便顺利结汇,托运人就可能要求承运人按信用证规定的装运日期倒填日期签发提单。由于承运人倒签提单的做法掩盖了货物装船的真实情况,所以他必须承担由此而产生的风险责任。

实践中,托运人在要求承运人倒签提单时,一般会出具一份保函,以免除承运人的责任。

(2)顺签提单(Post-Date Bill of Lading)。

顺签提单是指在货物装船完毕后,应托运人的要求,由承运人或其代理人签发的、提单签发日期晚于货物实际装船完毕日期的提单。即托运人从承运人处得到了以晚于货物实际装船完毕日期作为提单签发日期的提单。由于顺填日期签发提单,所以称为顺签提单。

由于一些货物因某种原因提早装船,其实际装船完毕的日期早于贸易合同中装运日期的规定,如果按货物实际装船完毕日期签发提单,将影响贸易合同的履行,于是托运人就可能要求承运人按贸易合同装运日期的规定顺填日期签发提单。由于承运人顺签提单的做法同样掩盖了货物装船的真实情况,所以他同样必须承担由此而产生的风险责任。

实践中,托运人在要求承运人顺签提单时,一般也会出具一份保函,以免除承运人的责任。

(3)预借提单(Advanced Bill of Lading)。

预借提单是指一些以信用证为支付方式的货物,在信用证规定的装运日期或交单结汇期已到的情况下,货物却尚未装船完毕。托运人为了能及时结汇,要求承运人或其代理提前签发已装船提单。也就是说,托运人要从承运人处借用已装船提单结汇。

托运人在规定时间未能备妥货物,或者船舶不能如期到港,延误了船期,货物装船完毕的日期要超过信用证规定的装运日期,甚至超过规定的结汇期,托运人就可能采取从承运人那里借出提单用以结汇的办法。但是承运人签发预借提单要冒极大的风险,因为这种做法掩盖了提单签发时的真实情况,一旦货物发生损坏,承运人不但要负责赔偿,而且会丧失享受责任限制和援用免责条款的权利(许多国家的法律和判决都有先例)。

所以,一般来说,即使托运人愿意出具保函,承运人也都不会愿意冒这样的风险。因为这种保函在法律上的地位极其脆弱,往往不能成立,一旦被收货人发觉而诉诸法律,不仅承运人要负法律责任,连托运人也难卸合谋欺诈之责。

6.舱面提单、并提单、分提单、交换提单、交接提单、过期提单

这是一些比较特殊的提单,下面我们一一加以介绍。

(1)舱面提单(On Desk Bill of Lading)。

舱面提单又称甲板提单,是指将货物积载于船舶的露天甲板上,由承运人或其代理人签发的,记载有"On Desk"字样的提单。

装载在甲板上的货物不仅遭受损失的可能性较大,而且承运人对货物的灭失和损毁不负赔偿责任,一旦发生共同海损也不能得到分摊。货主一般都在合同中或信用证中规定不准将货物装载在甲板上。银行也一般不会接受舱面提单。但有些货物,如危险品、活的牲畜又必须装在甲板上,所以,按商业习惯允许装载在甲板上的货物,经托运人和承运人协商同意后可以装载在甲板上运输,并接受舱面提单。

由于集装箱运输的特殊性,通常有 1/2 以上的集装箱是装载在甲板上的,所以集装箱无论是装载在舱内还是装载在甲板上,提单上都不记载"On Desk"或"Under Desk"字样,商业上的这种做法已为各有关方面所接受。

(2)并提单(Omnibus Bill of Lading)。

并提单是指应托运人的要求,承运人将同一条船舶上装运的、到达相同目的港、交给相同收货人的两票或两票以上的货物,合并签发为一套提单。也就是说,并提单是将不同装货单号下的货物合起来签发相同提单号的一套提单。

(3)分提单(Separate Bill of Lading)。

分提单是指应托运人的要求,承运人将属于同一装货单号下的货物分成几份,并为每一份货物分别签发的提单。也就是说,分提单是将相同装货单号下的货物分开签发不同提单

号的提单。

(4)交换提单(Switch Bill of Lading)。

交换提单是指在直达运输的条件下,承运人应托运人的要求,同意在约定的中途港凭起运港签发的提单,换发以该中途港为起运港的提单,并记载有"在中途港收回本提单,另换发以中途港为起运港的提单"或"Switch Bill of Lading"字样的提单。

由于商业上的原因,托运人为了满足合同上有关装货港的要求,会请求承运人签发这种提单。签发这种提单的货物在中途港并不换装其他船舶,而只是由承运人收回原来签发的提单,再另签一份以该中途港为起运港的提单,承运人凭后者交付货物。

(5)交接提单(Memo Bill of Lading)。

交接提单是指由于货物转船、联运或其他原因,在不同承运人之间签发的不可转让、不是"物权凭证"的单证。交接提单只具有货物收据和备忘录的作用。

(6)过期提单(Stale Bill of Lading)。

过期提单也称滞期提单,是指由于出口商在取得提单后未能及时到银行议付,已超过期限的提单。

在以信用证为支付方式的情况下,根据《跟单信用证统一惯例》的规定,如信用证没有规定交单的特定期限,则要求出口商在货物装船日起21天内到银行交付单证,同时也不得晚于信用证的有效期限。超过这一期限,银行将不予接受。过期提单是商业习惯的一种提单,它只是超过了交单的期限,在运输合同下并不是无效提单,提单持有人仍可凭此要求承运人交付货物。

二 海运提单操作规范

1. 海运提单正面法定记载内容

国际公约和各国国内立法均对提单需要记载的内容做了规定,以保证提单的效力。我国《海商法》第七十三条对提单内容做如下的规定:

(1)货物的品名、标志、包数或者件数、重量或者体积,以及运输危险货物时对危险性质的说明。

(2)承运人的名称和主营业所。

(3)船舶名称。

(4)托运人的名称。

(5)收货人的名称。

(6)装货港和在装货港接收货物的日期。

(7)卸货港。

(8)多式联运提单增列接收货物地点和交付货物地点。

(9)提单的签发日期、地点和份数。

(10)运费的支付。

(11)承运人或者其代表的签字。

提单缺少前款规定的一项或者几项的,不影响提单的性质。但是,提单应当符合《海商法》第七十一条的规定。

2. 提单正面内容缮制

提单正面的内容包括由制单人填写的大部分内容及正面印刷的条款。应该填写的内容有：

(1) 提单编号(B/L No.)。

提单编号统一制订。

(2) 托运人(Shipper)。

此栏填写托运人的名称、地址，必要时也可填写代码。

(3) 收货人(Consignee)。

此栏填写收货人的全称、地址，如有可能同时填写电话、传真或代码。

收货人栏内可以是：

①具体填写收货人名称(记名提单)。

②可以是"To Order"或"To Order of ×××"，如果是"To Order"则可理解是凭"托运人指示"。无论是"To Order"还是"To Order of ×××"均为可转让提单。

(4) 通知方(Notify Party)。

此栏填写通知方的全称和地址，如有可能应填写电话、传真或代码。如提单收货人一栏内已有详细的名称和地址，通知方一栏可以是任何一国的名称和地址。

在签发"To Order"提单时，必须填写通知方全称、地址，电话、传真或代码。如信用证有要求，也可填写任何国家的第二通知方的名称和地址。

注：关于托运人对通知方一栏的申报，应符合卸船港或交货地的习惯要求，否则产生的一切责任由托运人负责。有的国家和地区要求通知方必须是在当地，否则不允许货物进口。

(5) 接货地(Place of Receipt)。

此栏在多式联运时填写，表明承运人接收到货物的地点，其运输条款可表现为门到场、门到门、门到站等。

(6) 装船港(Port of Loading)。

此栏填写货物的实际装船港口，但应注意：

①在支干线运输下，装船港可以是支干线船的装船港口。

②异地签单时，货物的实际装船港与提单签发地不在同一港口。

③装船港的港口名称应与所装载货物的"Vessel"一栏中的船名相对应。

(7) 交货地(Place of Delivery)。

此栏在多式联运时填写，表明承运人交付货物的地点，其运输条款可表现为场到门、门到门、站到门等。

填写交货地时应注意：

①如托运人要求在提单上注明最终交货地，而船公司又不接受时，则可在"Description of Goods"栏中加注"Final Destination of the Goods Not the Ship：×××, For Merchant's Reference Only"。

②如托运人提供了拼写错误的卸船港名称和交货地点，在未与托运人核实时请勿自行更正。因为提单内容记载应符合信用证的要求，如需要更改则应由托运人提出书面声明。

③货物的交接地点应与具体的运输条款相一致,如 CY—CY 条款则在提单上注明装船港、卸船港即可,如 DOOR—CY,则在提单上注明接货地、装船港、卸船港,否则将在责任费用上产生争执。

(8) 卸船港(Port of Discharge)。

此栏填写货物卸船港港口名称。

①如在提单记载的卸船港交货,通常收货人出具正本提单中的任何一份便可提货。

②如收货人提货的港口与提单上记载的卸船港不符时,则由收货人出具全套正本提单时才可放货。

(9) 前程承运人(Pre Carrier)。

此栏在货物转运、联运、多式联运时填写,在海运方式下通常是一程船。

(10) 船名、航次(Vessel, Voyage No.)。

此栏填写船舶的具体名称、航次号,但在货物转运、联运或多式联运时应注意:

①在难以确定二程船船名时,请填写"To Be Named ×××船",或"×××船 or Her Substitute"。

②如一程船、二程船不属同一家船公司时,更应注意提单签发。

(11) 货物栏(Description of Goods)。

①标志、箱号、关封号(Marks & No. Containers / Seal No.)。

通常情况下,托运人会提供货物的识别标志和序号以填入此栏中,同时此栏中需填写装载货物的集装箱箱号和关封号。如在托运人未能提供关封号情况下,建议加注"Seal number not noted by shipper"。

如果有海关关封号,则应在此栏中加注。

②集装箱的数量和货物件数(No. of Container or Packages)。

整箱货运输下,此栏通常填写集装箱的数量和型号,如信用证有要求,则可在"Description of Goods"一栏中加注由托运人提供的货物件数。

拼箱货运输下,此栏中填写货物件数。

集装箱的型号主要可表现为 20ft、40ft。常用集装箱类型代码,如表 2-5 所示。

常用集装箱类型代码　　　　　　　　表 2-5

类　　型	缩写及含义	类　　型	缩写及含义
Dry Container	DC——干货箱	Open Top	OT——开顶箱
Reefer Container	RF——冷藏箱	High Cube	HC 或 HQ——高箱
Flat Rack	FR——框架箱		

例如:一个内装 8 箱机械设备的 20ft 干货箱可表示为:1×20ft DC。如托运人坚持要求标明货物件数,则可在"Description of Goods"一栏中加注"8 Cases Machinery Shipper's Load Count"。

提单批注表示方法有以下几种:

a. STC(Said To Contains),内容据称。

b. SLC(Shipper's Load Count),货主装载计数。

c. SLCAS（Shipper's Load Count And Seal），货主装载、计数、加封。

d. UNCL（Unknown Clause），不知条款。

e. OCO（One Container Only），一个集装箱。

f. SBS（Said By Shipper），据货主称。

上述提单批注并不影响提单结汇。

③货物情况（Description of Goods）。

此栏填写货物的具体情况，如需填写的内容过多，空间不够的话，则可添加附件，此种情况下请注明："Quantity and Description of Goods as Per Attached Schedule"。

④货重（Gross Weight kilos）。

此栏内填写装入集装箱内货物的毛重（千克）。

⑤体积（Measurement Cu Meters）。

此栏内填写装入集装箱内货物的总体积（立方米）。

⑥集装箱总数和货物件数总数（Total Number of Containers or Packages or Units）。

在整箱货运输下，此栏填写集装箱的总数，如"Five Containers Only"。

在拼箱货运输下，此栏填写货物的总件数，如"Twenty Packages Only"。

在填写过程中，应该注意的是：

a. 在整箱货运输下，当此栏中填写集装箱总数后，不必再填写具体的货物件数。

b. 如同时在此栏中填写集装箱箱数和货物件数时，则以提单签发人加注的集装箱数为准。

c. 所谓一件货是指其本身价值超出提单规定的赔偿责任限制。

（12）运费（Freight）。

①运费和其他费用（Freight and Charge）。

此栏内主要说明各种费用的类别，如海运费、内陆拖运费、燃油附加费用。其中，申报货物价值的附加费是指托运人要求在此栏中注明货物价值后应支付的附加运费。

②运费预付地点、运费到付地点（Prepaid at, Collect at）。

此栏表明运费支付方式和地点，运费的支付有两种方式：运费预付（Freight Prepaid）和运费到付（Freight Collected）。若货物以 CIF 或 CFR 术语成交，一般填写 Freight Prepaid，表示货物托运人已在装货港付清全部运费。若货物以 FOB 术语成交，一般填写 Freight Collected，表示买方或收货人在货物运抵目的港后，必须付清全部运费才能提取货物。若货主拒绝支付运费，根据提单条款规定，承运人对货物享有留置权。

注：费用栏中仅说明运费支付方式，不必注明运费支付金额。

（13）温度指示（Temperature Control Instructions）。

此栏填写冷藏箱运输时所要求的温度，应尽量避免标明具体温度。如托运人坚持标明，则可在此栏中标明"Set at ××℃ as Required by Merchant's，或 ××℃ ±2℃"。

（14）正本提单份数[No. of Original B(s)/L]。

此栏填写根据托运人要求所签发的正本提单份数。

正本提单份数注明要求是：

①在变更目的港地交货时，收货人应出具全套正本提单。

②在提单转让买卖时,应出具全套正本提单。

③在寄送提单发生意外时有补救办法。

(15)装船日期、船名(Shipped on Board the Vessel)。

此栏通常填写承运货物的船舶离开提单项下的装船港的具体日期,并在日期上盖章,在特殊情况下也可填写货物实际装船日期、地点。

(16)提单签发地点、日期(Place and Date of Issue)。

提单签发的地点,原则上应是装货的地点,一般是装货港或货物集中地。

提单的签发日期非常重要,应该是提单上所列货物实际装船完毕的日期。

(17)承运人或者其代表的签字盖章(Signed for the Carrier)。

提单必须经过签署手续才能生效。有权签署提单的有承运人或他们的船长,也可以是他们授权的代理人。

当今的国际航运中,尤其是班轮运输中,提单大多由船公司的代理人签发。代理人必须经由船公司的授权方能行使提单签发权,经授权的代理人签署的提单与承运人签署的提单一样有效。根据法律的规定,承运人对代理人的行为要负责。

国际货运代理如具有无船承运人的身份,按照《中华人民共和国国际海运条例》的规定,可以签发无船承运人提单。

提单签署的方法,只要不违反提单签发地所在国的法律,采用手签、印模、打孔、盖章等任何机械或电子的方法都可以。实践中,除信用证规定必须手签提单外,其他一般都采用盖章的方式。

承运人签发提单,提单上显示:As Carrier。

代理人签发提单,提单上显示:As Agent for the Carrier ×××。

而由船长签字的提单上,则会显示:Capitain as Master。

提单示例如图2-22所示。

3. 提单正面印刷条款

提单正面除了以上需要制单人填写的内容外,尚有一些印刷的条款。

(1)确认条款。

确认条款是承运人表示在货物或集装箱外表状况良好的条件下,接受货物或集装箱,并同意承担按照提单所列的条款,将货物或集装箱从装货港或起运地运往卸货港或交货地,把货物交付给收货人的责任条款。

(2)不知条款。

不知条款是承运人表示没有适当的方法,对其所接收的货物或集装箱进行检查,所有货物的质量、尺码、标志、品质、数量等都由托运人提供,承运人并不承担责任的条款。但在实践中,不知条款并不一定有效。

(3)承诺条款。

承诺条款是承运人表示承认提单是运输合同成立的证明,承诺按照提单条款的规定承担义务和享受权利,而且也要求货主承诺接受提单条款制约的条款。由于提单条款是承运人单方拟定的,该条款表明货主接受提单也就是接受了提单条款的制约,所以承诺条款也称代拟条款。

1. Shipper Insert Name, Address and Phone

B/L No.

中远集装箱运输有限公司
COSCO CONTAINER LINES

TLX: 33057 COSCO CN
FAX:

ORIGINAL

2. Consignee Insert Name, Address and Phone

3. Notify Party Insert Name, Address and Phone
(It is agreed that no responsibility shall attach to the Carrier or his agents for failure to notify)

Port-to-Port or Combined Transport

BILL OF LADING

RECEIVED in external apparent good order and condition except as other- wise noted. The total number of packages or unites stuffed in the container, the description of the goods and the weights shown in this Bill of Lading are furnished by the Merchants, and which the carrier has no reasonable means of checking and is not a part of this Bill of Lading contract. The carrier has issued the number of Bills of Lading stated below, all of this tenor and date, one of the original Bills of Lading must be surrendered and endorsed or signed against the delivery of the shipment and whereupon any other original bills of Lading shall be void. The Merchants agree to be bound by the terms and conditions of this Bill of Lading as if each had personally signed this Bill of Lading

SEE clause 4 on the back of this Bill of Lading (Terms continued on the back hereof, please read carefully)

*Applicable Only When Document Used as a Combined Transport Bill of Lading

4. Combined Transport * Pre - carriage by	5. Combined Transport* Place of Receipt
6. Ocean Vessel Voy. No.	7. Port of Loading
8. Port of Discharge	9. Combined Transport * Place of Delivery

Marks & Nos. Container / Seal No.	No. of Containers or Packages	Description of Goods (If Dangerous Goods, See Clause 20)	Gross Weight kg	Measurement
		ORIGINAL		
		Description of Contents for Shipper's Use Only(Not part of This B/L Contract)		

10. Total Number of Containers and/or Packages (in words)
Subject to Clause 7 Limitation

11. Freight & Charges	Revenue Tons	Rate	Per	Prepaid	Collect
Declared Value Charge					

Ex. Rate:	Prepaid at	Payable at	Place and date of issue
	Total Prepaid	No. of Original B(s)/L	Signed for the Carrier

LADEN ON BOARD THE VESSEL

DATE　BY

图 2-22　提单示例

(4)签署条款。

签署条款是承运人表明签发提单正本的份数，每份提单具有相同效力，其中一份完成提货后其余各份自行失效，提取货物时，必须交出经背书的一份提单以换取货物或提货单的条款。

此外，提单正面还会有承运人以另条印刷、刻字印章或打字、手写的形式加列的适用于某些特定港口或特种货物运输的条款,或托运人要求加列的条款。

4.提单背面的内容

海运提单正本的背面内容为印刷的各种条款,副本的背面一般为空白。提单背面条款可以分为两类,一类是强制性条款,另一类是任意性条款。

强制性条款的内容不能违反有关国际公约、国内法律或港口的规定,违反或不符合这些规定的条款无效。《海牙规则》第三条第八款规定,"运输契约中的任何条款、约定或协议,凡是解除承运人或船舶由于疏忽、过失或未履行本条规定的责任与义务,因而引起货物的或与货物有关的灭失或损害,或以本规定以外的方式减轻这种责任的,都应作废或无效。"

《海商法》第四章第四十四条规定,"海上货物运输合同和作为合同凭证的提单或者其他运输单证中的条款,违反本章规定的,无效。"

但是,《海牙规则》《海牙—维斯比规则》《海商法》等国际公约和各国有关提单的法规,都没有对承运人扩大责任或放弃某些免责的条款加以限制。

任意条款是国际公约、国内法律或港口规定中没有明确规定的,允许承运人自行拟定的条款。这些条款也是表明承运人与托运人、收货人或提单持有人之间承运货物的权利、义务、责任与免责的条款,是解决争议的依据。但是这些条款未必都有效。

提单背面的条款主要有:

(1)首要条款(Paramount Clause)。

首要条款是指用于明确提单所适用法律的条款。

(2)定义条款(Definition)。

定义条款是指对提单有关术语的含义和范围做出明确规定的条款。

(3)承运人责任条款(Carrier's Responsibility)。

承运人责任条款是指用以明确承运人承运货物过程中应承担责任的条款。由于提单首要条款都规定有提单所适用的法律,而有关提单的国际公约或各国的法律都规定了承运人的责任,所以凡是列有首要条款或类似首要条款的提单,都可以不再以明示条款将承运人的责任列于提单条款之中。

(4)承运人责任期间条款(Period of Responsibility)。

承运人责任期间条款是指用以明确承运人对货物运输承担责任的开始和终止时间的条款。

《海商法》第四十六条规定,"承运人对集装箱装运的货物的责任期间,是指从装货港接收货物时起至卸货港交付货物时止,货物处于承运人掌管之下的全部期间。承运人对非集装箱装运的货物的责任期间,是指从货物装上船时起至卸下船时止,货物处于承运人掌管之下的全部期间。"另外,该条还规定了承运人可以就非集装箱装运的货物在装船前和卸船后所承担的责任达成任何协议。

(5)承运人赔偿责任限制条款(Limit of Liability)。

承运人赔偿责任限制条款,是指用以明确承运人对货物的灭失和损坏负有赔偿责任且应支付赔偿金时,承运人对每件或每单位货物支出的最高赔偿金额的条款。

(6)特定货物条款。

特定货物条款是指用以明确承运人对运输一些特定货物时应承担的责任和享有的权

利,或为减轻或免除某些责任而做出的相应条款。在运输一些特殊性质或对运输和保管有特殊要求的货物时,就会在提单中找到相应的条款。例如,舱面货(Deck Cargo)、活动物(Live Animals and Plants)、危险货物(Dangerous Goods)、冷藏货(Refrigerated Goods)、木材(Timber)、钢铁(Iron and Steel)、重大件(Heavy Lifts and Awkward Cargo)等特定货物。

此外,提单背面还列有许多其他的条款,如分立契约、赔偿与抗辩、免责事项、索赔通知与时效、承运人的集装箱,托运人的集装箱,货方的责任,运费与费用,承运人检查货物,留置权,通知与交付,货主装箱的集装箱,共同海损与救助,互有过失碰撞责任,管辖权,新杰森条款等。

5. 海运提单缮制过程

当货物装船完毕后,最重要的工作就是缮制和签发海运提单。如果客户需要的是班轮公司的提单,也就是俗称的船东提单,则货代公司的操作人员需及时将提单补料(即提单的补充资料)提供给船公司或其代理人。如客户接受无船承运人提单(或被称为货代提单),则操作人员要自行缮制提单,并签发。缮制和签发提单是一项非常重要和严肃的工作。

(1) 提单缮制的依据。

在提单正面需要填写的内容中,货物的品名、标志、数量、质量、体积、托运人的名称、收货人的名称、通知人的名称、装货港、卸货港、多式联运提单上的接收货物地点和交付货物地点、运费的支付方式等项均由托运人提供。而承运人的名称、船舶的名称则由船公司或其代理人提供。如果是集装箱运输,集装箱箱号、封志号由船公司或其代理人提供,也可由集装箱拖车公司提供。

一般来说,国际货运代理企业托运时,客户已向其提供了货物的基本资料,但其他内容可能还不是十分完整。在货物装进集装箱后,操作人员就要催促客户提供详细的提单补料,以便录入企业的海运管理系统,准备缮制提单用。而船名、承运人的名称等资料在船公司或其代理人的订舱确认书上已有载明。

如果要求签发船东提单,就要将提单补料传送给船公司或其代理人,由其缮制和签发提单。如要求签发无船承运人提单,即货代提单,则由国际货运代理企业的操作人员依据客户提单补料上提供的详细内容缮制提单。

(2) 缮制提单的注意事项。

在缮制提单时,要注意以下事项:

① 认真审核客户提供的提单补料。审核的内容为:货物的品名、标志是否有明显的拼写错误;货物的数量、质量、体积是否合乎常规,特别是质量是否超过集装箱限制的标准;托运人的名称、收货人的名称、通知人的名称是否清楚,拼写是否有误;装货港、卸货港是否准确,有些卸货港有多个港区,如菲律宾马尼拉的南港、北港等,提单是否已标明;运费是预付还是到付,是否已标明;实际所装集装箱的箱型与客户预订的是否一致。

如果有不清楚的地方要及时与客户沟通,一定要设法搞清楚,不能有半点含糊。

② 认真核对船名、开航日期。在缮制提单前一定要向船公司认真核对船名和开航日期。虽然船公司或其代理人已在订舱确认书上提供了船名和开航日期,但可能由于某种原因,原定的船舶不能按时到港,临时更改船名。也有可能因台风、雨雾等原因,船舶到港日期延迟,

开航日期受到影响。提单上的船名如有变动会影响收货人的提货。

③认真核对集装箱箱号、封志号。集装箱的箱号往往要等到集装箱拖车的驾驶员提取空箱后才知道，封志号也要在集装箱拖车公司到船公司在码头的办事处换单时才能领取。所以，提供集装箱箱号和封志号的往往是集装箱拖车的驾驶员，有时就由他们在电话里报号。因驾驶员的方言或通信线路的原因，靠驾驶员电话报号经常会出错。所以，在缮制提单之前一定要反复核对集装箱箱号及封志号。最好由集装箱拖车公司传真清晰的集装箱箱号和封志号。

④注意集装箱货物的交接方式。在集装箱运输中，提单上一般会标明集装箱货物的交接方式，以明确集装箱运输经营人与货方各自承担的责任、风险、义务及费用。根据集装箱货物交接地点的不同，理论上可以通过排列组合得到集装箱货物的16种交接方式。

在实践中，海运集装箱整箱货物的交接方式一般都为 CY—CY（场到场）。这是指集装箱运输经营人在装货港的码头堆场，或其内陆堆场接受整箱货物，负责运输到卸货港的码头堆场或其内陆堆场，在堆场向收货人交付整箱货物。而集装箱拼箱货物则通常采用 CFS—CFS（站到站）的交接方式。这是指集装箱运输经营人在装货港码头或内陆地区的集装箱货运站接受货物，经拼箱后，负责运至卸货港码头或其内陆地区的集装箱货运站，经拆箱后，向收货人交付。

所以，一般来说，集装箱运输货物的提单上经常显示的是这两种方式，因此有些操作人员习惯性地在集装箱整箱货物运输的提单上打上 CY—CY。但是也有例外，极少数国家的港口，如地中海东部的伊斯坦布尔、拉塔基亚、贝鲁特等港口，由于收货人与集装箱码头的装卸公司有着合作或契约关系，习惯的做法是集装箱货物到港后并不是在码头堆场交付，而是在船舱内交付，交接方式为 CY—FO（Free Out）。在这种情况下，如果提单上显示的是 CY—CY，则承运人要额外支付集装箱由船上运至码头堆场的费用。因而在缮制提单时，一定要注意弄清集装箱货物的交接方式。

⑤必须由客户确认后方能签发。在提单样本出来后，一定要传送给客户，请客户核对。缮制提单的资料虽然是客户提供的，但客户提供的原始资料往往也经常发生错误，因此提单一定要经过反复的核对，不能有丝毫的马虎。在信用证支付的方式下，要求提单不能有一个字母的差错，否则银行将不同意议付。所以，操作人员一定要养成严谨的工作习惯，缮制的提单必须字迹清晰、整洁、内容完整、不错不漏，而且提单必须由客户最后签字确认后方能签发。

6. 海运提单的更改、补发与背书

(1) 海运提单的更改。

海运提单签发出去之后，国际货运代理经常会碰到货主要求更改提单的问题。提单是可以更改的，但最好是在载货船舶开航之前办理，以减少因此而产生的费用和麻烦。

在实际业务中，提单特别是无船承运人的提单，可能在托运人办妥托运手续、货物装进集装箱，但尚未装上船时，已缮制完成。在货物装上船后，客户可能发现这种事先缮制的提单与实际装船的情况不符，而需要更改或者重新缮制。另外，也有可能在货物装船后，托运人发现托运时货物申报有误，或者信用证要求的条件突然有所变化，或者发生了其他的原因，托运人提出更改提单的要求。在这种情况下，承运人通常都会同意托运人提出的更改提单的合理要求，重新缮制提单。

如果船舶已经开航，提单已经签发，托运人才提出更改提单的要求，承运人就要考虑各方面的因素后,才能决定是否同意更改。如果更改的内容不涉及主要问题时,在不妨碍其他提单利害关系人利益的前提下,承运人会考虑同意更改。但是,如果需要更改的内容涉及其他提单利害关系人的利益,或者影响承运人的交货条件,则承运人要征得相关方的同意,才能更改或收回原来的提单。

因更改提单内容而引起的损失和费用,都应由提出更改提单要求的托运人负担。

(2)海运提单的补发。

如果提单在签发后,托运人不慎将提单遗失或损毁,要求补发提单,承运人将会根据不同的情况进行处理。承运人一般会要求提出补发提单要求的托运人提供担保或者交纳保证金,而且还要依照一定的法定程序将原提单声明作废,才能补发新提单。《中华人民共和国海事诉讼特别程序法》第一百条规定,"提单等提货凭证持有人,因提货凭证失控或者灭失,可以向货物所在地海事法院申请公示催告。"

(3)海运提单的背书。

通常,我们所说的背书是指指示提单在转让时所需要进行的背书。所谓背书,就是指转让人(背书人)在提单背面写明或者不写明受让人,并签上自己名字的行为。

在实践中,背书分为记名背书、指示背书和不记名背书等几种方式。

①记名背书。记名背书也称完全背书,是指背书人在提单背面写明受让人(被背书人)的名称,并由背书人签名的背书形式。经过记名背书的指示,提单将成为记名提单性质的指示提单。

②指示背书。指示背书是指背书人在提单背面写明"凭×××指示"的字样,并由背书人签名的背书形式。经过指示背书的指示,提单还可以继续进行背书,但背书必须连续。

③不记名背书。不记名背书,也称空白背书,是指背书人在提单背面签名,但不写明任何受让人的背书形式。经过不记名背书的指示,提单将成为不记名提单性质的指示提单。

关于提单转让的规定为:记名提单,不得转让;不记名提单,无须背书,即可转让;指示提单,经过记名背书或者空白背书后可以转让。这样,指示提单在经过记名背书后成为记名提单性质的提单就不得再转让。指示提单在经过指示背书后还可以继续进行背书转让。指示提单在经过不记名背书后,无须再背书,就可再转让。

技能训练

[技能训练目标]
掌握提单签发规范,能够根据发货人委托资料正确进行提单签发。

[技能训练准备]
(1)学生每6人自由结成一个小组,每个小组选一名组长;
(2)教师准备实际教学案例和空白提单。

[技能训练步骤]
(1)小组成员共同对实际案例资料学习讨论,缮制提单;
(2)小组间交换提单进行互评和修改,教师统一评判。

[技能训练注意事项]
(1)一丝不苟,认真缮制提单;
(2)提单缮制方法和内容要有依据、要准确。

项目五　海运服务费用结算

教学要点

(1) 了解集装箱海运运价的构成和计算方法;
(2) 结合实际案例完成一票海运货物的报价。

教学方法

可采用讲授、情境教学、案例教学和分组讨论等方法。

教学内容

[情景设置]

一票集装箱货物完成装船,提单上约定的运费付款方式是"FREIGHT PREPAID"(运费预付),因此班轮公司或代理人的业务员,对应收海运费用进行核算,包括海运运费和内陆服务费用,与发货人或其代理人核对无误后,开具发票,要求发货人或其代理人支付该票货物的海运服务费用。

[相关理论知识]

一　海运运费计算

1. 班轮运价

运价是运输服务的单位价格,也称运费率。班轮运价一般按从指定装运港至指定目的港,以每吨、每立方米或每集装箱(分不同箱型)等计。而班轮运费是指一批货物从指定装运港至指定目的港的费用总和,等于运价和对应运量的乘积。

在传统杂货班轮运输情况下,船公司发布的运价表常将货物分成若干等级,针对相同航程不同等级的货物,其运价也不同,而最近十几年来,集装箱应用越来越广泛,对于承运人而言,更多面对的是不同型号的集装箱而非具体货物,因而货物等级差别越来越小。集装箱班轮运输的运价通常执行不分货物等级的运费率,按集装箱的不同型号报价。

船公司会定期发布班轮运价表,它在一段时间内是固定的,但也会随着运输成本(如燃油价格、人工费用、保险费用等)、供求关系(如淡旺季、某条航线上的竞争者多少)、港口条件、汇率风险、特殊货物性质等因素的影响而发生变化。船公司可以自行制订、修改运价表。某班轮公司运价表(节选),如表2-6所示。

2. 集装箱班轮运费结构

班轮运费率包含基本运费和附加运费两大部分。基本运费是对任何货物都要计收的,变化性较小,而附加运费可能根据货物类型、服务内容而选择是否收取,并可能经常变化,一般按每计费单位计收或按基本运费的一定比例计收。很多班轮公司和货运代理公司为了货主的方便经常报包干费率(All in Rate),其等于基本运费率和各项附加运费率之和。

某班轮公司运价表(节选)　　　　　　　　　　　　　　表2-6

POL	XINGANG	TERMS	船期	中转港	航程	ALL IN RATE		
POD	港口中文					20'gp AI	40'gp AI	40'hc AI
CALCUTTA	加尔各答	CY	周四	PKL	20	1159	1912	1912
CHENNAI	金奈	CY	周四	PKL	16	909	1347	1347
HALDIA	霍尔迪亚港	CY	周四	PKL	18	1159	1912	1912
PORT VIZAG	维萨	CY	周四	PKL	18	1159	1912	1912
DANANG	岘港	CY	周四	PKL	18	816	1316	1316
HAIPHONG	海防	CY	周四	PKL	18	716	1116	1116
QUINHON	归仁	CY	周四	PKL	18	856	1406	1406
SINGAPORE	新加坡	CY	周四	PKL	13	606	906	906
PORT KELANG	巴生	CY	周四	direct	10	450	550	550

(1)基本运费。

传统的件杂货班轮运费的基本费率(Basic Rate),是指每一计费单位货物收取的基本运费。基本费率有等级费率、货种费率、从价费率、特殊费率和均一费率之分。

$$基本运费(F_b) = 基本运价(f) \times 计费吨(Q)$$

集装箱班轮运输通常采用包箱费率,以每个集装箱为计费单位。

$$集装箱班轮基本运费 = 包箱费率 \times 集装箱箱数$$

据中国远洋运输公司使用的交通运输部《中国远洋货运运价本》,有以下3种包箱费率。

①FAK包箱费率,即对每一集装箱不分货类统一收取的费率。

②FCS包箱费率,按不同货物等级制订的包箱费率。货物等级也是1~20级,但级差较小。一般低价货费率高于传统运输费率,高价货则低于传统费率;同一等级货物,实重货运价高于体积货运价。

③FCB包箱费率,既按不同货物等级或货类,又按计算标准制订的费率。同一级费率因计算标准不同,费率也不同。如8~10级、CY—CY交接方式,6m(20ft)集装箱货物如按质量费为1500美元,如按尺码计费则为1450美元。

(2)附加费。

附加费(Surcharges),是为了保持一定时期内基本费率的稳定,又能正确反映出各港的各种货物航运成本的差异,为了弥补损失,在基本费率之外又规定了各种额外加收的费用。常用的附加费如表2-7所示。

①燃油附加费(Bunker Surcharge or Bunker Adjustment Factor,BAF),在燃油价格突然上涨时加收。

②货币贬值附加费(Devaluation Surcharge or Currency Adjustment Factor,CAF),在货币贬值时,船方为实际收入不致减少,按基本运价的一定百分比加收的附加费。

③转船附加费(Transhipment Surcharge),凡运往非基本港的货物,需转船运往目的港,船方收取的附加费,其中包括转船费和二程运费。

常用的附加费 表2-7

缩写	英文全称	中文全称	要点解释
AMS	Automatic Manifest System	美国自动舱单录入费	用于美加航线
ACC	Alameda Corridor User Surcharge	南加州（洛杉矶/长滩）铁路转运附加费	用于美国航线
BAF	Bunker Adjustment Factor	燃油附加费	大多数航线都有，但标准不一
CSC	Container Service Charge	货柜服务费	—
CAF	Currency Adjustment Factor	货币贬值附加费系数	—
CAS	Currency Adjustment Surcharge	货币贬值附加费	—
DDC	Destination Delivery Charge	目的港码头费	—
—	Deviation Surcharge	绕航附加费	—
—	Direct Additional	直航附加费	美加航线使用
EBA	Emergency Bunker Additional	紧急燃油附加费	非洲、中南美洲使用
EBS	Emergency Bunker Surcharge	紧急燃油附加费	日线、澳新线使用
EPS	Equipment Position Surcharges	设备位置附加费	—
FAF	Fuel Adjustment Factor	燃料附加费	日线使用
GRI	General Rate Increase	综合费率上涨附加费	一般是南美航线、美国航线使用
—	Heavy-lift Additional	超重附加费	—
IFA	Interim Fuel Additional	临时燃油附加费	—
—	Long Length Additional	超长附加费	—
ORC	Original Receiving Charge	本地收货费	和SPS类似，一般在华南地区使用
PCS	Port Congestion Surcharge	港口拥挤附加费	通常在以色列、印度某些港口及中南美航线使用
PCTF	Panama Canal Transit Fee	巴拿马运河附加费	美国航线、中南美航线使用
PTF	Panama Transit Fee	巴拿马运河附加费	
PSS	Peak Season Surcharges	旺季附加费	大多数航线在运输旺季时可能临时使用
RR	Rate Restoration	费率恢复费	—
SPS	Shanghai Port Surcharge	上海码头费	—
SCS	Suez Canal Surcharge	苏伊士运河附加费	—
TAR	Temporary Additional Risks	临时风险附加费	实指战争附加费
THC	Terminal Handling Charges	码头操作费	—
—	Transshipment Surcharge	转船附加费	—
WRS	War Risk Surcharge	战争险附加费	—
YAS	Yard Surcharges	码头附加费	—
YAS	Yen Adjustment Surcharge	日元贬值费	日本航线专用

④直航附加费(Direct Additional),当运往非基本港的货物达到一定的货量,船公司安排直航该港而不转船时,所加收的附加费。

⑤超重附加费(Heavy Lift Additional)、超长附加费(Long Length Additional)和超大附加费(Surcharge of Bulky Cargo)。当一件货物的毛重、长度或体积超过或达到运价本规定的数值时,船方加收的附加费。

⑥港口附加费(Port Additional or Port Surcharge)。有些港口由于设备条件差或装卸效率低等原因,船公司加收的附加费。

⑦港口拥挤附加费(Port Congestion Surcharge)。有些港口由于拥挤,船舶停泊时间增加,而船方加收的附加费。

⑧选港附加费(Optional Surcharge)。货方托运时,尚不能确定具体卸港,要求在预先提出的两个或两个以上港口中选择一港卸货,船方加收的附加费。

⑨变更卸货港附加费(Alternational of Destination Charge)。货主要求改变货物原来规定的港口,在有关当局(如海关)准许后,船方又同意的情况下所加收的附加费。

⑩绕航附加费(Deviation Surcharge)。由于正常航道受阻不能通行,船舶必须绕道才能将货物运至目的港时,船方所加收的附加费。

3. 集装箱班轮运费中基本运费的计算方法

【例3-1】 某货轮从广州港集装箱运输人造纤维,体积为 $20m^3$,毛重为17.8t,运往欧洲汉堡港。海运费的基本费率为USD1100.0/TEU,港口拥堵附加费10%,燃油附加费10%。该托运人应支付多少运费(以美元计)?

解:根据货物的实际情况,可选择6m(20ft)干货箱一只。

$F = F_b + \sum S$

$= 1100 \times (1 + 10\% + 10\%)$

$= USD1320.0$

【例3-2】 某票货从张家港出口到欧洲费力克斯托港,经上海转船,安排 $2 \times 20''$ FCL 运输,上海到费力克斯托的FAK费率是USD1850.00/20'',张家港经上海转船,其费率在上海直达费力克斯托的费率基础上加 USD100/20'',货币贬值附加费10%,燃油附加费5%。

问:托运人应支付多少运费?

解:$F = F_b + \sum S$

$= F_b \times (1 + 5\% + 10\%)$

$= (1850 + 100) \times 2 \times (1 + 5\% + 10\%)$

$= USD4485.00$

二 内陆服务费用计算与报价

1. 出口整箱"门到门"服务费用。

一般集装箱班轮运输的内陆服务费包括:订舱费、代理报关费、拖卡费、码头作业费(THC)和船公司单证费等多项费用,计费单位一般按照每票或每箱来收取。

【例3-3】 义乌—宁波(门到门),在义乌报关和施封的20GP,内陆基本费用包括:订舱费、报关费、拖卡费、THC、施封费、单证费,合计300 + 200 + 1500 + 60 + 470 + 200 = 2730元。

如果货代企业的预期毛利目标是270元,则需向客户报价3000元。

【例3-4】 如果1票出2个20GP,1票报关,提单出一份,则内陆基本包干费成本为300×2箱+200×1票+2600×1车+60×2箱+470×2箱+200×1票=4660元,平均2330元/柜。如果还是按3000元/柜收取,则2个柜共产生毛利670×2=1340元。

【例3-5】 如果同时装柜分2票报关,提单出2份,成本为:300×2箱+200×2票+2600×1车+60×2箱+470×2箱+200×2=5060元,仍按3000/柜收费,则总毛利为3000×2-5060=940元。

2. 出口整箱(口岸仓库)内装服务报价

把上述出口整箱"门到门"基本收费项目中拖卡费改为内装费即可,其他与出口整箱"门到门"基本收费项目一样。进仓费由送货人按标准直接支付仓库。

【例3-6】 宁波仓库内装的40GP内陆基本包干费(订舱、清关报关、拖卡、仓储与装柜、THC、单证)成本为400+100+900+760+200=2360元,如报价2700元,利润340元。

3. 出口拼箱(内装)服务报价

出口拼箱需要把客户的货物运至口岸的仓库进行拼箱装载,主要服务费用包括:

(1)内陆运输费。

(2)代理报关费。

(3)进仓费。

4. 其他内陆项目(可能发生的)

具体项目还有:码头、电放、商检换证、美加线 AMS、改单、产地证、使馆认证、商检、保险、熏蒸、查验、预录加收、报关加收、单证加收、核销单等其他单证、分单、并单、异地放单、改配移箱、滞箱、堆存、短驳、换船倒箱、吊机(预提、落箱)、快递、罚金、放空、亏舱、出口税、超重费(内陆/海运)、指定货代/FOB需加收的文件或操作费等。如有发生,均可按实际责任收取。

以上费用(包括基本费用和其他费用)发生的条件和标准可能会有变化,请注意确认并更新使用,并根据客户的特定情况核算基本包干费和其他费用。

技能训练

[技能训练目标]

能够掌握集装箱班轮运费、集装箱内陆服务费用的计算。

[技能训练准备]

(1)学生每6人自由结成一个小组,每个小组选一名组长。

(2)教师准备实际案例。

[技能训练步骤]

(1)在教师讲解了集装箱班轮运费计算的步骤和计算方法后,每个小组共同完成一票货物的海运运费计算。

(2)教师对每组的计算结果进行评判,探询计算错误的原因。

(3)每个小组共同对教师分配的案例进行分析,明确客户委托的陆运服务项目,进行内陆服务费用计算,再根据企业的预期利润目标进行报价。

(4)教师对每组的计算结果进行评判,探询计算错误的原因。

[技能训练注意事项]
(1)一丝不苟,认真完成案例计算。
(2)计算步骤和方法要有依据、要准确。

思考练习

一、简答题

(1)班轮运输的特点有哪些?
(2)集装箱班轮运输进出口包括哪些环节?
(3)集装箱的箱位号如何表示?
(4)装箱单的作用是什么?
(5)设备交接单应填写哪些主要内容?
(6)交货记录的作用是什么?
(7)提单的性质与作用有哪些?
(8)集装箱班轮包箱运费有哪几种表示方法?

二、思考题

(1)通过哪些途径可以查询船期表?
(2)集装箱船的预配图、实配图、最终积载图有什么区别?
(3)海运运费附加费和内陆费用有什么区别?
(4)交货记录流程有哪几个主要环节?
(5)为什么会出现顺签、倒签、预借提单?

三、案例分析

海运集装箱公路运输环节装错箱损失赔偿案

1. 基本案情

2001年1月,台州分公司委托原告甲公司承担外销打火机的公路运输业务,原告转委托被告某汽运公司运输,被告又委托乙公司运输。用于装运打火机的集装箱为G箱。乙公司所派的驾驶员将集装箱拖至丙公司装货时,错把同一个拖卡上面的C箱(该箱本应装一批鞋子运到日本)交给厂方装了打火机,而后将G箱交给另一货主装入了鞋子。C箱通关以后仍运到日本,G箱则被运到了巴塞罗那。此后,经有关方协商处理,打火机从日本重新运到巴塞罗那,产生了在日本的滞留费用及转运到巴塞罗那的运费,合计4693.6美元。台州分公司通过其委托人A,A又通过B向日本Nitto公司支付了该笔费用后,在与台州分公司的运费结算中进行了清结。台州分公司又在应付给原告的运费中扣除了该款。

诉讼中,原告还向被告主张了下述两笔损失:①赔偿打火机客商的损失人民币10万元;②鞋子的损失106897.06元(付给日方原来购买鞋子的商人18903.26美元,扣除鞋子处理后所得款5万元人民币)。为此,请求法院判令被告向原告赔偿上述两笔损失。被告则辩

称:打火机装错集装箱及错运目的港属实,原告与台州分公司结算运费时也确被扣除了上述三笔款项,但是:①原告没有提供台州分公司以18903.26美元赎回鞋子后又以5万元处理掉的凭证;②报关单载明打火机的货值为17373.35美元,但发票及售货确认书上为49399.35美元,打火机损失10万元是如何计算出的?

2. 处理结果

宁波海事法院认为,原告缺乏充分证据证明以下两点事实:

1) 有关鞋子的赔偿事宜

原告主张赔偿给日本鞋商的金额为18903.26美元,但是从原告所提供的B向日本鞋商付款的电汇申请书来看为18884美元,实付18903.26美元的付款凭证原告未能提供。原告亦未能提供鞋子的外贸合同、商业发票、报关单、提单等可证明鞋子的品名、数量、单价等事实的有关单证,因此,鞋子的货值无法确定。虽然错运事件发生后,日本鞋商开出的损失账单中有鞋子的总价,但该总价因缺乏上述的有关证据来印证而难以确认。原告在庭审中陈述,鞋子后来重运到日本,折价5万元人民币进行了处理。但是,鞋子作此折价的依据、协商处理的过程、折价交易的凭证,原告均未能提供证据证明。原告在庭审中陈述,打火机错运到日本后,日本鞋商因未能收到鞋子而扣留了打火机,故为取回打火机由B出面赔偿了日本鞋商的损失,台州分公司委托人A就此笔赔偿结清后向原告追偿,但是依据鞋子运输的委托关系,向错运事件的责任方主张债权的权利应由国内的鞋方享有,原告本身不是鞋子的承运方,鞋子装错箱的行为也非原告实施,因此原告主张鞋款损失之追偿,则应有国内的鞋方明确转让该权利之意思表示,而本案原告未能对此举证。原告也未能证明被告接受了鞋子的公路运输业务,从而对鞋子的运输亦负有直接责任,是鞋子损失的责任人。

2) 打火机损失人民币10万元的赔偿事宜

打火机出口报关单的总价和售货合同、商业发票的总价相去甚远,因此,作为打火机损失计价依据之一的打火机总价无法确认。外商在有关函件中主张10万元人民币的损失,并出具了相应品名打火机的损失清单,但外商的这些主张缺乏商检报告来证实。同时,从原告所提供的外商与打火机出口商D之间的两份往来函件的内容看,10万元损失究竟是打火机损坏的损失,还是外商的预期利润损失,或者二者兼而有之,也未予以明确。故法院认为不能仅凭外商的单方陈述来确定打火机的实际损失金额。原告主张B已向D支付了10万元打火机损失赔款时,提供了持卡人为×××(D部门经理)储蓄卡存款单(存额为10万元)来证明,但个人储蓄卡上款项的存支情况不能作为公司之间财务关系的证明。此外,原告也未能提供10万元赔偿通过适当途径支付给外商的证据,虽然外商在给D的函件中称10万元损失在下一单货值中扣除,但下单交易是否发生、何时发生、实际有无从中扣除该赔偿的事实,原告均未能举证。

本案的原告不是货主,被告也不是错装箱行为的实施方,原、被告双方在事件中的身份都是运输服务的中间商。本案的特殊之处在于,原告的诉讼请求既不是佣金,也不是运费差价,而是有关货物的损失:①打火机重运到巴塞罗那的转运费用;②赔偿打火机的外商损失人民币10万元;③付给日本原来购买鞋子的商家18903.26美元。但是,这3项损失原告都有权向被告主张吗?本案的判决意见从法律关系和举证责任人手对此作了回答。

就双方所陈述的事实来看,本案两票货物涉及的国内公路运输法律关系如下:

打火机运输（装入 G 箱运往巴塞罗那）：国内货方—原告—被告—乙公司

鞋子运输（装入 C 箱运往日本）：国内货方—乙公司

原告与鞋子的货方并无法律关系，其接受委托并转委托给被告运输的货物是打火机，而鞋子则另有其人委托给乙公司运输。这本是两个不同的法律关系，但乙公司的驾驶员在将箱子交给厂家装箱时出现错误，本应装入鞋子的运往日本的 C 箱结果装了打火机运往日本，而本应装入打火机运往巴塞罗那的 G 箱则装了鞋子运到巴塞罗那。因此，过失行为的直接实施人是乙公司，乙公司应就打火机错装一事对被告负责，而被告应就此事按运输合同关系对原告负责，原告则进一步对他的委托方负责。此外，乙公司还应就鞋子的损失对鞋子的货方负责。

但是，本案的原告将鞋子的损失列入自己的诉讼请求，其理由是打火机错运至日本后，日本的鞋商因未能收到鞋子而扣下了打火机，打火机的货方为取回打火机不得不出面赔偿了日本鞋商的损失，并持此赔偿款在与原告结算运费时，从应付给原告的有关运费中扣除，原告因此向被告主张此项赔偿。不可否认，日本鞋商为保全自己的利益，确有扣下打火机的可能。但是，出面与日本鞋商协调处理鞋子赔偿事宜的应是鞋子的国内货方，由鞋子的国内货方赔偿日商的损失后，再向乙公司追偿。而打火机的货方与鞋子并无直接的法律关系，从合同的相对性来说，由打火机的货方出面与日商协商是没有合同上的依据的。当然，因为打火机的货值高，而鞋子的货值低，故确有可能打火机的货方为取回打火机，不得已赔偿日商鞋子的损失，但打火机货方的这一行为必须事先与鞋子的国内货方协商，在取得鞋子的国内货方授权后才能向日商赔偿鞋子的损失，否则，其对日商的赔偿行为成为一种单方的行为，并不能当然取得鞋子损失的追偿权，除非事后鞋子的国内货方追认了此行为，并同意将此损失的追偿权授权或转让给打火机的货方行使，而原告又从打火机的货方处继受了此项权利，从而可以依照其与被告之间的合同关系向被告追偿，被告则再向乙公司追偿。但是，原告的追偿权所基于的这些事实，应由原告负举证责任，而本案的原告却未能举证证明其继受了这项追偿权。此外，鞋子的损失金额也未得到证明，因为可据以确认鞋子的损失的一系列证据包括贸易合同及发票、报关单证及这批鞋子以 5 万元人民币处理掉的证据原告均未能提供。被告虽然对原告与台州分公司结算运费时承担了原告所诉请的 245852.28 元损失予以承认（原告称其间包括鞋子的损失），但在质证时提出原告主张鞋子损失的证据不足。综上，原告因未能举证证明其诉讼请求所基于的事实，应承担败诉的风险。

作为打火机集装箱公路运输关系中一环，原告确应对因错运而引起的打火机损失负责，并可依照其与被告的运输合同关系向被告追偿。但是，原告在本案中所主张的 10 万元打火机的损失，没有相应的证据来证实。虽然他向打火机货方赔偿了 10 万元，但是，该赔偿的合理性并未得到被告的事先认可或事后追认。相反，被告在庭审中质疑 10 万元损失的计算方法。从原告所提供的证据来看，10 万元的损失仅是外商所称，缺少相应的证据来证明，尤其是缺少国际贸易中对确定货损具有重要证据价值的目的港商检报告。因此，虽然法院认定原告向打火机的国内货方赔偿了 10 万元，但因 10 万元损失得不到充分的证据，故原告对外作此赔偿的合理性就值得怀疑，原告仍不足以依据其对他人赔偿的事实而理所当然地向被告主张相同数额的赔偿。

至于原告主张的打火机错运至日本后，在日本滞留所发生的费用及从日本转运至巴塞罗那的运费,确系因打火机装错箱的行为引起的损失,按打火机的集装箱公路运输关系,原告应对此向他的委托方赔偿,并可向被告追偿。因该损失原告提供了充分的证据来证明损失的金额及原告确已向台州分公司赔偿了此款,被告也未提异议,所以法院予以认可。

问题:
(1)请列出该票货物的出口货运流程。
(2)结合该货运事故对海运集装箱运输环节注意事项进行讨论。

任务三　港口进出口业务运作

港口是发展港口物流的核心。港口的生产过程具有较强的复杂性，输入信息量大，有多重的约束条件，有多环节复杂作业过程，因此港口的生产过程需要组织严密、计划准确、调度指挥得当。港口还需要在硬件、软件方面加大建设，提高生产效率和服务质量。本部分的主要学习内容是一般港口和集装箱码头的进出口生产业务操作流程。

教学目标

1．知识目标
（1）熟悉港口进出口生产操作流程；
（2）熟悉集装箱港口码头进出口生产操作流程。
2．技能目标
（1）能够明确港口生产过程及进出口业务操作流程；
（2）能够明确集装箱港口生产过程及进出口业务操作流程。

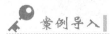

港口综合能力评价

1．港口综合竞争能力

港口市场竞争的主体是港口企业。港口企业的竞争是港口企业在竞争的市场环境中，为行业和相关企业提供质优价廉服务的能力和机会，从而达到港口企业价值的最大化。

对港口竞争力的研究已经有很多，但是纵观前人的研究成果，大部分是以定性为主，如在20世纪90年代中期，中国台湾的高雄港曾经做过的有关东南亚港口竞争力的分析，它通过制订一套影响港口竞争力的评价指标体系，对高雄港、基隆港、釜山港、香港港、新加坡港、神户港、东京港、上海港八个港口的竞争力水平，从硬件、软件方面进行了定性的研究，得出最终的港口竞争力排序。在其研究中，指标的权重和港口每项指标得分都通过专家打分得出。

然而随着时代的进步，传统的港口竞争能力定义在以下几个方面已经逐渐显现出不足之处。

(1) 世界港口基础设施的差异逐步缩小,沿用港口硬件中,码头及航道的水深条件、机械设备、装卸自动化控制系统、装卸船舶效率等指标已经不足以反映港口的竞争力了。

(2) 随着现代港口功能的拓展,现代港口城市的兴起,港口不仅成为拉动城市经济发展的动力,而且也得到城市社会经济发展的支撑,这种支撑力也已经成为港口持续发展的主要力量。因此,现代港口的竞争力已经不完全体现在港口自身的条件,还涉及支撑港口发展的城市的社会经济等因素。

(3) 现代港口的发展更有赖于与港口相关的服务产业,因为这些服务产业的完整性表征了港口所在地航运市场的发育程度,构成了港口发展所依托的港口的经营环境。

(4) 港口的技术创新是现代港口发展力的体现,技术创新可以使港口获得差异优势,是构成现代港口竞争能力的主要因素。

今天,港口竞争已经不再是单纯的港口层面的竞争,应该更多地考虑和港口密切相关的产业、经济条件等,这才是港口之间的主要差别所在。比如英国伦敦之所以被称为航运中心,并不是因为它的码头规模足够大或者码头的设施足够优良,而是因为它所依托的城市背景。

2. 港口综合竞争能力评价指标

由于现代港口竞争力内涵的拓展,在现代港口竞争力指标体系的构建时,应将港口竞争力的指标分为显性竞争力因素和潜在竞争力因素两个部分,其目的是淡化相对过时的港口竞争力因素,强调新兴的、影响港口竞争力的因素。

显性的港口竞争力因素主要体现了有关港口自身的竞争能力,通过这些指标,人们对港口本身的规模、工作能力都有一个整体认识,这些指标也是体现船东、货主选择港口最主要的原因,体现了港口的现有能力。而潜在港口竞争力因素并不直接表现港口的实际能力,却反映了支撑港口发展的各种与港口密切关联的因素,包括反映港口发展的动力源、保持或提升现有港口竞争力的能力以及港口可持续发展的能力。

潜在港口竞争力因素跟显性的港口竞争力不同,潜在港口竞争力并不表现港口的实际能力,甚至乍看上去跟港口根本不相关,但实际上却反映了港口内在的发展因素,是港口发展动力的源泉,是港口保持或提升现有港口竞争力的能力,表现为港口可持续发展的能力。

港口显性竞争力指标包括港口区位条件、港口基础设施及布局、航运成熟度、港口市场表现、港口口岸环境、港口综合管理能力和港口集疏运条件。这些指标都是明显反映港口竞争力的因素,是船东和货主选择港口的重要指标。港口的潜在竞争力指标包括港口城市与腹地经济、航运相关服务及产业、技术创新及人才集聚和政府因素。这些指标与港口的日常操作、运营完全不相关,但却是港口发展的内在因素。

3. 港口综合竞争能力的指标

(1) 港口区位条件。

港口所处的区位条件对于港口的竞争力是至关重要的。港口的区位条件可分为水域区位条件和陆域区位条件。水域区位条件是指港口在世界航线网络中的地位与作用。若港口处于世界航线网络的交汇点,则会成为多数船舶运营的必经、必停之地,因此对港口的发展有极大的促进作用。如新加坡地处马六甲海峡沿岸,马六甲海峡是沟通太平洋与印度洋的咽喉要道,亚、非、澳、欧沿岸国家往来的重要海上通道,许多发达国家进口的石油和战略物资,都要经过这里运出,可以说新加坡所处的地理位置是世界的"十字路口"之一。因此,得天独厚的水域区位条件成就了新加坡今日航运大国的地位。

陆域区位条件是指港口所在地在大陆板块的重要地位与作用。陆域区位条件对港口的影响具体表现在港口所覆盖的腹地的经济状况和交通集疏运的便利性。若港口正处于某经济圈的核心城市内,则该经济圈会对港口的发展有重要支撑作用。

(2)港口基础设施及布局。

港口的基础设施是传统的港口竞争力评价指标。港口的基础设施决定了港口的能力与水平,是影响港口发展的重要因素。港口基础设施主要包括港口的泊位数、航道水深、港口装卸机械设备等,最终这些因素又体现在港口集装箱通过能力上,因此极大地影响了港口竞争力。同时,港口的基础设施还体现在港口的深水泊位比例上,现代的国际大型船舶的停泊需要港口有深水泊位,因此港口的深水泊位比例也是体现港口竞争力的重要指标。

港区的布局与集中程度也是港口竞争力的重要指标。港口的布局主要体现了同一港口内各港区的分工是否明确,是否与城市的整体规划相协调。港区的分散程度反映了港口资源是否可合理利用,集疏运是否畅通。它是一个衡量港口是否有利于实现规模经济的重要指标。

(3)航运成熟度。

港口所在城市的航运成熟度在一定程度上反映了港口发展的成熟度背景条件,具体表现为航运公司的数目、船舶和货运代理的数量以及国际航线的密度,体现了港口对船东和货主的吸引力。由于集装箱班轮运输的"马太效应",港口的航班次数越多、覆盖面越广,越能够吸引货源和资金、信息的集中;同时相关资源的集中又进一步导致更多航班船舶的挂靠。因此,航班次数和航班覆盖面代表了港口的竞争力。

在港口的航运市场发育方面(这里的航运市场不是指简单的运输供求交易关系的市场概念,而是广义的航运市场概念,即包括航运的相关市场,如航运公司、货运公司、物流公司、货代、船代、海事法庭、航运交易等),当船公司、货主选择出境港口的时候,航运的相关市场往往是关键的因素,他们常常考虑的是港口有没有便捷的、高质量的代理,因此航运市场发育情况与港口的竞争力关系非常密切。

(4)港口生产业绩。

港口的现有生产业绩包括:港口的吞吐量、最近五年的平均增长量和最新世界港口排名。这三个指标可以反映出港口的生产水平和港口规模,是评价港口竞争力的最常用和最基本的指标。

(5)港口口岸环境。

港口口岸环境是指口岸服务质量和口岸政策的总和,其已经被作为货主选择货物进出港口、船东选择挂靠港口的重要因素。港口的口岸环境通过影响货物和船舶的在港时间、费用、口岸服务水平和港口政策等方面体现,是从港口吸引货主和船舶挂靠方面体现港口竞争力的重要指标。港口的口岸环境具体体现在以下三个方面。

①港口的自由政策。港口的自由政策是衡量港口口岸环境质量的重要因素,港口的自由度越大就越有利于促进集装箱枢纽港地位的形成和巩固,可以提高港口对货源、航运公司

以及相关行业的吸引力,对外向型经济的发展具有显著的放大效应。

②货物通关效率。口岸通关效率是一个国家或城市贸易投资环境的重要组成部分,也是体现对周边地区辐射力和影响力的一个重要方面。提高货物的通关效率有利于加速船舶与货物的周转,加速货主的资金周转,促进国际航运。运用电子化手段,改革现行的口岸货物通关流程,建立统一的口岸数据平台,规范、畅通口岸进出口货物的信息流、单证流、货物流和资金流,实现口岸数据信息共享,即大通关被认为是中国港口现代化口岸环境的象征。

③港口信息化服务。港口信息化服务是指,货主、承运人、其他属于港口的合作伙伴,如船代、货代、报关行、海关等部门能实现信息共享、信息透明、信息处理高效化。港口的信息化服务提高了港口的生产效率,有利于港口资源的最佳组合,缩短船舶的在港时间,提高海关监管效率,吸引货主和船东挂靠港口,最终提高港口的声誉。

(6)港口综合管理能力。港口管理能力体现了港口经营管理者对港口的运营和管理的水平,港口经营管理者通过有效的管理,实现港口资源充分而有效的利用,实现对货主和船东的增值服务,使之达到满意最大化。港口管理能力具体表现在以下三个方面。

①港口装卸效率。港口的装卸效率分为单机装卸效率和单船装卸效率,这关系到船舶在港的作业时间,体现着港口对船东的吸引力。随着船舶大型化的发展,大型集装箱船舶的单位运输成本越来越受到船东的关注,港口装卸的高效率意味着可以缩短船舶在港作业的时间,从而为船东节省船舶在港停泊的成本,这就是大型船舶总选择在港口装卸效率高的港口挂靠的原因。因此,不断提高港口装卸效率被认为是港口竞争力的一个因素。

②港口费率。与港口装卸效率对船东的影响一样,港口费率也是影响港口竞争地位的一个重要因素,特别是集装箱运输,船东对货主的集装箱运输采用包干费的收费办法,因此,港口费率就成为影响船东选择挂靠港的因素。中国港口管理体制改革后,各港的港口费率都有一定的伸缩性,所以,港口费率也成为港口之间的竞争手段。港口费率是指与港口经营性质及提供服务相关的各种服务费,包括海事、航政、海关监管、查验等费用。降低港口费率可提高港口的竞争力。

③港口智能化水平。港口的装卸生产智能化、自动化水平是港口现代化的象征,也是装卸工艺合理化、港口生产管理手段现代化的体现。港口的装卸生产智能化可大大提高货物装卸效率,保证货物装卸和保管的质量,也可以降低劳动强度,体现世界大港的风貌,体现港口的品牌效应。

(7)港口集疏运条件。

完善畅通的港口集疏运网络是港口辐射力的表现,因为优化的集疏运网络可为腹地的货主提供高效低廉的货物集疏运服务;港口集疏运系统的畅通是提高港口通过能力的重要条件,也是开发港口获取腹地稳定货源的保证。因此,畅通高效的集疏运网络也反映了港口的竞争力。

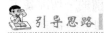

(1)港口综合能力评价指标有哪些?
(2)现代化港口需要哪些硬件设施和软件支持?

项目一 港口进出口生产操作流程

教学要点

(1)熟悉散货港口码头的进出口生产过程;
(2)运用实训软件,模拟散货港口码头进出口生产业务操作。

教学方法

可采用讲授、情境教学、模拟教学、案例教学和分组讨论等方法。

教学内容

[情境设置]

对周边散货港口码头进行参观、调研,熟悉港口的进出口生产操作流程、相关岗位设置及岗位职业能力要求。在此基础上,运用散货港口码头实训软件系统,模拟散货船舶进港、卸船、货物入库和交付操作。

[相关理论知识]

一 港口进口生产操作流程

港口生产进口操作流程是指以码头岸线为准,货物由船舶运到港口卸下,在港口内部及内外部换装位移过程中的具体作业过程的连续及伴随各个作业过程的相关业务单证的流转、信息的传送。

船舶经过一定时间的航行,到达预定的港口或航线终点港口,需要进行货物的卸船作业以及货物交付收货人的业务。

1.船舶进港作业流程

由于港口生产专业性强,船舶的装卸和货物的处理是由各种不同的企业来完成的。因此,从船舶进入港口到货物卸下,必须经过如下的一些过程。

(1)由海关、边防、卫生、动植物、港监组成的联合检查队进行检查,即联检工作。

(2)在港口导航设备和引航员的引航下(有时还需要拖轮的帮助),通过入港航道进入港口。

(3)在锚地等待泊位。

(4)泊位确定以后,在引航员和拖轮的帮助下进入港口准备靠泊。

(5)对港口作业水面进行清理后,由港口的系缆工人将船舶系在码头的系缆桩上,完成船舶靠泊。

(6)船舶卸货。船舶卸货之前需要办妥有关的手续,港口需要做好卸货前的一切准备工作,如做好货物存放库场的准备工作,准备必要的装卸机械和搬运工具,在理货公司理货的同时由码头工人和机械司机配合进行货物卸船。

(7)在船舶卸货的同时,可以进行船舶的供给补充。

(8)货物港内位移服务。为了实现货物在港口内位移,港口必须提供货物装卸业务、货物堆存业务、货物陆上运输、货物的驳船运输、货物仓储业务等服务。为实现货物位移,港口提供服务的企业包括码头货物装卸企业、货物陆上运输企业、驳船运输企业、货物仓储企业等。

(9)货物交付业务。

2. 货物卸船作业流程

货物卸船作业是指,货物通过水路运输,由国际或国内航线船舶运到港区,在港口装卸企业的码头进行卸船的作业。其一般作业流程如下:

(1)卸船作业前,码头公司业务人员应会同仓库理货员组织装卸工人和机械司机召开船前会,详细交代安全注意事项,明确提出货物卸船的顺序、质量、堆码等要求以及工残、原残的处理方法。危险货物须由主管部门专(兼)职危险货物管理员下达装卸危险货物通知单。

(2)船、车直取作业,货物接收人应先到口岸、码头公司、铁路等相关部门办理放行、提货、发车等相关手续,并与船方(或理货公司)直接进行卸船货物的双边交接。

(3)卸船作业中,码头公司理货员、业务人员要坚持现场管理,掌握卸船进度,督察装卸工人和机械司机按章操作,保证卸货、运行及堆码质量。卸船中,发现或发生混票、残损、单货不符等,理货员要会同相关方编制记录或议定书。

(4)船方申请港口开关舱、拆加固、分票、挑票等作业,以及由于船方原因造成港口工人停工、待工时,业务员应按《签证须知》编制船舶作业签证单(一式四份),取得船方签字后,转交船方一份,转交仓库三份(其中一份留存,一份随计费单证转给船公司或其代理人作为收取费用的依据,另一份根据企业内部需要在部门之间使用)。

(5)每工班作业结束后,码头公司业务员应填写单船作业记录,仓库与船方或理货公司(由理货公司理货的船舶)进行卸船货物的交接签认,填制理货单和作业票。全船货物卸完后,码头公司仓库、理货公司(由理货公司理货的船舶)要按照相关要求进行单货等的核对、验收。验收无误后,收货入账。

(6)全船货物卸完后,码头公司仓库或理货公司(由理货公司理货的船舶)要及时与船公司或其代理人办理交接签证手续。交接签证手续办完后,码头公司仓库留存货物积载图、外贸进口舱单或内贸进口交接清单、货物残损单、溢短单及其他相关证明记录备查、调度存查单船作业记录本、货物积载图。

(7)全船卸货完毕后2h内,与船方办完交接签证手续,并由码头公司仓库(理货公司理货的船舶,与船方办完交接签证手续后,及时将相关单证转交给码头公司仓库)负责将手续办完的信息告知本公司调度。

3. 货物交付业务流程

(1)到货(船)通知。

货物运抵到达港后,承运人在24h内应向收货人发出到货(船)通知。到货(船)通知的时间,若以信函通知时,以发出邮戳为准;若以电传通知时,以发出时间为准;若以电话通知时,以邮电部门电话记录时间为准。向收货人发出到货(船)通知是承运人应履行的义务。到货(船)通知在货运业务中具有一定的作用及意义。它能使收货人及时做好提货准备,缩短货物在港停留时间,保证货运质量;到货(船)通知是准确和及时地组织船边现提,船—车、船—驳直取作业的依据;到货(船)通知也是计算货物保管费的依据,收货人能在免费保管期内提取货物,既减少了收货人的费用支出,又减轻了港口库场的压力,使港口库场能保持畅通;到货(船)通知还是衡量承运人是否在运到期限内将货物运抵目的地的依据之一,从而可以根据违反运输合同的责任,明确责任方应承担的违约责任。另外,以到货(船)时间为根据判定无人提货时间是否超过规定期限,以便作为无法交付货物处理。

(2)货物交付。

到达港港口经营人接到到船通知后,根据与到达港作业委托人签订的港口作业合同或港口作业委托单的安排,组织货物的卸船业务。承运人与收货人或港口经营人与收货人根据规定办理货物的最后交付工作。

船边直取货物,由承运人向收货人交付。承运人交付货物时,应当检验货物运单(提货凭证联),核对有关证件,发现货损、货差的,应编制货运记录。

卸进港区的货物,收货人凭货物运单(提货凭证)以及港口作业委托单到港区提货。到达港港口经营人根据提供的港口作业委托单和货物运单(提货凭证)交付货物。港口经营人应当认真核对提货单证,与收货人当场对货物的数量和质量进行交接。发生或发现货损、货差的,应当编制货运记录。

经作业委托人同意,对并堆的同品种、不同作业委托人的散装货物,港口经营人按各作业委托人的作业量比例分批交付。

收货人收到货物无异议时,应在提货单证上签章。

承运人或港口经营人在交付货物时,如发现标志脱落或模糊不清,应当查明收货人后方可交付。

一张运单的货物分批交付时,应当在有关提货单证上逐次批注清楚。若一张运单的货物分卸几个港区或几个库场,在交付时,港口经营人应核对清楚,防止错交错转。

货物交付给指定的收货人即是履行了整个货物运输合同和港口作业合同。

4.货物汽车出港作业流程

货物汽车出港作业,是指通过水路运输进入港区库场的货物,由当地的收货人以汽车提货出栈的作业。其一般作业程序如下:

(1)进口货物由码头公司主管部门联系船舶代理人通知货物接收人或直接通知货物接收人办理提货手续,并做好相关记录。

(2)货物接收人提货前,先到码头公司主管部门办理提货手续,填写港口作业合同,交清港口费用。申请衡重或租用港机装车的货物,同时办理衡重或租机、交费手续。办理提货手续时,外贸货物须提供加盖海关放行印章和船舶代理人提货专用章、货物接收人单位印章的提货单证;内贸货物须提供与运单上记载的货物接收人名称相符的证明(身份证、单位介绍信等)。

(3)码头公司主管部门审核确认货物接收人填写的港口作业合同与其提供的单证或证明相符后,为其办理提货手续,并留存介绍信、身份证复印件等相关证明;财务人员在港口作业合同上加盖财务收款印章后,交与货物接收人到仓库提取货物。

(4)货物接收人持经码头公司主管部门核准的外贸提货单证或内贸运单和加盖财务收款印章的港口作业合同等提货手续到仓库提取货物。仓库审核单货一致后,向货物接收人交付货物,开具货物出港证明,并根据交付的实际情况做好相关单证的填写、交接、传递、销账、归档等工作。货物出港证明应注明货物接收人全称、货物名称、卸货船名、出港车号、单车载货件数、出货仓库等,并由交接双方共同签章。

5. 货物火车出港作业流程

货物火车出港作业是指通过水路运输进入港区库场的货物,由火车提货出栈的作业。其一般作业程序如下:

(1)货物接收人或其代理人在办妥火车待装外贸进口货物的海关放行、港口提货等手续并结清港口各项费用后,向码头公司调度提报已加盖货物接收人或其代理人业务印章的铁路货物运输服务订单(货物装车申请)。

(2)码头公司调度,对待装货物核对无误后,在铁路货物运输服务订单上加盖装车核准章,货物接收人或其代理人据此到铁路相关部门办理发运手续。申请轨道衡重的,货物接收人或其代理人到铁路公司办理衡重手续。

(3)码头公司仓库,核实待装货物的相关手续符合装车发运条件后,向本单位值班火车调度员要车。值班火车调度员根据作业重点、先后顺序、装车地点、送车道线、计划装车数量等与铁路公司货运调度员共同制订装车作业方案。

(4)码头公司仓库,接到本公司值班火车调度员的送车通知后,理货员提前到现场接车,对好车位,会同铁路公司货运员对车体进行检查,抄录车号,通知本单位值班火车调度员配工装车。

二 港口出口生产操作流程

1. 船舶到港

船舶必须在指定的时间内到达装货港,并做好装船的准备工作,备妥护货物料,等待装船。

承运人和港口经营人在各自签订了水路货物运输合同和港口作业合同后,应当互相提供信息,保证船舶运输和港口作业的衔接。

船舶到港前,承运人应按有关规定及时向港口经营人提供船舶到港预报和确报日期,便于港口经营人安排生产作业计划。

承运人为履行货物运输合同,需要港口经营人提供泊位、浮筒、趸船、锚地或无人驳基地等设施及有关作业时,应由承运人或其代理人事先向港口经营人提出申请,双方签订协议。

承运人应按规定和约定支付港口设施使用费和作业费用。

船舶到港后,承运人和港口经营人应充分做好货物装船前的准备工作。

2. 船舶配积载

船舶配积载工作由承运人负责。

承运人在编制航次计划积载图(表)时,应与港口经营人协商,以便港口经营人合理安排装船计划。

客货班轮、货班轮以及承运杂货的船舶,承运人应在与港口经营人约定的期限以前向港口经营人提供船舶航次货物配载方案,便于港口经营人根据配载及装货顺序安排库场货位,组织货物验收。

承运人委托其代理人编制计划积载图(表)时,计划积载图(表)应经船舶审核签字。

3. 货物装船业务

装船作业包括装船前、装船作业、装船完毕和退装4个环节。

(1) 装船前。

装船前,承运人应将船舱清扫干净,检查管系,准备好垫隔物料,港口经营人准备好保障安全质量的防护措施。

装船以前,对船舶的技术状态及船舶的适航性、适货性进行检查,确认船舱状态的完好,以及确认船舱的清洁等是有必要的。

承运人与港口经营人在船边进行货物交接。起运港港口经营人根据港口作业委托单和承运人提供的货运单证,在装船时交付货物。对于按件承运的货物,港口经营人应为承运人创造计数的条件,工班作业结束后,承运人和港口经营人应办清当班交接手续。

在装船时,承运人应当按货物运单验收货物。如发现货物与运单记载事项不符,承运人应会同托运人或港口经营人编制货运记录。

(2) 装船作业。

港口经营人应严格遵守操作规程和货运质量标准,合理使用装卸工具,轻搬轻放,要做到:不倒关、不淆舱、破包不装船、重不压轻、木箱不压纸箱、箭头向上、堆码整齐。散装货物应按承运人要求平舱。

经作业委托同意,对并堆的同品种、不同作业委托人的散装货物,港口经营人按各作业委托人的作业量比例分批装船。

港口经营人应在每票货物装完时,检查库场、舱口、作业线路上有无漏装、掉件,发现漏装应及时补装,发现掉件应及时拣归原批。

对于装船中洒漏的地脚货物,属于散装货物的,要随时收集进舱归原批;属于袋装物的,扫集整理、灌包,并通知承运人安排舱位,分别堆放,同时在货物交接清单内注明灌包地脚物的件数。

货物装船中,如发生实装数与运单记载不符时,承运人应与港口经营人编制货运记录。港口经营人事后发现货物漏装,应另行办理托运手续,费用由责任方承担,并在运单特约事项注明原承运船舶的船名、航次、原运单号码、原发货件数、质量等。

(3) 装船完毕和退装。

装船完毕,通过港口库场装船的货物,由承运人和港口经营人在货物交接清单上签章;船边直接装船的货物,由承运人和托运人在货物交接清单上签章。未办妥交接手续,船舶不得开航。

计划配装的货物,如因故必须退装时,按下列规定办理。

① 必须按运单、货名、件数退装,不得将几张运单的货物不分货名、合并笼统退装。

② 一张运单的货物全部退装时,应将运单抽出,并在货物交接清单内将其划去。

③ 一张运单的货物退装一部分时,应将退装的件数、吨数,按运单、货名编制货运记录,并在货物交接清单内注明实装件数、吨数。

④ 退装货物另行装船,由造成退装的责任方会同托运人进行处理。

技能训练

[技能训练目标]

能够熟悉散货港口进出口生产操作流程和岗位设置,能正确模拟散货港口进出口生产操作。

[技能训练准备]

(1)学校安排时间组织学生到散杂货港口参观调研,熟悉港口进出口生产过程与岗位设置。

(2)在校内实训室,安装港口散货码头生产模拟操作软件系统和实际教学案例。

[技能训练步骤]

(1)教师对散货港口生产模拟操作软件进行演示操作。

(2)学生进行模拟操作,并完成相应实训报告。

[技能训练注意事项]

(1)模拟操作严格按照生产流程规范进行;

(2)模拟操作注重理实结合;

(3)实训报告填制认真、正确。

项目二 集装箱码头进出口生产操作流程

教学要点

(1)熟悉集装箱港口码头进出口生产操作流程;

(2)运用实训软件,模拟集装箱港口码头进出口业务操作。

教学方法

可采用讲授、情境教学、模拟教学、案例教学和分组讨论等方法。

[情境设置]

到周边集装箱港口码头参观调研,认知集装箱港口码头与其他港口码头的不同之处,熟悉集装箱港口码头进出口业务操作流程及岗位设置;运用集装箱港口码头实训软件系统,模拟集装箱道口进场管理,根据船舶配载图进行翻箱操作、集装箱模拟装船操作等。

[相关理论知识]

一 集装箱码头进口生产操作流程

1.进口准备工作

在实施进口作业前,集装箱码头先要完成一系列准备工作,主要是收取和校验相关信息资料以及编制相关计划。

(1) 进口信息的收取和核对校验。

取得船公司或其代理通过 EDI 中心向码头发送的电子进口船图和进口舱单。所谓进口舱单,是指按照提单号序列编制的船舶所载进口集装箱详细内容的汇总资料,它是集装箱码头安排卸船作业的重要单证,也是安排收货人提运作业的原始依据;所谓进口船图,是指列明每只进口集装箱在船舶上具体位置的图表。

核对船图和舱单,若有不符,则联系 EDI 中心、船公司或代理,要求更正信息。

对于需要直提的进口箱,将其资料交给船舶计划员,安排相应的直提计划。

生成系统认可的进口船图,便于码头中心控制室在卸船过程中合理进行作业路配置。

(2) 取得船期信息。

船期信息包括船期 5 天预报和 24h 确报,集装箱码头计划部门根据这些信息安排泊位,组织卸船作业。

(3) 编制进口卸船计划。

编制船舶月度计划表。船舶月度计划表的编制,首先由港务集团公司、码头与船公司、船舶代理确定船舶班期,船公司、船舶代理根据船舶班期每月末提供下月度船舶靠离港计划,然后集装箱码头计划部门根据月度生产目标,在码头的生产系统中编制船舶月度计划表。

编制船舶近期计划表。集装箱码头计划部门根据船舶月度计划表及其他相关信息,编制船舶近期计划表。

编制船舶昼夜作业计划表。在掌握了本码头相关机械维修保养计划等信息的前提下,计划部门预编船舶开靠计划,并向上级单位申报,然后以此为依据,编制船舶昼夜作业计划表。船舶靠泊计划还应根据相关单位(如引航等)的情况做相应调整,并根据天气预报、作业和安全重点,填写昼夜作业计划的备注栏。

编制卸船箱堆存计划。计划部门根据船舶昼夜作业计划、进口箱 EDI 信息、船舶进口箱量及计划开工路数,编制安排集装箱码头堆存箱区计划,并根据实际生产情况,及时修正计划。卸船箱堆存计划的编制原则,以不造成堆场堵塞,不浪费堆场机械资源为目标,通过合理安排堆场位置,保证船舶准时离泊,保证计划得以完成。

编制卸船顺序图。集装箱码头中心控制室根据船舶昼夜作业计划、堆存计划等,安排某条船舶的卸船机械和作业路配置,生成卸船顺序图。

安排特种箱、危险品箱船边直提。某些特种箱、危险品箱不能进入码头堆场,必须船边直提,计划部门也要做好相应安排。其流程通常是:首先,客户凭有效提单申请船边直提;然后,计划部门根据客户申请,安排船边直提,打印计划单,并注明客户联系电话,同时客户需先行缴纳完毕相应的费用,才能真正实施直提计划;最后,由码头中心控制室负责落实直提计划。

2. 卸船和理箱

集装箱码头根据预到的进口船图、进口舱单等资料,制订卸船作业计划,并按计划组织卸船,外轮理货公司代表承运人理箱,并与码头在船边进行集装箱交接。在理货过程中,如发现集装箱有异常情况,首先应分清原残还是工残,如为工残,应如实填写残损记录,码头与理货双方共同签字,以明确责任。

3. 卸船结束工作

(1)编制卸船作业签证。

卸船结束后,集装箱码头应按卸船作业的实际情况编制卸船作业签证。卸船作业签证是集装箱码头完成卸船作业后签发的一份向船方收取费用的凭证,其内容与装箱作业签证相似。卸船作业签证必须如实填写,仔细核对,并与大副共同审核,审核无误后双方签字确认,作为集装箱码头向船方结算卸船费用的原始凭证。

(2)航次结束与关闭。

卸船结束后,集装箱码头应校验进口箱的溢缺情况,生成正确的进口舱单,作为受理进口箱提箱计划的依据。卸船结束,航次关闭后,收费部门就能在集装箱码头的计算机系统内读到该航次进口箱卸船的有关信息,并进行收费开账。

(3)单船小结。

卸船结束后,应编制单船小结。进口单船小结是卸船结束后根据该船实际卸箱情况编制的汇总表,其内容与出口单船小结相似。它是集装箱码头统计业务量的凭证,同时也是与船舶代理核对并更改进口舱单的依据。

4. 提运重箱

收货人凭通过报关的提货单向集装箱码头办理提运重箱手续后,提运重箱出场。提运重箱的一般流程如下:

(1)受理提运重箱计划。

收货人凭办妥清关手续的提货单,委托集装箱货车驾驶员到码头进出口受理台申请提运进口重箱手续。集装箱码头受理台业务人员应验明提货单是否办妥所有进口手续,并按提单号核对进口集装箱资料,在收货人付清有关码头费用后,收下提货单,签发提箱凭证,交付集装箱货车驾驶员,并在计算机中安排相应的重箱提运计划,同时将提箱凭证和提箱预约号打印给集装箱货车驾驶员。

(2)集装箱货车进道口提箱。

集装箱货车驾驶员送重箱进入集装箱码头道口时,应出示带有集装箱货车身份信息的IC卡、集装箱装箱单四联(船代联、码头联、承运人联、发货人/装货人联)、集装箱设备交接单进场联等单证。道口作业员根据这些单证,在计算机中输入箱号、车号后,应分别检查以下内容:

①实际箱号、尺寸、箱型与装箱单设备交接单上相关信息和IT系统中预录入的信息(包括其他信息)是否相符。

②检查箱体是否有残损、封签是否损坏,如有残损,驾驶员应在设备交接单上签名,码头盖章,并在IT系统中输入残损情况。

③检查后,道口作业员将设备交接单进场联中的承运人/装货人部分、装箱单发货人/装货人联交还给驾驶员,并打印集装箱放箱派遣单给驾驶员,进场放箱。

(3)单证和信息核对。

提运重箱主要涉及的单证包括:设备交接单、提货单(已盖海关放行章)、提箱凭证等。对这些单证必须加强审核,同时特别应注意的是:目前由于海关放行信息要通过电子数据形式发送至集装箱码头,因此在受理提进口箱计划时,除了核对纸质放行信息外,还需要核对码头计算机系统内是否已经收到海关电子信息。随着海关监管力度的加强,进口箱出场时需要加封的信息,海关也通过电子数据形式发送至集装箱码头计算机系统,对于这方面的核对也应加强注意。

5. 疏港作业

(1) 疏港的原则。

一般来说,集装箱码头的堆场是"通过性堆场",不是"营业性堆场",即码头堆场以港口的畅通为目的,不以收取堆存费为目的。所以对于卸船的集装箱,为避免堵塞码头堆场,不允许其在码头堆场长期堆存,通常规定较短的免费堆存期,堆存天数较长的进口集装箱,码头有权将其疏运到港外集装箱堆场堆存。我国集装箱码头的免费堆存期通常为4天,超过4天后,将收取堆存费。到港后7天仍未提运的进口箱,集装箱码头有权疏运到港外集装箱堆场。对已疏运到港外堆场的进口重箱,收货人凭办妥清关手续的提货单办妥手续后,凭码头签发的疏港凭证,到港外堆场提运重箱。

(2) 直提计划的编排。

有些特种箱和危险品箱不允许在港内堆场堆存,码头应要求客户提前安排直提计划。客户凭有效提单,向集装箱码头船舶计划员申请船边直提。船舶计划员编排船边直提计划,输入计算机,打印出计划单,并注明客户联系电话,以便及时通知客户到达船边相应的桥吊位置下,进行直提作业。客户凭直提计划单前往受理台进行付费,受理台将计划单流转到集装箱码头中心控制室,由其落实直提作业。

(3) 编排疏港计划。

对于码头堆场上必须疏港的集装箱,堆场计划员应在疏港前12h,预先完成疏运计划,然后将疏运计划清单交付疏运堆场,由其安排集装箱货车具体实施拖箱。

对已疏运到港外疏运堆场的集装箱,收货人按常规到受理台安排提箱计划,受理员审核后,受理疏运调单计划,并确认收费。客户凭疏港单,去疏运堆场提箱。

6. 归还空箱

收货人拆箱后,清扫空箱,并在规定的还箱期内托运空箱至指定的还箱点还箱。目前,集装箱码头一般不经营该项业务,通常由船公司在港外设置箱务管理站,进行归还空箱的管理。

二 集装箱码头出口生产操作流程

下面以集装箱码头装船业务的流程,即从出口箱进场地开始到放关、配载以及装船理货和装船完毕后的签证工作等来具体阐述出口业务生产操作流程。

1. 出口准备工作

(1) 有关信息资料和单证。

目前,码头操作中与集装箱码头出口业务有关的信息资料和单证有:

①船期预报与确报、出口箱 EDI 信息、海关放行信息、预配船图。

②空箱发放清单、船舶计划、出口箱堆场进箱计划、配载图、装船顺序单。

③重箱进场装箱单、设备交接单、危险货物集装箱装箱证明书、进箱凭证。

(2) 船期预报和确报。

通常为5天船期预报和24h船期确报,集装箱码头应根据船期预报和确报,预先做好各项准备工作。

2. 重箱进场

(1)出口箱进场计划。

装船出口的集装箱,必须在船舶到港前提前进场,做好装船准备,所以集装箱码头计划部门必须先编制出口箱进场计划。出口箱进场计划是根据船名、航次、出口箱预到资料,并结合集装箱码头堆场目前的实际情况而编制的。为保证出口箱顺利装船,在编制出口箱进场计划过程中,应充分考虑该航次未来船舶配载图编制情况、码头集装箱装船作业路的安排情况,保证作业中不发生作业路冲突或堵塞。同时,出口箱进场计划的编制还要综合考虑堆场的实际使用情况,比如其他船舶的出口箱进场作业安排、已卸船进口箱的提运作业安排、箱区集装箱归并转作业安排等,力求减少各种堆场作业操作的相互影响。出口箱进场计划应结合船舶计划编制,力求保持这两个计划的协调性。

(2)电子装箱单预录。

出口箱在装箱后,客户应立即至集装箱信息预录站,进行装箱单信息的电子预录。电子预录信息应与纸质装箱单信息相同。预录站预录后,将电子装箱信息通过口岸EDI平台,发送至集装箱码头的计算机系统。

(3)出口箱进道口。

集装箱货车将重箱送入集装箱码头堆场之后,空车出场时,道口作业员应检验集装箱放箱派遣单上的车号与实际车号是否相符,并收取集装箱放箱派遣单,同时在IT系统中注销空车信息。

3. 可装船箱确认

目前,我国一些港口仍然采用电子信息与纸质单证(场站收据)并行的做法。从目前实务操作的情况来看,船公司或船舶代理为提高本身的操作弹性,其所提供的可装船箱清单共用舱位的现象常常比较普遍,且船公司航次订舱量常会大于实际可用舱位量,所以集装箱码头必须在配船前,根据船公司或其代理提供的可装船箱清单信息,与该航次海关已放行的出口箱信息核对,筛选明确可装船箱后,再进行配载图编制。

4. 配载图制作

配载图是集装箱码头根据船公司或船舶代理提供的预配图,按照船舶既定的技术规范和码头作业特点,而编制的航次出口箱在该航次船舶箱位上具体位置的计划图。配载图应满足船舶安全和货物安全要求,同时也要兼顾码头作业安排要求,即在满足船公司要求的前提下,充分发挥码头的作业效率。配载图编制的流程如下:

(1)船公司或船舶代理提供过境船图和预配船图。

(2)集装箱码头配载员编制出口配载图。码头配载员根据过境船图和预配船图,充分考虑船舶稳性等要求,结合码头作业的实际情况,编制出口配载图。

(3)出口配载图的船方确认。出口配载图必须经过船方签字确认后,方能生效,即装船作业必须在得到船方签字确认的出口配载图后,才能进行。

5. 装船和理箱

(1)装船顺序单编制与发送。

集装箱码头中心控制室船舶控制员根据该船舶的靠离泊时间计划,确定该船舶的在泊可作业时间,然后根据该航次的配积载情况、码头现场的实际作业状况,在合理配置现场作业人员和作业机械资源后,编制电子装船顺序单,并发送给相关现场作业人员。

(2)与现场理货的交接。

在装船作业的过程中,由外轮理货理箱,并与港方进行集装箱的交接。如有异常,应如实填制残损记录,双方签字,以明确责任。

(3)装船图报文发送。

依据流程将装船图发送给相关部门。

6.结束装船工作

(1)作业签证。

装船作业结束后,码头单船指导员与大副就该航次的作业量等情况进行确认,双方在船舶作业签证上签字。

(2)单船小结。

装船作业结束后,有关人员编制单船小结,记录与装船作业有关的信息。

(3)离港报告。

船舶离港后,集装箱码头中心生成该航次的船舶离港报告。

三 集装箱码头堆场作业

1.集装箱码头堆场的作用

集装箱码头堆场(Container Yard,简称 CY),是集装箱在码头的暂存区域,具有对到港集装箱进行集散和暂存作用。集装箱码头堆场的主要业务是办理集装箱的装卸、转运、装箱、拆箱、收发、交接保管、堆存、捆扎、掏载、搬运以及承揽货源等。此外,还应洽办集装箱的修理、冲洗、熏蒸和有关衡量等工作。

2.集装箱码头堆场的布局

集装箱码头堆场的布局与码头所使用的装卸工艺、码头的岸线泊位布局、道口布局、码头的作业特点有密切关系。采用不同装卸工艺的集装箱码头,其堆场布局又不尽相同。

集装箱码头堆场按其作用,大致可分为重箱区、空箱区、危险品箱区、特种箱区和查验箱区等。以图3-1为例,说明集装箱码头堆场的布局。

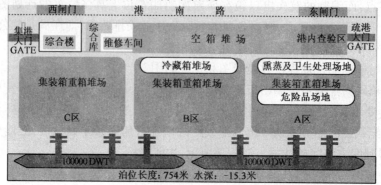

图3-1 某集装箱码头堆场平面布局

（1）空箱区一般位于码头后沿,比较靠近大门检查站的位置,这样可以把更方便装卸作业的位置让给重箱区,同时也方便空箱进出码头。

（2）危险品箱区出于安全考虑,一般是远离办公区域,并与普通箱区分离。

（3）重箱区分为出口重箱区和进口重箱区。这两个箱区在码头堆场占主要位置。通常要与码头岸线的泊位相对应,均匀分布,这样便于进出口堆场计划的安排,缩短装卸船舶的作业路线,并使作业路线不易发生冲突。

（4）冷藏箱区一般设立在靠近码头堆场主车道的附近,冷藏箱区应设置必要的支持系统,如能提供电源或能供冷。

3. 集装箱在码头堆场的堆放原则

为了方便对集装箱的跟踪管理,集装箱在码头的堆放有一定的堆放原则。我国集装箱码头普遍采用集装箱轮胎龙门吊工艺,码头堆场一般为六排箱位加一条集装箱货车通道的格局,如图3-2所示。

如果港区规模大,进行以下细致划分：

（1）场。港区划分为若干个分堆场,如1号场、2号场等。

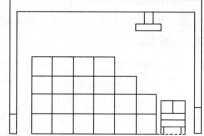

图3-2 集装箱码头箱区位、排、层示意图

（2）区。每个场划分为若干区,如1区、2区、3区或A区、B区、C区等。

（3）段。每个区划分为若干段,如A01、A02、A03等。

（4）位。位是每段的长度。一个段由若干个位组成,位的编码一般用两位阿拉伯数字表示,用奇数01、03、05……表示20ft箱的位,用偶数02、04、06……表示40ft箱或45ft箱的位。其中,位的多少与箱区的长度有关,也即与泊位的长度有关。

（5）排。排也称列、行,是每个段的宽度。一个箱区排的编码一般用一位阿拉伯数字表示,这是因为箱区中排的多少与箱区的宽度有关,而箱区的宽度是根据堆场选用龙门吊的跨度而定的。现在常用的轮胎式龙门吊一般跨度都是六箱一车道,因而排数的编码只要一位,从1至6即可。轨道式龙门吊虽然跨度内排数达到两位,但目前较少见。

（6）层。层是指集装箱所在层高,从地面往上表示。一个箱区层的编码也用一位阿拉伯数字表示,这一点与集装箱船的箱位用两位数表示不同,无论是轮胎式龙门吊还是轨道式龙门吊,目前的起升高度都在16m左右,最高能堆6层,因而层的编码只要一位,从1至6即可。

实践中一般都是直接从区开始划分,因此,集装箱的箱位一般由"六位"或"七位"表示,如"B020133"就是用七位编码表示B02箱区01位第三排第三层的箱位。

上述一般是重箱的位置表示方法。对于空箱来说,通常只规定箱区和大致的位,没有行与层,这主要是由于空箱的使用很少有指定箱号的,提空箱时只要是该船公司的空箱,不必按号领箱,只需提箱记号即可。这样可以省略提箱时查找的工作,大大提高提空箱的效率。

技能训练

[技能训练目标]

能够熟悉集装箱港口码头进口生产操作流程,能够运用实训软件模拟操作集装箱码头出口业务。

［技能训练准备］

（1）学校安排时间组织学生到散杂货港口参观调研,熟悉港口进出口生产过程与岗位设置。

（2）在校内实训室,安装集装箱港口生产模拟电子沙盘和集装箱码头生产模拟操作软件系统并提供实际教学案例。

［技能训练步骤］

（1）教师通过电子沙盘演示集装箱港口生产流程,对集装箱码头生产模拟操作软件进行演示操作。

（2）学生通过电子沙盘观摩,掌握集装箱港口进出口生产流程,并进行模拟操作,完成相应实训报告。

（3）模拟操作步骤。

第一步:集装箱码头道口三维动画观摩操作,通过点击"进箱"标志,可以演示集装箱货车进/出场动画,如图3-3所示。

图3-3 集装箱码头道口三维动画界面

第二步:模拟集装箱道口进场管理操作,具体操作包括:

①道口进/出场:根据集装箱设备交接单以及相关单证,结合集装箱检查情况,录入集装箱进场相关数据。

②堆场报表输出:完成当日实习内容,生成堆场日报表与当班统计,如图3-4所示。

第三步:集装箱码头堆场翻箱操作。根据集装箱船舶配载图,结合码头箱区设置,对集装箱进行翻箱操作。

①集装箱码头堆场三维动画观摩操作,如图3-5所示,包括重箱堆存区、空箱堆存区和

装船箱区。

图 3-4　集装箱码头道口管理系统操作界面

图 3-5　集装箱码头堆场三维动画

②查看集装箱船舶配载图,包括字母图、重量图,如图 3-6 所示。

③重箱堆存箱区视图:采用三维视图显示相关箱区的堆存状况,配合集装箱清单,制作单船作业计划,如图 3-7 所示。

④翻箱作业:将集装箱从重箱堆存箱区翻箱至装船箱区。在重箱堆存箱区视图中,点击相应集装箱,可以显示集装箱数据。使用"开始移动",并在装船目标箱区中选择相应箱位,点击"放置集装箱"可以将集装箱从重箱存箱区向装船箱区内移动,如图 3-8 所示。

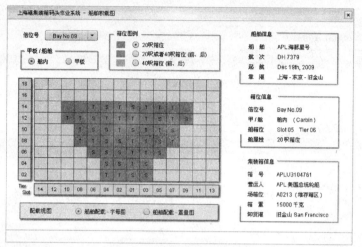

图3-6 集装箱船舶配载字母图

图3-7 集装箱码头堆场重箱堆放箱区视图

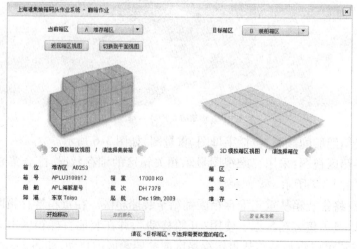

图3-8 集装箱翻箱操作界面

⑤模拟装船:在完成所有翻箱作业后方可使用。将翻箱作业的结果根据船舶配载图的要求,进行模拟装船舶,装船完毕,系统会自动评估装船结果。

[技能训练注意事项]

(1)模拟操作严格按照生产流程规范进行;

(2)模拟操作注重理实结合;

(3)实训报告填制认真、正确。

思考练习

一、简答题

(1)装船业务应注意哪些事项?

(2)进口卸船主要工作有哪些?

二、思考题

(1)集装箱出口主要有哪些环节?

(2)集装箱进口主要有哪些环节?

三、案例分析

德国汉堡哈拉港的集装箱自动化无人堆场系统

在自动化堆场技术方面,德国汉堡哈拉港与 ABB 等公司合作,已经建成集装箱自动化码头,能够实现自动化装卸船、自动化运输、自动化堆放的联调与控制。自动化堆场的研究,拟在堆场采用数字通信和自动控制技术、三维堆场管理与规划技术,利用高架和低架轨道龙门吊,通过固定转接台,完成对集装箱货车的自动装卸箱及堆场自动存取箱作业,实现集装箱的无人自动化装卸和堆放。自动化堆场的关键技术涉及集装箱高效同倍位自动化装卸船技术、集装箱港口机械全场智能调度、集装箱出入场智能规划、集装箱装卸设备远程监控和智能维护、集装箱港口运行状态评价体系、港口集装箱装卸工艺系统优化仿真技术、基于网络技术的集装箱港口数据交换和查询系统、个性化客户服务平台技术等。

问题:

(1)集装箱自动化无人堆场有哪些自动化系统?

(2)集装箱自动化包括哪些方面的业务内容?

任务四　货运站业务运作

集装箱货运站是集装箱码头对拼箱货进行收发交接、装箱、拆箱、配载、保管等业务操作的场所。货运站负责集装箱拼箱货的相关装箱、拆箱、保管、收发等业务。

集装箱码头货运站仓库库存管理是指从仓库接受物品入库开始,到按需求将物品出库的全部过程,主要有入库准备、货位安排、物品入库、分拣作业、理货盘点作业、出库作业等作业环节,各环节组成了仓储作业系统。

1. 知识目标

(1)描述集装箱货运站业务管理;

(2)描述货运站仓库业务管理。

2. 技能目标

(1)了解货运站仓库业务管理,能进行货运站库存管理操作;

(2)了解集装箱货运站业务管理,能进行集装箱货运站装箱或拆箱操作,能进行集装箱货运站库存管理操作。

集装箱货运站经营人案例分析

案由:

上海一家公司(以下称发货人)出口30万美元的皮鞋,委托集装箱货运站装箱出运,发货人在合同规定的装运期内将皮鞋送至货运站,货运站在卸车记录上签收并出具仓库收据。该批货出口提单记载 CY—CY 运输条款、SLAC、FOB 价、由国外收货人买保险。国外收货人在提箱时箱子外表状况良好,关封完整,但打开箱门后一双皮鞋也没有。

处理:

1. 收货人向发货人提出赔偿要求

由于出口提单记载"由货主装载并计数",收货人根据提单记载向发货人索赔,但发货人拒赔,其理由:尽管提单记载由货主装载并计数,但事实上皮鞋并非由货主自行装载,在皮鞋送货运站后,货运站不仅在卸车记录上签收,而且出具了仓库收据。仓库收据的出具表明货运站已收到皮鞋,对皮鞋的责任已开始,同时也表明货主责任即告终止。因此,提单记载是没有任何意义的,不具有任何法律效力。此外,提单记载CY—CY运输条款并不能说明整箱交接,因为该批皮鞋由货运站装箱。而且,装载皮鞋的集装箱装船后,船公司已出具提单。更为主要的是集装箱货物交接下,买卖双方风险以货交第一承运人前后划分,由于集装箱运输下承运人的责任是从"接收货开始",因而随着货交承运人,其贸易风险也转移给了买方。

2. 收货人向承运人提出赔偿要求

当收货人向承运人提出赔偿时,承运人认为:提单记载的运输条款是CY—CY,即整箱交接。提单的反面条款也规定:"整箱货交接下,承运人在箱子外表状况良好且关封完整下接货、交货。"既然收货人在提箱时没有提出异议,则表明承运人已完成交货。承运人进一步说:"至于提单上记载由货主装载并计数,因为对承运人来说是货运站接收的已装载皮鞋的整箱货,事实上无法知道箱内是否装载皮鞋。"提单正面条款内容对提单签发人、提单持有人具有法律效力。

3. 收货人向保险人提赔

当收货人向保险人提赔时,保险人也拒赔,并提出:"此种赔偿归属于集装箱整箱货运输下的'隐藏损害',即无法确定皮鞋灭失区段和责任方。"如收货人向保险人提赔,收货人应向保险人举证说明皮鞋灭失区段、责任方,这样才可保证在保险人赔付后可行使追赔权,即进行"背对背"赔偿。保险人进一步说:"整箱货隐藏损害同时应具备三个条件:货物灭失或损害发生在保险人责任期限内;货物灭失或损害属保险人承保范围的内容;箱内货名称、数量、标志等装载必须与保单内容记载一致。"

收货人在向发货人、承运人、保险人提出索赔而又得不到赔偿后,收货人转向货运站进行提赔,其理由:"是装载过失所致。"然而,集装箱货运站说:"收货人与发货人之间有买卖合同关系,发货人与承运人之间有运输合同关系,收货人与保险人之间有保险合同关系,而发货人与货运站之间既无合同关系又无提单关系。而装箱过失属货运站管货过失行为,即使赔偿也可享有一定的限制,但如按侵权过失,则应按实际损失赔偿。"货运站进一步说:"即使由货运站装箱,也是货主委托行为,货运站是货主的雇佣人员。"显然,货运站的观点是错误的,因为:仓库收据的出具表明货运站已收到货主的货物;仓库收据的出具表明货运站对收到的货开始承担责任;货运站在卸车记录上签收,表明双方交接责任已明确转移;装箱单出具则表明皮鞋已装箱。

根据现行的仓储合同规定,"货物进仓库交由保管方后,则表明保管方责任已开始,如保管方在保管货物过程中造成货物灭失或损害则由保管方承担责任。"同时,根据中华人民共和国《国际海上集装箱运输管理规则》规定,"装箱不当造成货物漏装箱应由装箱人承担责任。"由于涉及本案的各当事人均不承担责任,收货人向法院提起诉讼,法院判决:"仓库收据是货运站出具给货主的仓储合同,出具装箱单表明皮鞋已实际装箱。收货人在箱子外表状况良好、关封完整下收货,则表明承运人已完成交货责任,由于箱内并没有装载皮鞋,保险人也没有赔偿事实,因而由货运站承担赔偿责任。"但货运站不服法院判决,提出上诉,但很快撤诉,原来皮鞋在仓库内堆存。

从本案的判定可以看出,集装箱货运经营人的法律地位是非常明显的,他既是货主委托的装箱人,又是与货主订有仓库合同的一方,承担仓储合同责任,同时因为是装箱人应承担装箱过失责任。经过货运站与发货人、收货人协商,货运站除承担皮鞋再出运的所有费用外,应给予收货人相应补偿。

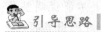

(1)皮鞋没有装箱,怎么会出具装箱单?
(2)收货人应向谁提出赔偿要求?

项目一　集装箱货运站业务管理

(1)利用网络,收集集装箱货运站相关资料;
(2)由小组讨论,如何受理某一批货物并进行拼箱操作;
(3)利用专业软件,进行集装箱货物适箱货的准备与装箱操作。

可采用讲授、情境教学、案例教学和分组讨论等方法。

教学内容

[情境设置]
某国际货运代理公司接受客户委托,需将一批货物通过集装箱运输形式,送往日本大阪(目的港信息依据货运委托书),你作为该货运代理公司员工,现在收到客户的货运委托书。根据委托书中客户的要求,请你对货物进行合理的再包装,并且完成配箱、订舱、模拟装箱等任务。

[相关理论知识]

一　集装箱货运站概述

集装箱货运站(Container Freight Station,CFS),是指把货物装进集装箱内或从集装箱内取出,并对这些货物进行储存、养护、收发和交接的作业场所。各种类型的集装箱运输经营人经常委托集装箱货运站为自己交付货物。有些集装箱货运站除了上述功能外,还承担集装箱修理、清扫等服务性业务。

1. 集装箱货运站的种类

目前,集装箱货运站在整个集装箱运输系统中,主要有以下两种常见的形式。

(1)码头货运站。

集装箱码头货运站设在码头内或码头附近,它是集装箱码头的有机组成部分,其所处的位置、业务内容与隶属关系都与集装箱码头有着紧密的联系。

集装箱货运站除了要有完整的仓库、配备拆装箱和堆码用的装卸和搬运设备外,还要有一定面积的拆箱区,以堆放所需拆箱的集装箱及方便提货车辆的进出。

20世纪七八十年代,集装箱货运站主要布置在集装箱码头内,在堆场的一角或与堆场并排,通过多年的实践发展,这种设在码头内的集装箱货运站对集装箱码头整箱货的作业会产生一定的负面影响。从80年代后期,国内大多数集装箱码头均将货运站设置在集装箱码头之外,而又与集装箱码头较近的地方。从业务内容上看,它没有任何的改变,但与前面相比,它避免了与集装箱堆场作业之间的相互干扰,从而促进了集装箱运输的发展。

(2)内陆货运站。

集装箱内陆货运站设在内陆经济腹地的主要城市及外贸进出口货物较多的地方。主要承担货物预先集中、装箱工作,装箱完毕后,再通过内陆运输将集装箱运至码头堆场;反之,由港口进口的集装箱货物卸船后,通过内陆运输疏运到设在内陆腹地的货运站。它具有集装箱货运站和集装箱堆场的双重功能,既接受托运人交付托运的整箱货与拼箱货,也负责办理空箱的发放和回收。如托运人以整箱货托运出口,则可向内陆货运站提取空箱;如整箱进口,收货人也可以在自己的工厂或仓库卸空集装箱后,随即将空箱送回内陆货运站。内陆货运站还办理集装箱拆装箱业务及代办有关海关手续等业务。

内陆货运站作为集装箱货物的集散地,起到了纽带和桥梁的作用。同时,在空箱的发放、存储、回收、调运等箱务管理中,内陆货运站也发挥了重要作用。各集装箱运输经营人和集装箱租赁公司,可以像对待集装箱码头堆场一样,委托内陆货运站作为集装箱代理人,通过集装箱内陆货运站,则可对发往内陆地区的集装箱进行跟踪、查询,实行有效管理和调节使用,不仅可避免空箱在内陆地区长期积压,缩短系统集装箱在内陆的时间,而且还可提高空箱利用率和运输经济效益,促进集装箱运输的发展,为国际集装箱多式联运创造条件。

根据集装箱货运站建造的结构,我们还可将其分为三种形式:

①平地式,指存货的地面与集装箱货车行驶的路面在同一水平线上。其特点是:建设费用低,当货运站内作业形态变化时,其适应性强,是货运站内用于货物分类、保管的场地,与用于拆装箱作业场地之间可以互相通用,便于应对各种不同运输形式进行换装作业。此外,平地式货运站还具有能转用为维修车间的优点。

②高台式,指存货的地面与集装箱货车的挂车底板在同一水平线上。其特点是:拆装箱用的叉车可以通过站台直接开进箱内,这使得作业效率大大提高。但运货的车辆必须经过坡道才能进出站内。同时,建造这样的货运站其费用也相对较高。

③兼用式,指货运站一侧的地面与集装箱货车的挂车底板在同一水平线上,另一侧的地面则与地面一平。这种形式的货运站一般是在有坡度的地方建造的。它兼顾了平地式和高台式两者的优点,既便于机械化的拆装箱作业,又便于货物的进出站,建造成本也相对较低。

2. 集装箱货运站的基本要求和设施设备

集装箱货运站要能有效开展拆装箱业务,一般需要满足以下几点要求:

(1)便于使货物进行装箱和拆箱作业。

(2)便于对货车进行非成组的散件杂货的装卸。

(3)为了便于货物集疏运和货物分类,应有充分的操作面积。

(4)为暂时保管进出口货物,应有适当的堆货面积。

(5)如需进行海关结关和检疫等事务,应具备进行此类事务的条件。

为此,需要有能够完成这些业务的机械和设施。相应设施如下:

(1)办理集装箱货物交接和其他手续的大门以及办公用房等。

(2)接受、发放和堆存拼箱货物及进行拆装箱作业的场地、库房与相应的机械设备。

(3)集装箱堆存及堆场作业的机械设备。

(4)集装箱货车及挂车停车场及装卸车的场地和机械设备。

(5)铁路运输装卸车作业的装卸线及装卸车的机械设备。

(6)能与港口码头、铁路车站所涉及各货主、运输经营人等进行方便、及时、准确的信息、数据、单证传输交换的条件与设备。

(7)为海关派员及办理海关手续所需的办公用房和附属设备等。

3. 集装箱货运站的主要任务

(1)集装箱码头货运站的主要功能。

①集装箱货物的承运验收、保管和交付,包括出口拼箱货的积载与装箱、进口拼箱集装箱的拆箱与保管。

②对库存的货物进行堆存保管及有关统计管理。

③重箱和空箱的堆存和保管,整箱货的中转。

④货运单证的交接及签证处理。

⑤运费、堆存费的结算。

⑥其他服务,如为办理海关手续提供条件、代办海关业务等。

(2)集装箱内陆货运站的主要功能。

集装箱内陆货运站除具备上述码头货运站的基本功能外,还必须负责接受托运人托运的整箱货及其暂存、装车,并集中组织向码头堆场的运输或集中组织港口码头向该站的疏运、暂存及交付;受各类箱主的委托,承担集装箱代理人业务,对集装箱及集装箱设备的使用、租用、调运保管、回收、交接等行使管理权。

从集装箱货运站的主要业务内容我们可以知道,它既有对已拆箱或待装箱货物的收发与保管业务,又有对已装集装箱和已拆集装箱的收发和保管业务。这两项业务与前面讲过的港口库场业务以及集装箱堆场业务是一致的。在此不再阐述。

4. 集装箱货运站管理要求

为了加强集装箱货运站的管理,促进我国集装箱运输事业的发展,我国有关部门出台了一系列政策法规,如《港口法》、《国际海运条例》、《港口经营管理规定》(交通部❶令2004年第4号)、《道路货物运输及站场管理规定》(交通部令2005年第6号)等,对集装箱货运站的经营管理都做了相应规定。作为集装箱货运站经营者,应该严格遵守国家的政策法规、条例条令,在集装箱货运站日常管理过程中,注意做到如下几点:

(1)内陆集装箱货运站经营者和码头集装箱货运站经营者都应当根据各自企业所经营的业务范围,按照相关政策法规,向各自的主管部门申请,取得经营许可证。

(2)取得经营许可证的申请人,应持证到工商、税务部门办理营业执照、税务登记手续,

---

❶现为交通运输部。全书同。

向海关申请办理有关登记手续,然后才能开展经营业务。

(3)集装箱货运站应保证场站设施、装卸机械、车辆及工具处于良好、安全的技术状况,确保集装箱及其附属设备和集装箱内货物的安全。

(4)集装箱货运站应与海上承运人和发货人或其代理人签订有关业务协议,及时接、发、拆装、堆存指定的集装箱和集装箱货物。未经海上承运人和发货人或其代理人同意,集装箱货运站不得擅自将其堆存的集装箱占有、改装、出租或运出场站外。

(5)集装箱货运站进行集装箱作业时,应严格执行国家有关技术规范和规定。

(6)集装箱货运站应按有关规定堆放集装箱。应及时向海上承运人提供进出场站的集装箱拆、装箱和堆存情况。

(7)集装箱货运站应按海上承运人的要求,及时向检验、检疫机关申请,备好出口货物集装箱,并认真做好集装箱的检查工作。装箱完毕后,必须编制集装箱装箱单,并按有关规定施加铅封,在有关单证上做好货物装载的记录。

(8)集装箱货运站应按国家规定或海上承运人的要求,清洗、修理指定的集装箱。其中,装载危险品货物的集装箱应到有专门设施的场站清洗。

(9)集装箱货运站与承运人或其代理人应凭双方共同签发的设备交接单交接集装箱。

(10)集装箱货运站应建立信息管理系统,进行箱务管理。

(11)集装箱货运站必须严格执行经物价管理部门核定的各项收费标准,各项收费应实行明码标价。结算费用必须使用集装箱货运站专用的结算发票,按规定的费用和费率结算。

(12)因集装箱货运站责任造成集装箱及其附属设备和集装箱内的货物损失或延误的,集装箱货运站应赔偿损失。

二 集装箱码头货运站进口拆箱业务

集装箱码头货运站业务一般包括拆箱提货业务(拆箱车提、落驳、装火车)、拆箱进库和仓库提货业务等。

1. 拆箱提货业务

拆箱提货业务按提货运输方式一般可分为车提(公路运输)、落驳(水上运输)、装火车(铁路运输)三种。图4-1是拆箱提货流程图。

拆箱提货业务步骤如下:

(1)申请计划。货主凭办完一关三检等手续的提货单来码头客户服务部(联办进口受理台)申请下昼夜拆箱车提、落驳、装火车的作业计划。码头客户服务部结清有关码头费用后,接受客户的申请,并制作拆箱车提、落驳、装火车作业申请单联,同交货记录联一起交货主。

(2)发箱及机械、人员安排。码头根据作业申请单安排机械,将受理过的,要拆箱的集装箱,从进口重箱区发送至指定的拆箱区。码头货运站根据作业申请单的指令,安排拆箱所需机械、搬运工人和仓库员。

(3)提货前审单。客户凭作业申请单和交货记录到码头指定拆箱区提货。仓库员在提货前核查交货记录是否有效,有关费用是否已全部支付清,交货记录上有无加盖印鉴等。如发现交货记录无效、费用尚未支付、无交货记录一律不予发货。

(4)货物交接和单证处理。提货完毕后,码头货运站仓库员根据外轮理货的理货清单填制"出门证"交客户,并在提货单第三联(交货记录)上批注实际提货数量后,交客户服务部存档。如一票货物当天不能全部提完,仓库员在提货单第三联(交货记录)批注实际提货数量后交还给客户,以备客户第二天再来提货。

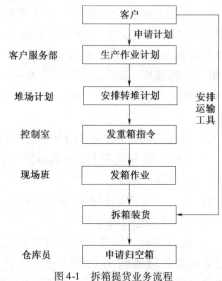

图 4-1 拆箱提货业务流程

(5)填制报表。在当日作业结束后,仓库员应填制拆箱车提、落驳、装火车的拆箱提货日报表(拆箱车提提货日报表、拆箱落驳提货日报表、拆箱装火车提货日报表)。

(6)空箱归位。在当日作业结束后,仓库员应安排申请将拆箱区的拆空后的空箱转运至码头专用的空箱箱区。

2. 货运站仓库拆箱进库业务

舱单上注明货物交货条款是 CFS 条款的,码头货运站仓库员根据仓库的库存情况,应在集装箱卸船后两天内安排拆箱进库,并将拆箱信息及时通知客户服务部受理台,以便客户服务部受理台能及时接受客户的提货申请。货运站仓库拆箱进库业务流程如图 4-2 所示。

拆箱进库的步骤如下:

(1)计划安排。货运站业务员按要求安排下昼夜需拆箱进库的进口重箱计划清单及相关机械、人员、仓库货位。码头中控室应根据计划清单安排机械和人员将有关集装箱转至 CFS 拆箱区。

(2)货物验收及进库。拆箱时,货运站仓库理货员应根据舱单的货物信息会同外轮理货人员对拆箱的货物进行清点、检验,并将货物安排放置到指定的货位,并按堆码标准进行堆码,堆码完毕后要在货垛上张贴桩脚牌。桩脚牌上应注明船名、航次、提单号、件数、质量、唛头等信息,以便识别。如发现货损、货差、货单不符,应及时要求外轮理货员签发货物残损记录,并妥善保管。

(3)填制报表。在当日作业结束后,仓库员应根据桩脚牌填制拆箱进库日报表。拆箱进库日报表是当日拆箱后进入仓库货物的汇总表。它反映货物动态以及作为定期盘点货物的依据。实物必须与报表一致,做到货账相符。桩脚牌是填制进库报表的依据。

(4)空箱归位。在当日作业结束后,仓库员应申请将拆箱区的空箱转运至码头专用的空箱箱区。

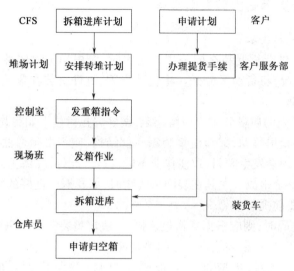

图4-2 货运站仓库拆箱进库业务流程

3. 货运站仓库提货业务

货运站仓库提货业务步骤如下:

(1)申请计划。货主凭办完一关三检等手续的提货单来码头客户服务部(联办进口受理台)申请下昼夜仓库提货计划;码头客户服务部同货主结清有关码头费用后,接受申请,并制作提货作业申请单,同交货记录联一起交货主。

(2)机械和人员的安排。码头货运站业务员根据作业申请单的要求,安排下昼夜的仓库发货机械、搬运工人。

(3)审单货主凭作业申请单和提货单第二联(交货记录)到码头 CFS 仓库提货。仓库员应仔细审核交货记录是否有效,是否超过了规定的免费保管期限,有关费用是否已全部支付清楚,交货记录上有无加盖印鉴,如发现交货记录无效、费用尚未支付、无交货记录一律不予发货。

(4)发货前的检查。码头货运站仓库员在发货前要仔细核对交货记录与货物上的桩脚牌,做到票货相符。一旦发现票货不符的情况,则应查清后再发货。在发货时需清点数量,以免错发、多发、少发等货运事故。

(5)货物交接和单证处理。发货、提货完毕,码头货运站仓库员根据实际发货情况填制出门证,并交付客户,在提货单第二联(交货记录)上批注实际提货数量,交付客户服务部存档。如一票货物当天不能全部提完,仓库员在提货单第二联(交货记录)批注实际提货数量后交还给客户,以备客户第二天再来提货,同时重新填制桩脚牌(要注明剩余数量)张贴在剩余货物上。发现短缺时,不能随便用同品种规格的货物抵补。发货完毕后,应检查仓库、道路,注意是否有漏发、错发和掉落物件。

(6)填制报表。在当日作业结束后,仓库员应填制仓库出仓日报表。仓库出仓日报表是当日货物提离仓库的汇总表,反映当日货物提离码头的动态,由仓库员根据提货单编制。

三 集装箱货运站出口装箱业务

1. 普通货物的装箱要求

（1）不同包装的件杂货混装在同一集装箱内时，应根据货物的性质、质量、外包装的强度、货物的特性等情况，将货物区分开。将包装牢固、重件货装在集装箱底部，包装不牢、轻货则装在集装箱上部。

（2）货物在箱子内的质量分布应均衡稳定，做好绑扎衬垫。如集装箱某一部位装载的货物过重、货物在集装箱里移动，都会使集装箱底部结构、侧板发生弯曲或破损。在吊机和其他装卸作业时，集装箱会发生倾斜，致使作业不能进行。此外，在海上或陆上运输时，货物的移动都有可能造成安全事故。尤其在装圆形货物时，如卷钢。良好的绑扎、衬垫质量是保证货物安全运输的必要前提。

（3）进行货物堆码时，则应根据货物包装强度，决定集装箱的堆码层数。另外，为使底层箱内货物不致被压坏，应在集装箱堆垛之间垫缓冲材料。

（4）货物与货物之间，也应加隔板或隔垫材料，避免货物之间相互擦伤、沾湿或污损。

（5）货物的装载要严密整齐，货物之间不应留有空隙。这样不仅可充分利用箱内容积，也可防止货物相互碰撞造成损坏。

（6）装箱完毕，关箱前应采取系固措施，防止箱口附近货物的倒塌。如果没有对箱口附近货物采取系固措施，那么在目的地拆箱时可能会发生货物倒塌，造成货物损坏和人身伤亡的事故。

（7）使用清洁、干燥的垫衬（胶合板、草席、缓冲器材、隔垫板等）。

（8）根据货物的不同种类、性质、包装，选用不同规格的集装箱。选用的集装箱应符合国际标准，同时须经过严格的检查，并具有检查部门发给的合格证书。

2. 超尺度货物的装箱要求

所谓超尺度货物，是指装箱货物的尺度超出了国际标准集装箱的尺寸。能装载超尺度的集装箱一般指的是那些不全固定封闭的集装箱，如开顶箱、框架箱等。集装箱的箱格结构和装箱集装箱的机械设备是根据集装箱标准来设计的，因此，如果货物的尺寸超过了这一标准规格，则无论是对集装箱船舶的积载还是集装箱的装卸作业，都会造成一定的困难。超尺度货物一般包括超高货和超长超宽货。

（1）超高货。通常，6m(20ft)和12m(40ft)的标准集装箱的内高为2393mm左右，如货物超过这一调度，则属于超高货。超高货的装载运输，会给内陆运输、车站、码头、装卸机械、船舶装载等带来许多问题，受影响较大的是船舶的积载和码头集装箱的装卸作业。由于集装箱码头堆场和车站使用的装卸机械设备，如桥吊、跨运车、龙门吊等都是按标准集装箱设计的，没有考虑超高货的特殊情况，因此无法利用吊具起吊超高较严重的集装箱。如对超高货进行起吊，必须在装卸机械上临时安装一定的附属工具才能进行。另外，影响到船舶积载，集装箱积载超高箱时，如果货物高度超过顶侧梁最上端所在平面时，该箱上面不能再积载任何集装箱。如果质量较轻的话，且在舱内积载时，超高尺度距舱盖有安全距离，可以放在最上一层。如果质量较重,且在舱内超高尺度距舱盖不足安全距离,必须放在较下层时,则必定会造成亏舱。集装箱船的设计高度一般是以 8′6″的高度为标准,而 IC 型集装箱通常的高度为 8′,因此,在舱内装载 8′的集装箱时,舱内垂直方向将留有一定的空隙,如舱内堆 6 层高,则会出现 3′的空隙。

(2)超长超宽货。集装箱运输不允许货物在横向、纵向有突出的距离,首先是受到集装箱船箱格结构和集装箱箱位之间距离的限制。不能在舱内积载,在甲板上积载时,超长超宽货尽量积载在上层,减少占用的仓位,以降低海运费和减少亏舱,同时在超长超宽的方向相邻的位置上不能再积载集装箱。在陆上运输时,其超宽的限制不如超高那么严格。关于超宽的限制则根据所使用的机械设备种类而定,如跨运车,一般对每边超宽 10cm 以内的集装箱可从底盘车卸下,但如超过了 10cm,跨运车则无法作业。

3. 液体货的装箱要求

散装的液体货可以利用罐式集装箱运输,这样可以节约大量的包装费用和装卸费用。采用罐式集装箱运输液体货物时应注意:

(1)罐式集装箱本身机构、性能、箱内面的涂料是否满足货物的运输要求。

(2)查明集装箱的容量与所允许载质量的比例和货物比重是否接近一致,当货物比重较大而只装载半罐的情况下,在装卸和运输过程中有损罐的危险。

(3)查明排罐时是否具有必要的设备,这些设备是否适用于集装箱的阀门等,并检查安全阀是否有效。

(4)了解货物的特性,在运输和装卸过程中是否需要加温,以及装卸地是否具有蒸汽源和电源。

4. 冷藏货的装箱要求

冷藏集装箱所装载的货物可分为冷却货物和冷冻货物两种,前者是指一般选定不冻结的温度,或是货物表面有轻微结冻的温度,其温度范围在 $-11℃ \sim 1℃$。冷却货物的目的是为了维持货物的呼吸和防止箱内出汗,如一些新鲜的蔬菜、水果。后者是指将货物冷冻起来运输,其温度范围通常在 $-20℃ \sim -11℃$,如肉类、鱼类等。

冷藏货在运输途中应保持的温度,相关的单证上都有明确注明,承运人在运输过程中应严格尽保管、照料之责,保证温度在所要求的范围之内。双方都应保管好有关该票货物所需要的文件,以便发生纠纷后就温度问题引起的争执有据可依。

在冷藏货装箱前,需对集装箱和货物进行检查。对以下事项需特别注意:

(1)检查冷冻装置的启动、运转、停止是否正常,同时做好装箱前的预冷工作。

(2)检查通风孔开、关状态,冷冻机的排水管是否堵塞,集装箱本身的气密性,冷藏货是否达到规定的温度等。

(3)装箱时,应注意货物不要堵塞冷气通道,天棚部分留有一定间隙。

(4)装卸期间,冷冻装置应停止运转。

5. 动植物货物的装箱要求

动植物货物一般指的是牛、马、羊、猪以及经过屠宰后的皮、毛、肉等。运输该类货物的集装箱有两种,一种是非密闭性的,另一种是密闭性的。装箱时,应根据具体动植物情况,注意集装箱的适货性,装箱时的环境,货物所需的备料,活动物的饲料、饲养槽、水槽、货物的装箱量等情况。

动植物的检疫应根据出口国的规定进行。同时，一些国家规定，动植物的进口一定要经过检疫人员的检查，并得到许可后才能进口，如得不到许可，则会强制处理，如杀死、烧毁等。

6. 散装货的装箱要求

用集装箱积载运输散装货可节省包装费用和装卸费用。散货集装箱主要用于装载运输小麦、麦芽、大米、树脂、铅粉、矿砂、矿石等货物。

装载散货集装箱的注意事项：

(1) 运输散装的化学制品时，首先要判明其是否属于危险货物。

(2) 在选定装载散货的集装箱时，必须考虑装货地点和卸货地点的装载和卸载的设备条件。

(3) 对于单向的散货运输，其回程如果装载其他杂货，一般在箱内需衬垫塑料袋，使散货与箱体隔开。塑料袋的两端呈框架型，不用时可把中间的塑料薄膜折起来，使用时可像手风琴风箱一样方便地拉开，也有的像普通散货集装箱那样，把装货口设在箱顶上，出货口设在门端的衬袋。

(4) 在运输谷物、饲料等散货时，应注意该货物是否有熏蒸要求。因此，在装货前应查阅进口国的动植物检疫规则，对需要进行熏蒸的货物应选用有熏蒸设备的集装箱装运。

(5) 在装运谷类和饲料等货物时，为了防止水湿而损坏货物，应选用有箱顶内衬板的集装箱装运。

(6) 在装载容易飞扬的粉状散货时，应采取措施进行围圈作业。

7. 危险货物的装箱要求

危险货物的物理特性、化学特性与普通货物不一样，这就决定了其在运输安全方面有更高的要求，所以危险货物的装箱要求也相对较高。

(1) 不符合包装要求的危险货物，或已有破损、渗漏情况的货物不得装入箱内。

(2) 危险货物的任何部分不得突出到箱外，装箱后箱门应完全封闭。

(3) 不应将危险货物与不相容的货物装在同一箱内，特殊情况必须由主管当局同意并根据《国际危规》的隔离要求进行隔离。

(4) 危险货物只有按规定包装后才能装载集装箱运输，某些干燥的散装危险货物，可装载于运输该种货物的特种集装箱内。

(5) 液体货物和非冷藏压缩气体的装载应得到主管部门的批准。

(6) 箱内货物和其他任何物质的包装必须固定。

(7) 当一票危险货物只构成集装箱内所装货物的一部分时，最好将其装载在箱门附近。

(8) 对托运人来说，应在货物托运单上或单独的申报单上保证他所托运的货物已正确申报货名、加以包装、做出标志，并具有适运的条件。

(9) 负责将危险货物装入集装箱内的工作人员，应提交集装箱装运危险货物装箱证明书，以证实危险货物已正确装箱并符合相关规定。

(10) 装有危险货物的集装箱，应在箱体外表贴有规格不小于 $250mm \times 250mm$ 的《国际危规》类别标牌，且至少有 4 幅这种标牌，并将其贴在箱体的前、后、左、右面醒目的位置。集装箱一经确认无危险性，所有危险标志应立即从箱体上除去。装载危险货物的集装箱卸空后,应采取措施保证集装箱没有污染,使集装箱不具有危险性。

[技能训练目标]
(1)了解集装箱适箱货,了解选择合适集装箱的原则,了解集装箱装箱的一般原则与方法;
(2)熟悉集装箱代理人装箱操作的一般流程;
(3)了解单证以及其主要作用,如货运委托书、货物清单、装箱清单、设备交接单等。

[技能训练准备]
(1)准备好装箱软件平台运行,并准备好相关的出口贸易资料提供给学生;
(2)教师指导点评;
(3)学生自己安排时间进行操作练习,完成情境实训报告,教师统一评选。

[技能训练步骤]
(1)关于适合箱货准备。依据货运委托书备注中,关于货物的包装要求进行,并且完成装箱清单(Packing List),如图4-3所示。

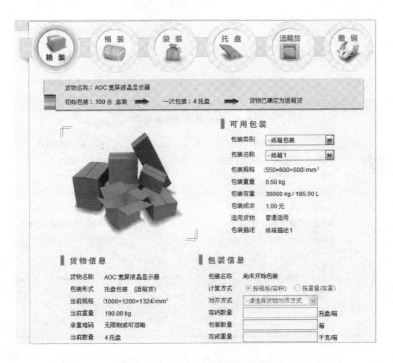

图4-3 集装箱货物包装模拟操作

(2)关于轻货与重货。在实际配箱操作中,一般依据单位体积货物的质量,来决定是按照货物体积还是质量来决定配载数量的多少。对于轻货物而言,以货物体积为计算依据,如图4-4所示。

(3)分别采用两种配载模型配载集装箱,整箱货物配载、拼箱货配载,如图4-5所示。

(4)完成一个集装箱的模拟装箱,使用键盘"W、S、A、D、X、Space"键来调整货物的位置,如图4-6所示。

[技能训练注意事项]

(1)参考相关资料,完成整个集装箱装箱相关流程作业;

图 4-4　集装箱选择模拟操作

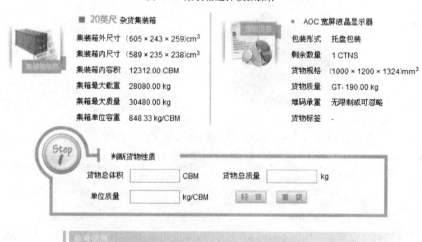

图 4-5　集装箱配载模拟操作

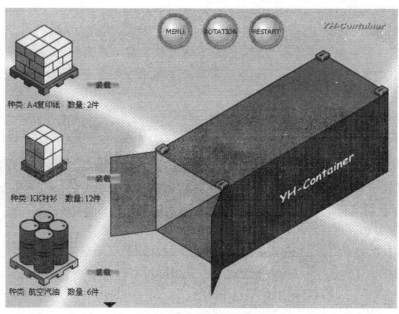

图 4-6 集装箱装箱模拟操作

(2) 完成装箱清单的填写,并且将其记录在实习报告中;
(3) 完成集装箱配载数据的记录,并记录在实习报告中,完成一个集装箱的装箱作业;
(4) 记录以下关键数据:集装箱亏箱率、集装箱重心位置,并且将结果保存在计算机中备查;
(5) 思考以下问题:
①在何种情况下,需要对货运进行再包装,举例哪些货物(至少 3 种)需要进行再包装?
②在集装箱配载中,涉及重货与轻货,两者主要的区别是什么?这个重货与轻货的界限值是如何得出的?
③在集装箱装箱过程中,需要考虑哪些因素?(至少说出 3 个)
④总结集装箱代理人主要工作,以及其工作流程。

项目二　货运站仓库业务管理

(1) 利用校企合作单位,收集货运站仓库业务管理流程等相关资料;
(2) 利用企业货运站仓库管理软件,进行货运站库存管理的操作。

可采用讲授、情境教学、案例教学和现场教学等方法。

[情境设置]
某一集装箱拼箱货(LCL),按货运站拆箱计划从堆场提取后,从某一货运站拆箱入库到

出库的整个流程环节。

[相关理论知识]

集装箱码头货运站仓库库存管理是指从仓库接受物品入库开始,到按需求将物品出库的全部过程。仓储作业过程由一系列相互联系、又相对独立的作业环节构成,并组成一个仓储作业系统。

一 入库准备

仓库应根据作业计划、物品入库凭证等单证及时进行库场准备,并做好入库前的准备工作,以保证货物准确、迅速、安全入库。货物入库前的准备工作主要包括以下几方面的内容。

(1) 编制仓储作业计划。

仓库的业务和管理人员应掌握入库物品的品种、规格、数量、包装状况、单件体积、质量、确切的到库时间、物品存期、物品的物理化学特征、保管的要求等具体情况,以及仓库货位的使用情况、机械设备条件、劳动力等情况,以编制仓储计划,并将仓储计划信息下达到各个相应的作业单位。

(2) 货位准备。

仓库部门根据作业计划,结合仓库分区、分类、定位保管的要求,核算占用货位大小,根据货位使用原则,妥善安排货位,并做好具体的货位准备工作。

(3) 衬垫材料准备。

对需要衬垫的物品,应根据入库货物的性能、保管要求、数量及库场的具体条件确定堆垛方法,制订衬垫方案,准备好衬垫物料,以确保入库货物的安全。

(4) 设备器具准备。

为了提高入库作业的效率,货物入库作业必须采用装卸搬运机械和搬运工具的配合,仓库部门应该根据入库货物具体情况,设计好装卸搬运工艺,调配好设备,准备好验收用的检验工具,如衡具、量具等,并检测准确。

(5) 资料准备。

仓库员对货物入库所需的各种报表、单证、记录簿,如入库记录、理货检验记录、料卡、残损单等,按要求准备妥当,以备使用。

二 货位安排

(1) 货位规划。

货位是指储存物品在仓库中具体存放的位置。货位规划要充分满足货物的保管要求和作业方便。具体地说,货位安排应该注意以下几项规则。

① 根据货物的货量、尺度、特性、保管要求选择货位。应当根据储存物品存量的多少,比较准确地确定每种物品所需的货位大小及数量;货位尺度与货物尺度要匹配;为了避免物品在储存过程中相互影响,应注意货物之间的忌装问题,性质相同或者保管条件相近的物品可以集中存放,并且货位的通风、光照、温湿度、排水、防风、防雨等条件应该满足货物保管的需要。

②根据物品周转情况安排货位。货位规划应遵循先进先出的原则。为便于搬运,提高作业效率,在安排快进快出的货物货位时,应尽可能安排在靠近出入口或专用线的位置,以加速作业和缩短搬运距离。

③根据存储物品的作业要求合理选择货位。对于重大件物品,货位的选择首先应考虑装卸机械作业是否方便。对于使用货架存放的货物,应根据具体情况来合理选择货位,安排的货位应该尽可能地保证搬运、堆垛、上架的作业方便,要有足够的作业场地。

④作业分布均匀。货位的安排应尽可能避免在仓库内或同一作业线路上有多项作业同时进行,以免互相妨碍。

⑤建立储备货位。在规划货位时,应该注意物品进出仓库的不平衡性,因此要保留一定的储备货位,以便当物品大量入库时可以调剂货位的使用,合理使用货位。

(2) 货位布置方式。

露天货物的货位布置,一般为货垛与主要作业通道成垂直方向。

库房货位布置的方式主要有以下三种:

①横列式。货垛(货架)与库房的宽向平行排列。

②纵列式。货垛(货架)与库房的宽向垂直排列。

③混合式。同一个库房里横列式排列货垛和纵列式排列货垛同时存在。

(3) 货位使用方式。

在实践中,仓库货位的使用主要有三种方式:

①固定货物的货位。货位只用于存放确定的货物,属于定位存放。货位具有固定用途,这种货位规划有利于提高货物保管质量,同时便于查找货物。但是,当特定的货源不稳定时,这种定位存放方式的仓容利用率相对较低。固定货物的货位存放方式主要适用于有相对长期稳定货源的仓储作业。

②不固定货物的货位。不固定货物的货位储存方式是指仓库内的货物储存可以任意存放在有空的货位上。不固定货位有利于提高仓容利用率,但在作业上不便于查找和管理。通常,不固定货物的货位适用于货物保管时间极短、周转速度极快的流通仓库。

③分区分类固定货物的货位。分区分类固定货物的货位是指对货位进行分区分片,同一区内只存放一类货物,同一类货物在同一区内的货位则采用不固定使用的方式。这种方式不仅有利于货物保管,而且查找方便,仓容利用率也可以提高。国内外大多数储存仓库都使用这种方式。

(4) 货位编号。

货位编号就是将物品存放场所按照位置的排列,采用规定的货位编号方法,对每个货位进行编号,以便提高存取货物的速度。

货位编号通常采用四号(位)定位法。例如,在仓库四号定位法中,四组数字依次代表仓库的编号、库门编号、库内柱子的编号、库内货位编号。

根据货位编号即可迅速地确定某种物品具体存放的位置。实行货位编号有利于提高作业效率、减少差错,同时,也有利于对仓储物品进行检查和监督。

三 仓储能力的确定

仓库储存货物时,在具体确定每个货位到底能储存多少某种物品时,要以该物品的单位仓容定额作为计算基础。单位仓容定额是指在一定的条件下,单位面积允许合理储存的货物的最高数量。在这里,"一定的条件"主要是指仓储管理水平,作业的机械化程度,仓库地坪的负荷量,存储货物本身的性质、特点及形状、质量等。在实践中,单位仓容定额通常是由库场单位面积技术定额和货物单位面积堆存定额两项指标取最小值来确定的。单位面积技术定额是指库场地面设计和建造所达到的强度。货物单位面积堆存定额一般是由货物本身的性质及其包装强度所确定的。

四 物品验收入库

物品验收是按照验收业务作业流程、核对凭证等规定的程序和手续,对入库物品进行数量和质量检验的经济技术活动的总称。所有到库物品,在入库前必须进行检验,验收合格后方可正式入库。

(1)物品查验方式。物品查验方式分为全验和抽验。

①全验。全验需要耗费大量的人力、物力和时间,检验成本高,但可以保证验收质量。在物品批量小、规格复杂、包装不整齐的情况下,可采用此法。数量和外观质量检验一般要求全验。

②抽验。物品质量和储运管理水平的提高以及数理统计的发展,为抽验方式提供了物质条件和理论依据。对于大批量、同包装、同规格、信誉较高的存货单位的物品可采用抽验的方式检验。但在抽验中发现问题较多时,应扩大抽验范围,直至全验。

(2)物品检验。

①数量检验。数量检验一般包括称重、计件、检尺求积等过程。

a. 称重,即对以质量为计量单位的物品,在数量检验时进行称重,所有经数量检验的物品都应填写数量检验单。

b. 计件,即对以件数为单位的物品进行件数的理算。一般情况下,固定包装物的小件物品,如果外包装完好,则无须开包验数,进口物品按合同或惯例办事。

c. 检尺求积,即对以体积为计量单位的物品,先检尺、后求积所进行的数量检验,如木材、轻泡货物等,检尺求积的货物应根据实际检验结果填写数量检验单。

②质量检验。质量检验包括外观质量检验和内在质量检验。

其中,外观质量检验包括:

a. 包装检验。通过人的感觉器官,检查物品的外包装或装饰有无被撬开、开缝、污染、破损、水渍等不良情况,检查外包装的牢固程度。

b. 物品外观检验。对于无包装的物品,直接查看其表面,检查是否有撞击、变形、生锈、破碎等损害。

c. 物品的质量尺寸的检验。对入库物品的单件质量、货物尺度进行衡量和测量,确定货物的质量。

d. 标签、标志检验。检查物品是否具备标签、标志,是否完整、清晰,标签、标志与物品内容是否一致。

e. 气味、颜色、手感检验。对于某些特定的物品,必须通过物品的气味、颜色、手感来判定其是否新鲜,有无变质,是否有干涸、结块、融化等现象。

f. 开包检验。外观有缺陷的物品,有时可能影响其质量,当检验人员判定物品内容有受损可能时,就应该开包检验。开包检验必须有两人以上在场。检验后,根据实际情况及时封装或更换新包装,并印贴已验收的标志。

凡经过外观质量检验的物品都应填写检验记录单。

内在质量检验。内在质量检验是对物品内在质量和物理化学性质所进行的检验。对物品内在质量的检验要求有一定的技术支持和检验手段。由于目前大多数仓库都不具备这些条件,所以一般内在质量检验均由专业技术检验单位进行,经检验后出具检验报告。

(3) 验收中发现和处理问题。

对在物品检验过程中产生的问题,仓库管理部门应区别不同情况及时进行处理。同时,对在验收中存在问题和等待处理的物品,应该归类存放,妥善保管,避免混杂、丢失以及进一步损坏。

验收中常见的问题主要有:

① 数量方面存在的问题。

a. 数量发生短缺,但短缺的量在规定范围之内。这种情况下,仓库可按原数入账。

b. 数量发生短缺,但短缺的量超过规定范围。这种情况下,仓库应做好验收记录,填写验收单,交仓库主管部门会同货主向供货商进行交涉。

验收中,实际数量大于原发料量,此现象称为溢出。这种情况下,可由仓库主管部门向供货商退回多发数或补发货款。

② 质量方面存在的问题。

a. 凡物品不符合规定的质量标准时,仓库主管部门应及时向供货商办理退货、换货。

b. 凡物品规格与标准不符或物品规格错发时,仓库验收部门应将验收情况制成验收记录交仓库主管部门办理换货。

③ 物品资料方面存在的问题。

入库物品必须具备完整的入库单证,如入库通知单,订货合同副本,供货单位提供的材质证明书、装箱单、检验单、发货明细表以及承运单位的运单等资料。对于那些入库物品资料未到或资料不齐的货物,应及时向供货商索取。没有入库单证的物品,则应作为待检物品堆放在待验区,直到这些物品的相关资料到齐后再进行验收。

五 物品入库的交接手续

入库物品经仓库检验合格后,可由仓库管理部门经签收后入库,并留存相应单证。同时,仓库应在入库单证上生成该批货物的货位编号,以便仓库管理。验收过程中发现差错、破损等不良情况的物品,仓库必须在单证上详细注明情况,并由双方当事人签字,以便与供货方、承运方分清责任。

六 分拣作业

（1）分拣作业的基本过程。

分拣作业是仓库货运管理的核心环节。人工分拣作业通常有两种，即摘果法分拣和播种法分拣。分拣作业是在拣货信息指导下实现分拣。拣货作业人员根据客户订单要求，采用不同的拣选方法，从储存的货物中拣出用户所需物品。对于少量客户的订单要求，可以采取摘果法进行拣选。

分拣作业过程的组成环节是：

①拣货信息的产生。拣货作业是根据拣货信息进行的，拣货信息主要来源于客户的订单。拣货信息的传递可以采用纸面传递方式或电子拣货信息传递，如条码等。拣货作业根据拣货信息进行，这样可以实现快速拣货，并提高拣货作业的效率和准确性。

②搬运作业。当拣货作业产生的物品搬运不可避免时，缩短拣货过程中货物搬运距离是提高仓储货运作业效率的关键。

③拣选作业。无论是采用人工拣选还是自动拣选作业，拣选作业的内容都必须与拣货信息传递的指示一致。

④配装作业。当拣选作业完毕或在拣选作业过程中，均需要按客户的订单进行配装，目的是能正确且迅速地集合顾客所订购的物品，然后快速出货。

（2）拣货作业系统的布置。

拣货作业系统布置的原则是尽可能使拣选路线最短、作业效率最高，使进货、储存、拣货、出货的过程合理化。

拣货作业系统有以下几种布置模式：

①储存与拣货合一布置模式。储存与拣货合一布置模式是直接从储存区的货架上拣取物品的作业系统，有两面开放式货架和单面开放式货架这两种布置模式。

②储存与拣货分置的布置模式。储存与拣货分置的布置模式为储存作业和拣货作业在不同货架上进行。货物入库后，先储存在储存区或储存货架。拣货前，物品先从储存区或储存货架搬运到拣货架上，再从拣货架上拣取所需货物。

③电子标签拣选系统布置模式。在电子标签拣选系统布置模式中，通过计算机系统对拣选进行指令，实现拣选作业，故又称为电子标签拣货系统，如图4-7所示。

④自动拣选系统。自动拣选系统是采用扫描设备、计算机控制系统和条码等自动分拣技术的无人化分拣作业。

采用自动分拣系统可进一步提高分拣速度、提高分拣质量、降低分拣差错率、降低分拣成本、减轻分拣作业的劳动强度，如图4-8所示。

七 理货作业

（1）理货的作用。

理货作业是指对在库物品和已分拣的物品按客户订单的要求进行数量清点、内外质量检查、分类分拣等一系列作业过程。

理货的主要作用表现为：

①理货是进行物品保管、保养的基础。物品经过运输、装卸、搬运等环节后，不可避免地会发生包装损坏、标志脱落、污损等现象，这些问题都会影响到物品入库后的保管和保养。对于在库物品的保养和保管而言，理货作业能了解入库物品的实际状况，有针对性地对各类物品实行保管和保养。

图4-7　电子标签拣货系统

图4-8　自动拣选系统

②理货能够分清各方责任。在理货过程中发现的物品数量短缺、残损、规格不符、质量不合格等情况，做详细记录，这有助于分清各方责任并采取相应的对策。

③理货有利于物品的入库交接工作。在确认入库物品的数量和质量状况的前提下，通过理货作业，仓库理货人员可与供货方或承运方办理正式的货物交接手续。

(2) 理货作业的内容。

理货作业是仓储作业的重要工作，尤其在仓库配货和出货作业过程中，理货的重要性尤显突出。理货作业的好坏直接影响配货作业的好坏。

理货作业的具体内容有：

①入库物品进行数量和质量检验过程的理货作业。

②入库物品进行分拣分类过程的理货作业。

③入库物品安排货位过程的理货作业。

④入库物品的理货记录的编制。

⑤办理入库物品交接手续。

由理货人员与供货方、承运方办理交接手续，签署送货单或交接清单等相关单证，同时接受与入库物品相关的文件资料。

(3) 理货作业的方法。

①现场理货。对于入库物品，理货作业必须在送货入库的运输工具现场进行。对于出库物品，理货作业一般在配货现场和运输工具现场进行。

②当事人共同理货。理货作业时，必须送货方、承运方、仓库三方当事人都在场，以便当场明确各方责任。

③按订单或仓储合同的约定进行理货。理货作业时，应以订单或仓储合同所要求的内容作为理货标准，若无合同或单证约定的标准，则按照国家标准或行业标准理货。

④编制理货记录。理货作业中发生、发现的问题，理货人员应进行现场记录，编制相关的理货报告和单证，并要求供货人、承运人、责任人签署。理货人员理货完毕应该及时签署

对方提供的单据并进行交接。

理货过程的相关理货单据有：计数单、入库单、送货单或交接清单、现场记录。

八 配装作业

为了提高车辆的实载率,对不同客户的少量配送货物进行搭配装载就需要配装。通过配装作业可以大大提高送货水平并降低送货成本。

仓储货运管理的配装作业主要涉及货物的托盘装载技术、货物的集装化以及车辆货物的配装。

（1）托盘技术。托盘是一种重要的成组集装器具,托盘与叉车的共同使用,能使装卸机械化水平大幅度提高,也有效促进了物流水平的提高。

（2）集装技术。集装是将许多单件物品通过一定的技术措施,组合成尺寸规格相同、质量相近的大型标准化的组合体,这种大型的组合状态称为集装。集装的形态有网络、绳扣、笼车、集装箱等。

（3）车载货物的配装。车辆配装主要涉及车辆货位的安排、车辆载重和容积的有效利用以及选择最优的装车方案。为了充分利用运输车辆的容积和载重能力,并提高运输效率,在选择合理的配送路线和运力的前提下,可以将不同客户的货物组合配装在同一辆载货车上,并有效地进行混载与配装。

九 盘点作业

（1）盘点作业的目的和内容。

对在库的物品进行账目和数量上的清点作业,称之为盘点作业。

①盘点作业的主要目的。

a.核查实际库存数量。盘点可以查清实际库存数量,并通过盈亏调整使库存账面数量与实际库存数量一致。

b.计算企业资产的损益。库存物品总金额直接反映企业流动资产的使用情况,库存量过高,流动资金的正常运转将受到威胁,因此为了能准确地计算出企业实际损益,必须通过盘点。

c.发现物品管理中存在的问题。通过盘点查明盈亏的原因,发现作业与管理中存在的问题,并通过解决问题来改善作业流程和作业方式,提高人员素质和企业的管理水平。

②盘点作业的内容。

a.查数量。通过点数计数查明物品在库的实际数量,核对库存账面资料与实际库存数量是否一致。

b.查质量。检查在库物品质量有无变化,有无超过有效期和保质期,有无长期积压等现象,必要时还必须对物品进行技术检验。

c.查保管条件。检查保管条件是否与各种物品的保管要求相符合。

（2）盘点作业的步骤。

①盘点前的准备。盘点作业的事先准备工作是否充分,决定了盘点作业进行的顺利

程度。

②盘点时间的确定。一般来说,为保证账物相符,货物盘点次数越多越好,但盘点需投入人力、物力、财力,所以,合理的确定盘点时间非常必要。

③盘点的方法。因为不同现场对盘点的要求不同,盘点的方法也会有差异,为尽可能快速准确地完成盘点作业,必须根据实际需要确定盘点方法。盘点方法主要分为账面盘点、实物盘点和账物盘点。

④盘点人员的培训。盘点人员通常应进行培训,熟悉盘点现场、盘点物品以及正确填制表格和单证。

⑤盘点现场的清理。盘点现场即仓库的作业区域,盘点作业开始之前必须对其进行整理,以提高盘点作业的效率和盘点结果的准确性。

⑥盘点作业。盘点作业的关键是点数,由于手工点数工作强度极大,差错率较高,通常可采用条码进行盘点,以提高盘点的速度和精确性。

⑦查找盘点差异的原因。通过盘点发现账物不符,而且差异超过容许误差时,应立即追查产生差异的主要原因。

⑧盘点盘盈、盘亏的处理。差异原因查明后,应针对主要原因进行适当的调整与处理,至于呆滞品、废品、不良品减价的部分需与盘亏一并处理。

⑨盘点结果的评估检讨。通过对盘点结果的评估,可以查出作业和管理中存在的问题,并通过解决问题提高仓储管理水平,以减少仓储损失。

(3)盘点作业的方法。

①账面盘点法。通常,对在库的"次要"物品采用账面盘点的方法进行盘点。对"次要"物品平时采用账面盘点,一般一个月或一个季度等进行一次实物盘点。

②实物盘点法。通常,对在库的"重要"物品采用实物盘点的方法进行盘点。对"重要"物品每天或每周至少对实物清点一次。

③账物盘点。通常,对在库的"一般"物品采用账物盘点的方法进行盘点。如相对"重要"物品每天或每周至少对实物清点一次,而相对"次要"物品则采用账面盘点,一般一个月或一个季度等进行一次实物盘点。

✚ 出库作业

(1)催提。

催提是指仓库通过传真、电话、信件、EDI 等方式向提货人或存货人发出提货通知的行为。

催提工作应该在存货到期日的前一段时间进行。如果仓储合同中约定了催提时限,则应根据合同约定的期限催提;如果合同没有约定,仓库应该在合理的提前时间内催提,保证提货人有足够的准备时间。

(2)核单备货。

物品出库必须根据货主开出的提货单或物品调拨通知单等正式出库凭证进行,严禁无单或白条发料。仓库接到出库凭证后,应该由业务部门进行仔细审核。核对的主要内容包括:审核出库凭证上的印鉴是否齐全、相符,有无涂改,以判断其真实性、合法性;核对出库物品的品名、规格、型号、数量、收货单位、银行账号等具体项目;审核出库凭证的有效期。审核无误后,业务部门将出库凭证移交给仓库保管人员,保管员复核无误后,应该根据出库凭证备货。备货应遵循"先进先出、易霉易坏先出、不利保管先出"的原则。

备货的主要任务包括:

根据出库凭证所列货物的品名、规格、数量等要求备货。同时,要准备好随货出库的货物技术资料、合格证、质量检验书等资料。

检查和整理出库物品的包装及标志。出库物品的包装应符合运输方式的要求。发现残损、潮湿、松散的不良包装时,应该负责更换和加固处理。标志模糊或脱落的,要进行补刷或补贴。

有装箱、拼箱、改装等业务的仓库,在发货前,应根据货物的性质和运输部门的要求进行组合配装,准备各种包装材料、衬垫物以及刷写包装标志的各种用具和材料。

复核出库凭证所列物品名称、规格、包装、件数、质量等与实物是否相符。

最后,将出库物品搬运到备货区,以便及时装运。

(3)物品出库的形式。

①自提出库。自提即由收货人或其委托人持提货单或物品调拨通知单直接到仓库提货。

②送货出库。送货即为仓库保管部门根据货主提交的提货单或物品调拨通知单备货,然后把应发物品送交运输部门,送达收货单位。

③移库出库。移库即货主单位由于业务上的需要或保管条件的要求,将某批物品从A仓库转移到B仓库的一种发货形式。这对于A仓库来说是出库。仓库必须根据货主单位开出的正式移库单,给予办理移库手续。

④过户出库。过户即储存物品所有权的转移,物品不出库。仓库必须根据原存储户开出的正式过户凭证予以办理过户手续。

⑤取样。取样是指提货单位出于了解物品质量以及其他业务的需要,到仓库提取货样。仓库同样必须根据正式的取样凭证发出样品,并做好相应的账务处理。

(4)出库交接。

无论是哪一种出库方式,仓库都应该仔细核对提货凭证,认真核实提货人身份,避免出现多发货、错发货等情况。经全面复核无误后,即可办理清点交接手续。

仓库与运输部门或提货人的出库交接应在仓库现场办理交接手续,以此划清责任。运输部门则需根据货主指定的地点送货并办理交接手续,明确责任。在自提方式下,仓库发货人与提货人在仓库现场当场交接清楚,并办理签收手续。

(5)货损货差。

在仓库保管货物过程中发生的损耗,应将其损耗数量控制在仓储合同规定的合理范围之内。一般情况下,合理损耗应由货主单位承担,超过合理范围之外的损耗则应由仓储部门承担,并追究相关的责任人。如果是运输过程中发生的货损货差,则应由承运人负责赔偿。

技能训练

[技能训练目标]

(1)了解货运站仓库各种作业的流程;

(2)熟悉货运站仓库各种作业环节所使用的各种单据或报表;
(3)熟悉货运站仓库各种作业的操作。

[技能训练准备]
(1)学生参观货运站企业,并安排现场企业指导教师;
(2)任课教师可事先设计各类记录表格,制作实训报告书;
(3)学生准备参观的相关资料与设备(如照相机或摄像机等),完成货运站参观收集到的资料报告,教师统一评选。

[技能训练步骤]
(1)实地了解货运站的基本设施;
(2)实地了解出口拼箱货的积载与装箱,进口拼箱货的拆箱与保管等具体业务;
(3)聘请货运站工作人员介绍货运站集装箱货物种类、仓库内货位的设置、岗位设置情况和岗位职责以及管理规章制度;
(4)根据现场记录,整理实训报告。

[技能训练注意事项]
(1)实地参观,注意交通安全;
(2)在企业参观过程中,学生要严格遵守企业的各项规章制度,进入企业前先要进行课前教育。

思考练习

一、简答题

(1)简述集装箱码头货运站的业务管理。
(2)集装箱货运站的主要任务是什么?其管理要求有哪些?
(3)简述货运站拼箱货操作流程。
(4)简述货运站拼箱货操作流程。
(5)简述货运站管理的基本要求。

二、思考题

(1)集装箱货物装箱时,不同种类的货物分别有哪些装箱要求?
(2)在集装箱装箱过程中,需要考虑哪些因素?
(3)总结集装箱代理人主要工作以及其工作流程。

三、案例分析

茶叶装载集装箱串味

浙江省茶叶进出口公司在1987年10月委托浙江省钱塘对外贸易运输公司(以下简称钱塘外运)将750箱红茶从上海出口运往德国汉堡港。钱塘外运又转委托上海对外贸易运输公司(以下简称上海外运)代理出口。上海外运将红茶在上海装入三个6m(20ft)集装箱中,委托广州远洋运输公司(以下简称广州远洋)所属的船舶运往德国汉堡港。货到目的地,发现其中一个 6m(20ft) 集装箱内的 250 箱红茶串味变质,经中国保险公司在汉堡的代理人出具有关检验机构的检验报告,确定这 250 箱红茶受精萘气味污染。为此,该货物保险人浙江省保险公司(发下简称浙江人保)按保单赔偿了收货人损失 7476.63 英镑和 1881 德国马克,并取得了收货人签署的权益转让书。

浙江人保凭权益转让书先后向货物承运人广州远洋及上海外运追偿,但这两个公司均拒绝履行其赔偿责任。于是,浙江人保便向上海海事法院提起诉讼。广州远洋被列为第一被告,上海外运被列为第二被告。人保诉讼称,第一被告承运其承保的 750 箱红茶,由于提供了不洁集装箱,而第二被告作为装箱人未尽职责检查,致使茶叶串味污染,故要求两被告赔偿其遭受的全部经济损失和从赔付收货人时起至判决之日止的利息,并承担全部诉讼费用。

第一被告辩称,该提单项下集装箱运输条款为 FCL,即由发货人装箱、点数、铅封的整箱货运输。第一被告提供的集装箱应视为货物包装,箱体检查应属发货人的职责,而且污染原因不明,原告赔付收货人过于草率。对于非第一被告原因引起的损失,不负赔偿责任,并要求原告赔偿其因应诉而引起的经济损失。

第二被告辩称,发货人委托进行装箱作业,只对装箱过程负责,不对以后发生的损失负责。根据惯例,承运人应该提供清洁、干燥、无味的集装箱,而且法律并未规定需要对集装箱进行检查。对于不可预知的损失不承担赔偿责任。

本案经调查取证后,法院认为:汉堡的代理人出具的有关检验机构的报告认为,装在 HTMJ—50005420 集装箱内的 250 箱红茶受精萘气味污染。事后经有关单位查明,该集装箱上一航次装载的是精萘,本航次装载于该箱内的是 250 箱红茶,也就是说,红茶的串味与上一航次所装货物有关。汉堡的代理人出具的检验报告和事后在国内调查的事实是吻合的。据此,法院认定 HTMJ—5005420 集装箱上一航次残留的精萘气味是这一航次 250 箱红茶唯一的污染源。

根据国际惯例,集装箱应该清洁、干燥、无残留物、无前批货物留下的持久性气味。第一被告签署的提单适用于《海牙规则》规定,即承运人须在开航前和开航时尽到应尽的职责,使货舱、冷藏舱和该船装载货物的其他部分适于并能安全地收受、承运和保管货物。而且两被告双方在其航线的集装箱运输中亦有协议规定:第一被告应在船舶受载前五天,在港区的堆场提供清洁、干燥、无味、完整的空箱交至第二被告的运送车上。根据国内常规,承运人亦应保证提供适载的集装箱。第一被告以 FCL 条件之下的集装箱应视为货物包装的观点,在本案中过于牵强,应视为《海牙规则》中表述的该船装载货物的其他部分较为妥当。因此,法院认为第一被告作为提供集装箱的承运人,明知发货人托运的是极易串味的茶叶,却将残留有上一航次货物气味的不适载集装箱发给发货人装箱,犯有疏忽大意的过错。按照我国《民法通则》,应该承担茶叶损失的赔偿责任。

法院同时还认为,第二被告全权代理发货人发货、点数、装箱、铅封。尽管目前商检局还未明文规定对装茶叶的集装箱实施法定检验,但是国家商检总局制定的《集装箱检验办法》第五条规定,"除法定商检外,对外贸易关系人可根据需要向所在地区商检机构申请办理集装箱货物装箱、拆箱检验",检验项目包括集装箱适载条件、清洁情况等单项鉴定。第二被告明知对于集装箱的检验应是他作为发货人代理的职责,但本航次茶叶装箱前,第二被告却没有申请商检,这只能认为其对装货的集装箱的适载性有充分的把握。根据中远提单背面条款第十二条规定,托运人装箱的集装箱,当货方在装箱或装载之时,或之前进行适当的检验便可明显发现的集装箱的适货性或条件欠缺,托运人应该负责。尽管本案发生时,我国对集装箱货物装载还没有明确的管理法规,然而参照我国目前制定的有关规定,承运人应向装箱人提供技术状况良好的集装箱,装箱人在装箱前应该认真检查箱体,不能保证货物安全的集装箱不得使用。集装箱交接标准是:空箱、箱体完好、水密、无漏光、清洁、干燥、无味、箱号及装载规范清晰。本案中产生污染是由于没有彻底清除集装箱内的残留精萘气味。精萘是一种有毒的化学工业品,其散发的刺激气味是明显的。经过一个多月的航行周期,货物到汉堡港时还散发出浓重气味。法院据此认为,第二被告作为装箱、铅封的发货人代理,在装箱前没有尽到认真检查箱体的责任,犯有过于自信或疏忽大意的过错,亦应承担本案货损的赔偿责任。

综上所述,首先是第一被告违背有关规定和国际惯例,疏忽大意提供了不适货的集装箱,使污染成为可能;其次是第二被告未能按照常规认真检查箱体,疏忽大意或过于自信使污染成为事实。据此,法院判决第一被告与第二被告应分别承担60%与40%赔偿责任:

(1)第一被告赔偿原告4485.98英镑,1128.60德国马克,以及利息损失2025.53英镑,303.10德国马克,并承担外汇人民币631.25元诉讼费。

(2)第二被告赔偿原告990.65英镑,752.40德国马克,以及利息损失1350.35英镑,202.06德国马克,并承担外汇人民币420.84元诉讼费。

分析:

1. 本案事故发生的时间问题

本案事故发生在《上海口岸国际集装箱货物装载管理办法》(以下简称"管理办法")发布以前。尽管我国当时对国际集装箱货物装载还没有明确的管理法规,但法院是根据国际惯例和承运人与装箱人之间的有关协议,判决供箱人负60%责任,装箱人负40%责任的。现"管理办法"已由上海口岸管理委员会正式颁发。该"管理办法"第一条规定:"供箱人应提供用箱人所需要的,并能适合货物装载、运输的集装箱。如货物的灭失、损失系由供箱人所提供的集装箱不适合装载、运输货物所致,该货物的灭失、损害则由供箱人负责赔偿。"第四条又规定:"装箱人如发现箱子不适合装载、运输货物时,则应拒装,并将此情况立即通知供箱人。供箱人、装箱人有责任保证货物出运前的前提下继续提供适合货物装载运输的箱子。但如装箱人继续使用该不适合装载、运输货物的箱子,或未能及时通知供箱人、运箱人的过失引起货物的灭失、损害,该货物的灭失、损害则由装箱人负责。"该"管理办法"进一步明确了供箱人和装箱人的各自职责,并且从条文上看,装箱人的责任进一步加大。如果本案发生在"管理办法"发布以后,装箱人较之供箱人应该承担较大的赔偿责任。

2. 从本案得出的启示

大多数出口货物以FCL集装箱运输方式出运,因集装箱有洞或有异味造成货损的索赔情况经常发生,因此装箱前,装箱人必须对集装箱认真进行检查,发现集装箱不适合装载,应及时向有关方交涉,否则有可能给装箱人带来许多风险。当然,集装箱供箱人和运箱人也应严格把好集装箱箱体质量关。

(1) 有关责任方应实事求是处理索赔案件。本案茶叶串味污染损失,责任方应该说是比较明确的。但浙江人保向广州远洋和上海外运追偿时,两者互相推诿,以致浙江人保只能向法院起诉。如果当时责任方承认责任,实事求是地与浙江人保友好协商,可能结果会好一些。

(2) 集装箱经营人或装箱人应向保险公司投保责任险。而集装箱运输风险比较特殊,有时集装箱运输的经营人或装箱人承担大数额的赔偿责任风险。这就有必要通过保险的形式转换风险,即平时以固定的、少量的保险费换取可能发生的大额责任赔偿的保障。这样有利于集装箱经营人或装箱人的经济核算和业务的稳定,同时也有利于提高自己的对外信誉。

集装箱货物装载运输管理是一环扣一环的,是一项复杂的社会系统工程,这需要各有关方密切配合,共同来把好质量关。

问题:

(1) 本案发生的主要原因是什么?

(2) 本案当事人在业务中各应注意哪些问题?

任务五　保税港区物流业务

内容简介

保税港区是自由港在我国的特殊形式,是指经国务院批准,设立在国家对外开放的口岸港区和与之相连的特定区域内,具有口岸、物流、加工等功能的海关特殊监管区域。

2005年12月11日我国第一个保税港区——洋山保税港区正式启用。截至2010年,国务院共批准设立了上海洋山、天津东疆、大连大窑湾、海南洋浦、宁波梅山、广西钦州、厦门海沧、青岛前湾、深圳前海湾、广州南沙、重庆两路寸滩、江苏张家港、烟台保税港区、福州保税港区14个保税港区。保税港区享受保税区、出口加工区、保税物流园区相关的税收和外汇管理政策,主要为:国外货物入港区保税;货物出港区进入国内销售按货物进口的有关规定办理报关,保税港区叠加了保税区和出口加工区税收和外汇政策,在区位、功能和政策上优势更明显,从本质上来说,是新形势下我国真正意义上实行"港口与保税港区自然特殊监管区合一"运作,成为继保税区之后最为特殊的外向型经济区域。本部分的主要学习内容是了解保税港区的概念、特点,掌握保税港区与其他海关监管区域的差异;了解国家对保税港区的管理规定;理解海关对保税港区物流的监管要求。

教学目标

1.知识目标
(1)了解保税和保税货物的概念;
(2)掌握保税港区的概念和特点;
(3)理解保税港区与其他海关监管区域的差异;
(4)了解海关对保税港区物流的监管要求。
2.技能目标
(1)能列举保税港区的主要功能;
(2)能列举保税货物的特点;
(3)能根据货物流向确定相应的海关监管要求。

案例导入

我国第一个内陆地区的保税港区正式验收

2011年11月14日,重庆保税港区(二期)通过海关总署等国家11部委正式验收。这意味着我国内陆首个保税港区——重庆两路寸滩保税港区,历经三年建设,宣告全面建成。保税港区将和西永综合保税区一道,成为重庆内陆开放的核心竞争力,极大地推动重庆市内陆开放高地建设的进程。

重庆距离纽约逾 6000km,距离伦敦约 3000km,即便是到上海和北京,其距离也在 2000km 以上。位置上的距离谁也不能改变,但经贸"距离"却可人为改变。

2008 年 11 月,经国务院批准,国内开放度最高、内陆唯一的保税港区——重庆两路寸滩保税港区设立。港区面积 8.37km^2,也是第一个"水港+空港"的双功能保税港区。"等于把边境直接'挪'到了重庆",重庆市委常委、常务副市长说。这让重庆真正实现了通关零距离,对于重庆而言,仿佛就从那一刻起,世界"变平"了。

重庆发展经济最大的问题在于物流成本居高不下。相对沿海省市发展开放型经济而言,重庆先天不足。据重庆海关调查,重庆企业运输一个 6m(20ft)的标准集装箱到上海出关,通过高速公路,运费要 2 万元左右;通过铁路运输,需要 6000 元左右;通过长江水运,需要 3000 元左右。而若是上海企业运输,这笔费用就几乎等于零。此外,重庆企业付出的时间成本也是沿海城市不可想象的。就出口退税而言,因为之前不甚便捷,西部企业从出口到拿到退税需一个月甚至更多。如果出现税率调整,巨大的时间差,会让不少企业错过机会甚至因此吃亏。

重庆两路寸滩保税港区依托枢纽口岸寸滩和江北国际机场连成一个有机整体,是我国目前唯一一个叠加了航空运输辐射面广、水陆运输费用较低两大优势的内陆保税港区,这对探索在内陆地区开展国际配送、国际采购、国际中转业务、承接加工贸易、梯度转移、加快内陆开放具有积极的示范作用。同时,设立重庆保税港区,将使重庆成为西部企业实施"引进来"的大通道和"走出去"的桥头堡,增强重庆在整个西部地区的经济辐射带动作用,加快内陆地区的开放步伐。

引导思路

(1)保税港区与保税仓库、保税区、保税物流园区的主要功能有什么不同?
(2)我国保税港区与国外的自由港相比还存在哪些差距?

项目一 保税港区的认知

(1)利用网络或其他途径,收集我国保税物流发展的历程;
(2)利用网络或其他途径,收集我国保税港区相关资料,归纳保税港区的特点;
(3)分小组讨论保税港区与其他海关监管区域的差异。

可采用讲授、情境教学、案例教学和分组讨论等方法。

教学内容

[情境设置]

小明参加了学校组织的暑期社会实践活动,到宁波梅山保税港区进行了两天的参观学习。宁波梅山保税港区是继上海洋山、天津东疆、大连大窑湾、海南洋浦之后的第五个保税港区，占地面积 $7.7km^2$，2010 年 6 月通过国务院联合验收组的正式封关验收，是浙江省深化对外开放、发展海洋经济和实施"港航强省"战略的先导先行区，具有国际中转、配送、采购、转口贸易和出口加工等业务功能。回校后，小明就一直在思考：保税港区与保税仓库、保税区、保税物流园区有什么异同？近些年保税港区为什么发展得这么迅速？它有什么优势？

[相关理论知识]

保税港区是具有中国特色的自由港，是目前我国开放层次高、政策优惠多、功能齐全、通关便捷、运行规则基本与国际接轨的特殊监管区域，在形式上最接近自由港的海关特殊监管区域。改革开放以来，我国在天津、大连、深圳、上海、张家港、广州、厦门、宁波、青岛等沿海开放城市已建立了一批保税区和保税物流园区。国家对保税区在关税、财政、金融、贸易等方面实行了特殊政策，保税区已成为各地区经济发展的增长点、吸引外商投资的热土。而保税港区将港口的物流功能和保税区的特殊政策完美结合，实行出口加工区、保税区和港区的"三区合一"，更能充分发挥区位优势和政策优势。保税港将成为沟通国际、国内两个市场的重要桥梁，其物流功能和优惠政策既可为外商进入中国市场创造条件，也为国内企业参与国际市场竞争架起便捷的桥梁，促进进出口贸易、转口贸易、出口加工业等的发展。设立保税港区对我国经济和对外贸易的发展意义非凡。

一 保税货物及其监管模式

1. 保税货物的概念和特点

保税货物是指经海关批准未办理纳税手续进境，在境内储存、加工、装配后，复运出境的货物。根据《海关法》规定，保税货物分成两类，在境内加工、装配后复运出境的保税加工货物和在境内储存后复运出境（含对所存货物开展流通性简单加工和增值服务）的保税物流货物。本任务中的保税货物主要指保税物流货物。

从上述规定可以发现，保税货物是进口货物的一种，但与一般进口货物有着严格的区别。从海关监管时间上看，一般进口货物的海关监管，自货物进境时起，到办结海关手续、海关放行止；一般出口货物的海关监管，自货物申报时起，到海关放行、出境止；保税货物的海关监管空间则是货物进境、在口岸海关监管场所申报后，海关放行、收货人提取，在海关持续监管之下，直到货物储存、加工、装配、出口或内销。所以，保税货物具有以下几个特点：

（1）特定的程序。保税货物的进口必须经海关依法审核批准。

（2）暂缓纳税。经批准的保税货物，进境时暂缓缴纳进口关税及进口环节海关代征税，复运出境免税；内销时应缴纳进口关税和进口环节海关代征税。保税货物未办纳税手续进境，属于暂缓纳税，而不是免税。

（3）免交许可证件。保税货物进出境时，除国家另有规定外，免予交验进出口许可证件。

（4）复运出境。复运出境是构成保税货物的重要前提。从法律上讲，保税货物未按一般货物办理进口和纳税手续，因此，保税货物必须以原状或加工后产品复运出境，这既是海关对保税货物的监管原则,也是经营者必须履行的法律义务。保税货物如要转为内销,则必须经海关批准。

(5)现场放行但未结关。进境海关现场放行不是结关,进境后必须进入海关保税监管场所或特殊监管区域,运离这些场所或区域时必须办理结关手续。

2.保税货物的监管模式

保税物流的监管模式包括保税仓库、出口监管仓库、保税物流中心、保税区、保税物流园区、保税港区等形式。

①保税仓库。保税仓库是保税制度中应用最广泛的一种形式,是指经海关批准设立的专门存放保税货物及其他未办结海关手续货物的仓库。

按照使用对象不同,保税仓库分为公用型保税仓库、自用型保税仓库。

a.公用型保税仓库由主营仓储业务的中国境内独立企业法人经营,专门向社会提供保税仓储服务。

b.自用型保税仓库由特定的中国境内独立企业法人经营,仅存储供本企业自用的保税货物。

根据所存放货物的特定用途,在公用型和自用型下面还衍生出一种专用型保税仓库,即专门用来存储具有特定用途或特殊种类商品的保税仓库,如液体危险品保税仓库、备料保税仓库、寄售维修保税仓库和其他专用型保税仓库。

保税仓库功能单一,就是仓储,而且只能存放进境货物。

②出口监管仓库。出口监管仓库是指经海关批准设立,对已办结海关出口手续的货物进行存储、保税物流配送、提供流通性增值服务的海关专用监管仓库。

出口监管仓库功能也只是仓储,而且只能存放出口货物。

根据存放的货物特征,出口监管仓库可分出口配送型仓库和国内结转型仓库。前者存储以实际离境为目的的出口货物;后者存储用于国内结转的出口货物。

③保税物流中心。保税物流中心是指经海关批准,由中国境内一家法人经营,多家企业进入并从事保税仓储物流业务的海关监管场所。

保税物流中心的功能是保税仓库和出口监管仓库功能的叠加,既可以存放进口货物,也可以存放出口货物,还可以开展多项增值服务。

④保税区。保税区是指经国务院批准,在中华人民共和国境内设立的由海关进行监管的特定区域。

保税区具有出口加工、转口贸易、商品展示、仓储运输等功能。

⑤保税物流园区。保税物流园区是指经国务院批准,在保税区规划面积或者毗邻保税区的特定港区内设立的、专门发展现代国际物流业的海关特殊监管区域。

保税物流园区实行保税区及出口加工区叠加政策,可以开展多种保税物流业务,具体项目有:存储进出口货物及其他未办结海关手续货物;对所存货物开展流通性简单加工和增值服务;进出口贸易,包括转口贸易;国际采购、分销和配送;国际中转;检测、维修;商品展示;经海关批准的其他国际物流业务。各种监管形式下的保税物流货物的管理要点比较如表5-1所示。

各种监管形式下的保税物流货物的管理要点比较　　　　　表 5-1

监管场所/区域名称	存货范围	储存期限	服务功能	注册资本（不低于）	面积（不低于）		审批权限	入区退税	备注
					东部	中西部			
保税仓库	进口	1年+1年	储存	300万元人民币	公用/维修 2000㎡ 液体 5000㎥		直属海关	否	按月报核
出口监管仓库	出口①	半年+半年	储存/出口配送/国内结转		配送 5000㎡ 结转 1000㎡		直属海关	否②	退还货物先入后出
保税物流中心	进出口	2年+1年	储存/全球采购配送/国内结转/转口/中转③	5000万元人民币	100000㎡	50000㎡	海关总署	是	—
保税区	进出口	无期限	物流园区功能+维修/加工	—	—	—	国务院	否	离境退税
保税物流园区	进出口	无期限	储存/国际转口贸易/全球采购配送/中转/展示				国务院	是	按年报核
保税港区	进出口	无期限	保税区功能/港口功能				国务院	是	—

注：①出口配送型仓库可以存放为拼装出口货物而进口的货物。
②经批准享受入仓即退税政策的除外。
③保税物流中心的经营者不得开展物流业务。

二 保税物流的特点

保税物流是指经营者经海关批准，将未办结纳税手续进境的货物从供应地到需求地实施空间位移的服务性经营行为，包括进口货物在口岸与海关特殊监管区域、海关保税监管场所之间或在海关特殊监管区域与海关保税监管场所的内部和这些区域、场所之间，以及境内区外出口货物与海关特殊监管区域、海关保税监管场所之间的流转。

保税物流是物流分类中的一种，符合物流科学的普遍规律，但同时具有不同于其他物流类别的典型特点。

1. 系统边界交叉

国内物流的边界是从国内的任意地点到口岸（装运港），国际物流的边界为从一国的装运港（港口、机场、场站）到另一国的目的港。保税物流货物在地理上是在一国的境内（领土），从移动的范围来看应属于国内物流，但保税物流也具有明显的国际物流的特点，例如保税区、保税物流中心及区港联动都是"境内关外"的性质，所以可以认为保税物流是国际物流与国内物流的接力区。

2. 物流要素扩大化

物流的要素一般包括运输、仓储、信息服务、配送等，而保税物流除了具有这些基本物流要素之外，还包括了海关监管、口岸、保税、报关、退税等关键要素，各要素紧密结合构成完整的保税物流体系。

3. 线性管理

一般贸易货物的通关基本程序包括申报、查验、征税、放行，是"点式"的管理；保税货物是从入境、储存或加工到复运出口的全过程，货物入关是起点，核销结案是终点，不仅有地点上的延伸，还有时间上的延伸，是一个"线性"的管理过程。

4. 瓶颈性

在海关的监管下进行物流运作是保税物流不同于其他物流的本质所在。海关为了达到监管的效力,采用严格的流程、复杂的手续、较高的抽查率是必不可少的,但这与现代物流便捷化、高效率、低成本的运作要求相悖,物流效率与海关监管效率之间存在"二律背反",在保税需求日益增长的情况下,海关的监管效率成为保税物流系统效率的"瓶颈"。

5. 平台性

保税物流是加工贸易企业的供应物流末端,是销售物流的始端,甚至包括了生产物流(如VMI)。保税物流的运作效率直接关系到企业正常生产与供应链正常运作,构建通畅、高效率的保税物流系统,是海关、政府其他相关部门、物流企业、口岸等高效协作的结果。完善的政策体系、一体化的综合物流服务平台必不可少,例如集成商品流、资金流、信息流的物流中心将是保税物流的主要模式之一。

三 保税港区的认知

1. 保税港区的概念

保税港区是经国务院批准设立的,在港口作业区和与之相连的特定区域内,集港口作业、物流和加工为一体,具有口岸功能的海关特殊监管区域。

保税港区的主要功能是国际中转、配送、采购、转口贸易、出口加工等。具体地说,保税港区包括仓储物流,对外贸易,国际采购、分销和配送,国际中转,检测和售后服务维修,商品展示,研发、加工、制造,港口作业及经海关批准的其他业务九项功能。

保税港区享受保税区、出口加工区、保税物流园区相关的税收和外汇管理政策。主要为:国外货物入港区保税;货物出港区进入国内销售,按货物进口的有关规定办理报关,并按货物实际状态征税;国内货物入港区视同出口,实行退税;港区内企业之间的货物交易不征增值税和消费税。保税港区的主要功能如图5-1所示。

2. 保税港区的优势

保税港区是我国对外开放过程中,从最初级的保税制度到保税加工、特殊监管区域发展起来的,是目前我国开放层次高、政策优惠多、功能齐全的特殊区域。从发展形态上讲,保税港区是保税经济区域的高级形态;从功能上讲,保税港区叠加了保税区、出口加工区、保税物流园区各项功能政策;从发展趋向上讲,保税港区是未来我国建设自由贸易区的先行实验区;从运作模式上讲,保税港区实现了保税区域与港口的实质联动。

(1)税收方面。从境外进入保税港区的货物,海关按照有关规定予以保税,或者免征关税和进口环节税;从保税港区运往境外的货物,免征出口关税;从保税港区进入国内的货物,按照货物进口的有关规定办理报关手续,并按照货物实际状态征收关税和进口环节税;保税港区企业生产的供区内销售或者运往境外的产品,免征相应的增值税和消费税;保税港区企业之间的货物交易,不征收增值税和消费税;国内货物进入保税港区视同出口,按照规定实行退税。

(2)监管方面。保税港区内的货物可以自由流转;对在保税港区与境外之间进出的货物,不实行进出口许可证件管理;对诚信等级高的企业所申报的危险货物,可视为内陆直接装船,不再开箱查验;对境外进入保税港区的货物,检验检疫部门只检疫不检验;对进入保税港区的国际航行船舶,实施电讯检疫或者码头检疫,一般不再实施锚地检疫。

(3)管理要求。保税港区实行封闭管理,港区和陆地区域参照出口加工区的标准建设隔离监管设施,货物和车辆通过通道时要有必要的监管设施和监管措施,并采取有效措施保证社会车辆通过通道。当地人民政府要严格按照土地利用总体规划确定具体位置,严格控制规划用地面积,依法履行用地报批手续,并拟订保税港区建设实施方案。实施方案经海关总署会同有关部门审核同意后,由当地人民政府组织隔离监管设施的建设,待条件具备后,由海关总署会同有关部门按照出口加工区的建设标准联合验收。

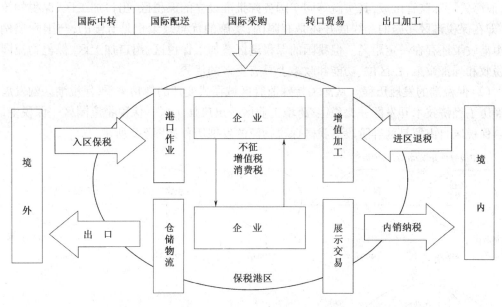

图 5-1　保税港区主要功能示意图

3.我国保税港区发展历程

(1)自由港与我国保税港。保税港是具有中国特色的自由港,它划在我国关境之外,全部或绝大部分外国商品可以免税进出港口,还可以在港区内自由改装、加工、长期储存或销售,但须遵守我国的有关政策和法令。开辟自由港可以扩大转口贸易,并从中获得各种贸易费用,扩大外汇收入。自由港的基本管理模式是"一线放开,二线管住,区内不干预",表现为"四大自由":贸易自由,即没有贸易限制;金融自由,即外币自由兑换,资金自由转移和经营;投资自由,即没有行业限制;运输自由,货物进出装卸自由,即免办海关手续,船员可自由登岸等。目前世界上有几百个自由港,如德国的汉堡港、不来梅港;日本的长崎港、新潟港;韩国的釜山港、光阳。其中,比较著名的有我国的香港港、新加坡港、鹿特丹港、贝鲁特港、汉堡港、巴拿马港等 20 多个保税港。

相比国外的自由港,我国的保税港区与之还存在一定的差距,主要体现在:

①区域性质:国外自由港是属于海关管辖区之外的特殊区域,真正实现了"境内关外"。而我国保税港区虽然就进出口税收而言处于关外,但在海关管理等诸多方面仍未真正实现"境内关外",而只是具有口岸功能的海关特殊监管区域。

②自由度:国外自由港提供自由和便捷的管理措施,贯穿于从货物装卸到运输再到转运的整个过程。而我国对一线货物仍然备案管理,对保税港区的管理实际上仍旧是一线、二

线、区内三重管理。

③管理体制:国外自由港的设立国一般都设立专门机构,负责对自由港实行宏观经济管理与协调,管理较具权威性。而我国保税港区的管理更多地体现为地方政府的管理。

④信用度:国外自由港海关对港区内企业充分信任或者以充分信任为前提,一般实行单证管理。而我国海关对保税港区货物实行单证与货物监管同步,仍然追求事前管理。

可见,目前我国的保税港区并不是国际上公认的自由港,而是国家海关政策的完善与试点,而海关特殊监管区域,其实就等同于国务院批准设立的保税区、出口加工区、保税物流园区,即在保税港区实施的一线放开还是有限的,实施的优惠政策也是有限的,与国际惯例的自由港政策还存在一定距离。但我国的保税港区叠加了保税区、出口加工区、保税物流园区的税收和外汇政策,在区位、功能和政策上具有更多的优势。

(2)保税港的发展历程。从海关特殊监管区域模式变迁的视角来看,保税港区的发展主要经历了经济技术开发区—保税区/跨境工业区—出口加工区—保税物流园区—保税港区/综合保税区自由贸易区等阶段。我国保税物流的发展历程如图5-2所示。

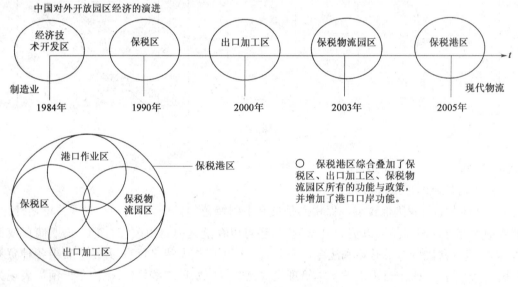

图5-2 我国保税物流的发展历程

上海自由贸易区是在上海外高桥保税区、外高桥保税物流园区、洋山保税港区和上海浦东机场四个保税区的基础上建立的,但并不是保税区的简单整合,不再侧重于一般的货物贸易,也不是一般的加工贸易的培育,而是要突破现有条框,强调贸易和投资的自由化,推进服务贸易领域、金融领域、航运领域的功能拓展,实现从原先的"O"形监管方式,向真正的区内自由的"U"形管理模式转变。

①上海洋山港保税港区。洋山港保税港区是经国务院批准设立的国内首个保税港区,2005年11月底通过国家有关部委的联合验收,同年12月5日正式启用。保税港区由小洋山港口区域、芦潮港陆上区域和连接小洋山岛与陆地的东海大桥组成,规划面积8.14km^2,首期封关运作面积为7.2km^2,是上海市和浙江省跨省市合作建设、实行海关特殊监管的区域,是实行港口和保税区、出口加工区、保税物流园区功能合一的运作模式创新区。

保税港区的小洋山港口区域,也是集装箱深水港码头作业区域,位于杭州湾口东海海上的崎岖列岛,距南汇芦潮港 27.5km,离国际航线 104km,具备 15m 以上的水深条件。现在的洋山深水港区北港区建成集装箱专用泊位 16 个,集装箱泊位最大水深达 17.5m,岸线全长 5.6km,设计年吞吐能力为 930 万 TEU,在连成一片的 5.6km 的码头上,整齐地耸立着 60 台集装箱桥吊,平均不到 100m 就有一台。其中,3 个 10 万~15 万吨级深水泊位,配置了 12 台桥吊、40 台轮胎吊,其中 6 台桥吊是振华港机自主研发的世界最先进双 40 英尺双起升桥吊,可装卸目前世界上最大的超巴拿马型集装箱船。2011 年完成集装箱吞吐量 1300 万 TEU,为上海港 2011 年集装箱吞吐量突破 3000 万 TEU、蝉联世界港口集装箱吞吐量冠军做出了巨大贡献,深水大港的优势正日益发挥出来。目前,上海小洋山港保税港区已经启动设计年吞吐能力达 700 万 TEU 的西港区建设工程,预计 2013 年全面建成。

保税港区陆域部分位于南汇芦潮港地区的东海大桥的登陆点附近,紧邻临港新城主城区和临港重装备产业区。主要规划开发和建设查验、港口辅助区、仓储配送区、集拼中转区、加工制造区、商贸展示区等功能区域,将逐步形成集装箱港口增值、进出口贸易、加工制造、保税物流、采购配送、航运服务等产业和服务功能。区域周围还有临港非保税物流园区、铁路中心编组站、集装箱内河转运区、危险品仓储区等其他物流运作区。

根据国务院对设立洋山保税港区的功能定位,保税港区将主要发展集装箱港口运输服务、国际中转、配送、采购、转口贸易和出口加工等业务。同时,也将积极拓展区域功能,大力培育国际航运市场服务以及为物流和制造业提供支持和配套的其他各类业务。

②天津东疆保税港区。天津东疆保税港区是继上海洋山保税港区后,国务院批准设立的第二个保税港区,也是目前我国面积最大的保税港区。东疆港区位于天津港东北部,为浅海滩涂人工造陆形成的三面环海半岛式港区,面积 30km²。东疆港区具有独特的区位优势,毗邻天津开发区、保税区,三面环海,一面与陆地相通,港区内两条货运干道和两条客运干道既充分保证了集疏运交通的需要,又实现了客货运交通的分离。港区内规划为码头作业区、物流加工区、综合配套服务区三大区域。其中,物流加工区和码头作业区的一部分将建设成为保税港区,国务院批复同意设立天津东疆保税港区,规划建设面积为 10km²。东疆保税港区将按照国际枢纽港、自由港及自由贸易区的运作模式和惯例,重点发展国际中转、国际配送、国际采购、国际转口贸易和出口加工等业务,实行国外货物入港保税,国内货物入港退税,港内加工产品不征收增值税,港内货物自由流通并不征收增值税和消费税等政策。在税收、外汇、船舶及人员等方面实行更为开放的管理模式和政策。

③大连大窑湾保税港区。大窑湾保税港区 2006 年 8 月 31 日经国务院批准设立,规划面积 6.88km²,将建设成东北亚资源性商品集散地,是东北亚重要国际航运中心的核心功能区。保税港区涵盖大连保税物流园及大窑湾区域集团所属的集装箱、汽车码头等多个专业化码头,具备港口、物流、加工和展示 4 大功能,可以全面发展港口作业、国际中转、国际配送、国际采购、转口贸易、出口加工、展示 7 个方面的业务,并拓展金融贸易、信用保险等相关功能。

④海南洋浦保税港区。洋浦保税港区规划建设面积 9.2063km²。保税港区按照"统一规划、一次报批、分步实施、分级验收"的原则,分三期进行建设。保税港区主要规划为港口作业区、仓储物流中转区、出口加工区和研发加工制造区 4 个基本功能区。其发展定位是,建成环北部湾地区面向东南亚最为开放的航运中心和石油、天然气、化工原料、浆纸、纸制

品、公共货物保税仓储、中转交易的物流中心以及化工下游产品出口加工基地。

洋浦保税港区将建成我国南部地区以石油为主要业务的国际性航运和物流中心,国际市场辐射到东南亚及东北亚,将发展成为具有较大规模的国际性石化产品出口加工基地。同时,洋浦保税港区将发展成为我国重要的浆纸及纸制品出口加工基地。

⑤宁波梅山保税港区。2008年2月24日,国务院批准设立宁波梅山保税港区,这是我国第五个保税港区。梅山保税港区位于宁波北仑区梅山岛,距离宁波市中心40km左右,规划建设面积7.7km^2,具有国际中转、配送、采购、转口贸易和出口加工等业务功能。保税港区按照"开放性、前瞻性、整合性"的要求,确定了"两带一心"的空间布局,即保税港区产业带、生活配套服务带、金融商贸核心,具体分成保税港区、增值服务区、国际商贸区、生活配套区和休闲旅游区五个功能区块。

梅山保税港区的发展目标是使宁波成为亚太地区重要国际门户城市的核心功能区,成为浙江深化对外开放、发展海洋经济和实施"港航强省"战略的先导先行区,成为长三角建设资源配置中心和上海国际航运中心的重要功能区,并具有国际中转、配送、采购、转口贸易和出口加工等业务功能。2010年6月通过国务院联合验收组的正式封关验收。

⑥广西钦州保税港区。钦州保税港区位于钦州市钦州港大榄坪作业区,规划面积为10km^2,是我国第六个保税港区,也是我国中西部地区唯一的保税港区。港区范围为:北至金光工业园启动区,西至钦州港10万吨进港航道,东至大环作业区后方陆域,南至大榄坪南作业区。

钦州保税港区的功能定位是成为广西北部湾经济区开放开发的核心平台,是中国和东盟合作及面向国际开发开放的区域性国际航运中心、物流中心和出口加工基地。钦州保税港区立足北部湾、服务大西南、面向东南亚,力争成为运行高效、功能完善、开放度高的,亚太地区重要的国际物流枢纽和资源配置枢纽。

⑦厦门海沧保税港区。2008年6月5日,国务院批准设立厦门海沧保税港区,规划面积9.5092km^2,成为我国第七个保税港区。该港区分成A、B、C三个区域,A区包括嵩屿港区、海沧港区1#~8#泊位及已建仓储物流园区;B区包括已建成的厦门海沧出口加工区;C区包括海沧港区14#~19#泊位港区。这三个地块以全封闭高架道路(地道)连接,形成封闭的统一监管区域。2010年1月通过国务院联合验收组的验收封关运作。

海沧保税港区集口岸、物流、加工三大功能于一体,主要开展集装箱港口运输装卸、货物的国际中转、国际配送、国际采购、国际转口贸易和出口加工业务,以及与国际航运配套的金融、保险、代理、理赔、检测等服务业务。保税港区按照海关"一线放开、二线管住、区内自由、入港退税"的监管原则,实行全域封闭化、信息化、集约化的监管,并且做到进口货物入港保税、出口货物入港退税,实现区港一体化,为港口作业、物流仓储、海铁联运、海陆联运、临港工业发展提供全方位的配套服务。

⑧青岛前湾保税港区。2008年9月27日,国务院正式批准建设青岛前湾保税港区,这是我国第八个保税港区,也是目前我国唯一一家按照"功能整合、政策叠加"要求,以保税区、保税物流园区及临近港口整合转型升级形成的保税港区。前湾保税港区位于胶州湾西海岸,规划面积9.72km^2,划分为码头作业、综合物流、国际物流、出口加工等四大功能区,其中码头作业区4.8km^2,已拥有集装箱专用泊位12个。保税港区具有港口作业、国际中转、国际配送、国际采购四大功能,主要开展集装箱拆拼、临港增值加工、物流仓储、集装箱国际中

转等业务,集保税区、保税物流园区、港口、出口加工区等优势于一体,实行全域封闭化、信息化、集约化监管。

前湾保税港区享受保税区、出口加工区相关的税收和外汇管理政策。国外货物入港区保税;货物出港区进入国内销售按国家有关规定办理报关手续,并按货物实际状态征税;国内货物入港区视同出口,实行退税;港区内企业之间的货物交易不征增值税和消费税。2009年9月实现封关运营。

⑨深圳前海湾保税港区。深圳前海湾保税港区于2008年10月18日获国务院正式批复同意设立,是我国第九个保税港区。前海湾保税港区位于深圳港西部港区,规划控制面积3.71209 km^2,其功能包括国际中转、配送、采购、转口贸易和出口加工等业务,同时享受保税区、出口加工区有关"国外货物入港区保税"等税收和外汇管理政策。2009年7月封关运作。

根据国务院的批复要求,该保税港区将实行封闭管理,并严格实施土地利用总体规划和深圳市城市总体规划,其不仅要按规定程序履行具体用地报批手续,而且要求拟订保税港区的开发实施方案和产业发展规划。此外,该港区将按照海关特殊监管区域有关规定组织保税港区隔离监管设施的建设。

⑩广州南沙保税港区。广州南沙保税港区于2008年10月18日经国务院批准设立。南沙保税港区位于广州市南沙区龙穴岛上,珠江出海口,内河水网四通八达,支线驳船基本可覆盖珠三角主要中小码头以及华南其他内陆港口。南沙保税港区设有码头作业区、物流仓储加工区、港口配套服务区等功能区,规划面积7.06 km^2。南沙保税港区实行封闭式管理,并按照海关特殊监管区域有关规定,组织保税港区隔离监管设施的建设。南沙保税港区享受的主要税收政策为:国外货物入港区保税;货物出港区进入国内销售按货物进口的有关规定办理报关手续,并按货物实际状态征税;国内货物入港区视同出口,实行退税;港区内企业之间的货物交易不征增值税和消费税。

⑪重庆两路寸滩保税港区。2008年11月12日,国务院批准设立重庆两路寸滩保税港区,面积8.37 km^2。这是我国第一个设立在内陆地区的保税港区,也是第一个"水港+空港"的双功能保税港区,其中,水港功能区面积6.00 km^2,空港功能区面积2.37 km^2。2010年5月通过国务院联合验收组的正式验收,封关运行。

两路寸滩保税港区功能定位于港口作业、空运服务、对外贸易、出口加工、商品展示、保税多式联运和金融商贸服务七大业务。战略定位为:充分发挥重庆区位优势,打造内陆地区政策最优、功能最齐全、开放程度最高的口岸和西部地区物流集散地,为长江流域和西部地区经济发展服务。

⑫张家港保税港区。2008年11月18日,张家港保税港区正式获得国务院批准设立,规划总面积4.1 km^2,是我国唯一位于县域口岸的保税港区。张家港保税港区以原有的张家港保税区和保税物流园区为基础,成为整合型保税港区,是具有国际中转、国际采购、国际转口贸易、商贸展示、出口加工、口岸等功能的特殊经济区。主要税收政策为:国外货物入港区保税;货物出港区进入国内销售按货物进口的有关规定办理报关,并按货物实际状态征税;国内货物入港区视同出口,实行退税;港区内企业之间的货物交易不征收增值税和消费税。2009年12月,张家港保税港区通过了国务院联合验收小组的验收封关运作。

⑬烟台保税港区。烟台保税港区是全国第一家以出口加工区和临近港口整合转型升级

形成的保税港区,规划面积 7.26km², 划分为港口作业区、物流作业区、公共查验区、出口加工作业区四大功能区,其中港口作业区 2.5km²。该保税港区集保税区、保税物流园区、港口、出口加工区等优势于一体,实行全域封闭化、信息化、集约化监管,具有仓储物流,对外贸易,国际采购、分销和配送,国际中转,检测和售后服务维修,商品展示,研发、加工、制造,港口作业八大功能,享受保税区、出口加工区相关的税收和外汇管理政策。

⑭福州保税港区。2010 年 5 月 18 日,国务院正式批准设立福州保税港区。福州保税港区位于福清的福州新港(江阴港区),总面积 9.2km², 由福州保税物流园区、铁路物流园区、福清出口加工区及福州新港 1#~9#码头等四个区域整合,是在港口作业区和与之相连的特定区域内,集港口作业、物流和加工为一体,具有口岸功能的海关特殊监管区域。福州保税港区具备港口作业、国际中转、国际配送、国际采购、转口贸易、出口加工、商品展示七大功能。在便捷通关方面,港区将允许来自我国台湾的货物或台资企业经营的其他货物经保税港区运往大陆其他地区时,实行"分批出货、定期集中报关";在我国台湾地区与保税港区之间往来的货物,进入保税港区后,实施"一次申报、一次查验、一次放行"的通关模式。

综上所述,我国目前各保税港区的功能设置和政策实施基本上是相同的。保税港区作为制度创新和政策改革的试验区,是国家在改革开放过程中摸索前进的特定产物,在政策的适应性、监管的松紧度、发展的差异化等一系列问题上都需要在具体的实践中逐步调整和完善。随着国家政策的不断调整,启动港退税试点、内外贸同船同港作业模式试点、船舶特殊登记制度试点、离岸金融业务试点等一系列特殊的政策有望在一些发展比较成熟、具备自由贸易港区试点条件的保税港区进行试验,这必将推动保税港区的开放层次不断提高,逐步拉近与国际自由港的距离。保税港区与其他海关特殊监管区域的政策功能比较如表 5-2 所示。

保税港区与其他海关特殊监管区域的政策功能比较 表 5-2

区域 项目	保税港区	保税区	出口加工区	保税物流园区
集装箱港口功能	集装箱枢纽港在区域内,港区合一	无	无	以专门通道、卡口的形式与港口相联系
海关监管	一个海关同时具备口岸海关和区域主管海关的职能,统一监管整个保税港区	港口与区域分属两个海关监管,以转关方式实行监管衔接	港口与区域分属两个海关监管,以转关方式实行监管衔接	港口与区域分属两个海关监管,卡口通行涉及两个海关监管
贸易和物流	有	有	无	有
加工制造	有	有	有	无
出口退税	国内货物入区视同出口,入区即可办理退税	国内货物入区离境后才能办理退税	国内货物入区退税	国内货物入区退税
集装箱增值业务	国际航线汇集,区内可以开展集装箱拆拼箱、中转等增值业务	无	无	可以开展集装箱拆拼箱、中转条件有限

续上表

区域\项目	保税港区	保税区	出口加工区	保税物流园区
海运服务	可开展国际船舶运输、船代货代、船舶管理、报关报检、海运保险等航运服务	有限	无	有限
多式联运	具备直接的海铁联运、水水联运条件	无	无	间接和有限的水水联运
区域空间	大（接近10km²）	一般小于保税港区	小（一般2km²左右）	小（一般1km²左右）

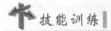

[技能训练目标]
能区分保税港区与其他海关特殊监管区域的异同。
[技能训练准备]
(1)学生每6人自由结成一个小组,每个小组选一名组长;
(2)教师提出完成任务的具体要求和考核标准;
(3)教师组织学生参观保税港区,进行实地调研。
[技能训练步骤]
(1)每组共同进行调研活动,收集保税港区相关文献资料,分析调研资料、撰写保税港区调研报告,报告署名按照贡献大小排列。
(2)保税港区调研报告的课堂发表分小组进行,每小组派代表陈述。
(3)教师组织学生对每组调研报告进行学习讨论,依据考核标准进行成绩评定。
[技能训练注意事项]
(1)一丝不苟,认真撰写保税港区调研报告。
(2)调研报告内容确定要有依据、要准确。
(3)调研报告格式规范、条理清晰、阐述流畅。

项目二 保税港区的监管

(1)利用网络和其他途径,分组收集我国海关对保税物流的监管规定;
(2)利用网络和其他途径,理解"境内区外"这个概念;
(3)制作PPT,进行课堂交流。

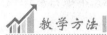

可采用讲授、情境教学、案例教学和分组讨论等方法。

[情境设置]
目前,上海洋山港、宁波梅山港等多家保税港区通过验收并封闭运作,请你通过网络或

实地调研,收集海关对保税港区的监管办法或有关规定。

[相关教学内容]

一 保税监管的概念

保税监管是海关依据法律、行政法规和部门规章,对享受保税政策的进出口货物、物品,在保税状态下研发、加工、装配、制造、检测、维修等全过程(产业链过程),以及采购、运输、存储、包装、刷唛、改装、组拼、集拼、分销、分拨、中转、转运、配送、调拨等简单加工及增值服务等全过程(供应链过程),实际备案、审核、查验、核准、核查、核销等实际监管的行政执法行为。

对产业链过程的监管称为保税加工监管,对供应链过程的监管称为保税物流监管,两者组成了海关保税监管的基本内容。

二 保税监管的特点

保税监管对象是在进出口环节尚未全部办结海关手续的保税货物,它可以在一定条件下继续流转,这一特点决定了海关保税监管是过程式的监管,而不是常见的口岸通关的点式监管。

(1)监管地点延伸。

进境货物从进境地海关监管现场,已办结海关出口手续尚未离境的货物从出口申报地海关现场,延伸到专用监管场所或者特殊监管区域。

(2)监管时间延伸。

①保税仓库存放保税物流货物的时间是1年,可以申请延长,除特殊情况外,最长可延长1年。

②出口监管仓库存放保税物流货物的时间是6个月,可以申请延长,最长可延长6个月。

③保税物流中心存放保税物流货物的时间是2年,可以申请延长,无特殊情况外,最长可延长1年。

④保税物流园区、保税区、保税港区存放保税物流货物的时间没限制。

三 保税港区的监管

保税港区作为目前我国开放层次高、政策优惠多、功能齐全、通关便捷、形式上最接近自由港的海关特殊监管区域,我国海关如何对进出该港区的货物实施监管呢?本项目从保税港区与境外、保税港区与区外的物流运作来讲解海关的监管活动。

(1)对保税港区区域的监管。

根据海关总署相关规定,保税港区实行封闭式管理。保税港区与中华人民共和国关境内的其他地区(以下称区外)之间,应当设置符合海关监管要求的卡口、围网、视频监控系统以及海关监管所需的其他设施。保税港区的基础和监管设施、场所等应当符合《海关特殊监管区域基础和监管设施验收标准》。经海关总署会同国务院有关部门验收合格后,保税港区可以开展有关业务。

保税港区内不得居住人员。除保障保税港区内人员正常工作、生活需要的非营利性设施外,保税港区内不得建立商业性生活消费设施和开展商业零售业务。海关及其他行政管理机构的办公场所应当设置在保税港区规划面积以内、围网以外的保税港区综合办公区内。

保税港区管理机构应当建立信息共享的计算机公共信息平台,并通过"电子口岸"实现区内企业及相关单位与海关之间的电子数据交换。

(2)对保税港区区内企业的监管。

①区内企业应当具有法人资格,具备向海关缴纳税款以及履行其他法定义务的能力。特殊情况下,经保税港区主管海关核准,区外法人企业可以依法在保税港区内设立分支机构,并向海关备案。

②区内港口企业、航运企业的经营和相关活动应当符合有关法律、行政法规和海关监管的规定。

③区内企业需要开展危险化工品和易燃易爆物品生产、经营和运输业务的,应当取得安全监督、交通等相关部门的行政许可,并报保税港区主管海关备案。有关储罐、装置、设备等设施应当符合海关的监管要求。

④区内企业开展业务前,应当按照《中华人民共和国海关对报关单位注册登记管理规定》及相关规定向海关办理注册登记手续,取得海关注册登记证书和海关注册编码。

⑤区内企业应当依照《中华人民共和国会计法》及有关法律、行政法规的规定,规范财务管理,设置符合海关监管要求的账册和报表,记录本企业的财务状况和有关进出保税港区货物、物品的库存、转让、转移、销售、加工和使用等情况,如实填写有关单证、账册,凭合法、有效的凭证记账和核算。

⑥区内企业实行计算机联网管理制度和海关稽查制度。

⑦区内企业应当应用符合海关监管要求的计算机管理系统,提供供海关查阅数据的终端设备和计算机应用的软件接口,按照海关规定的认证方式和数据标准与海关进行联网,并确保数据真实、准确、有效。海关依法对区内企业开展海关稽查,监督区内企业规范管理和守法自律。

⑧区内企业自开展业务之日起,定期向海关报送货物的进区、出区和储存情况。

⑨区内企业的生产经营活动应当符合国家产业发展要求,不得开展高耗能、高污染和资源性产品以及列入《加工贸易禁止类商品目录》商品的加工贸易业务。国家禁止进出口的货物、物品不得进出保税港区。

(3)对保税港区的货物监管。

保税港区的货物监管可以分成保税港区内货物的监管、保税港区与境外之间进出货物的监管、保税港区与区外之间进出货物的监管、直接进出口货物以及进出保税港区运输工具和个人携带货物、物品的监管四种类型。

①对保税港区内货物的监管。保税港区内货物可以自由流转。区内企业转让、转移货物时,双方企业应当及时向海关报送转让、转移货物的品名、数量、金额等电子数据信息。

区内企业不实行加工贸易银行保证金台账和合同核销制度,海关对保税港区内加工贸易货物不实行单耗标准管理。区内企业应当自开展业务之日起,定期向海关报送货物的进区、出区和储存情况。

申请在保税港区内开展维修业务的企业应当具有企业法人资格,并在保税港区主管海关登记备案。区内企业所维修的产品仅限于我国出口的机电产品售后维修,维修后的产品、更换的零配件以及维修过程中产生的物料等应当复运出境。

区内需要开展危险化工品和易燃易爆物品生产、经营和运输业务的企业,应当取得安全监督、交通等相关部门的行政许可,并报保税港区主管海关备案。有关储罐、装置、设备等设施应当符合海关的监管要求。通过管道进出保税港区的货物,应当配备计量检测装置和其他便于海关监管的设施、设备。

区内企业申请放弃的货物,经海关及有关主管部门核准后,由保税港区主管海关依法提取变卖,变卖收入由海关按照有关规定处理,但法律、行政法规和海关规章规定不得放弃的货物除外。

因不可抗力造成保税港区货物损毁、灭失的,区内企业应当及时书面报告保税港区主管海关,说明情况并提供灾害鉴定部门的有关证明。经保税港区主管海关核实确认后,按照有关规定处理。如果货物已经灭失,或者虽未灭失但完全失去使用价值的,海关予以办理核销和免税手续;如果是进境货物遭受损毁,失去部分使用价值的,区内企业可以向海关办理退运手续或者由区内企业提出申请,经保税港区主管海关核准,按照海关审定的价格进行征税后,可以不退运出境;如果是区外进入保税港区的货物损毁,失去部分使用价值,且需向出口企业进行退换的,可以退换为与损毁货物相同或者类似的货物,并向保税港区主管海关办理退运手续;如果是需要退运到区外的,属于尚未办理出口退税手续的,可以向保税港区主管海关办理退运手续;属于已经办理出口退税手续的,按照进境货物运往区外的有关规定办理。

因保管不善等非不可抗力因素造成货物损毁、灭失的,区内企业应当及时书面报告保税港区主管海关,说明情况。经保税港区主管海关核实确认后,按照有关规定办理;如果是从境外进入保税港区的货物,区内企业应当按照一般贸易进口货物的规定,按照海关审定的货物损毁或灭失前的完税价格,以货物损毁或灭失之日适用的税率、汇率缴纳关税、进口环节海关代征税;如果是从区外进入保税港区的货物,区内企业应当重新缴纳因出口而退还的国内环节有关税收,海关据此办理核销手续,已缴纳出口关税的,不予退还。

保税港区货物不设存储期限。但存储期限超过2年的,区内企业应当每年向海关备案。因货物性质和实际情况等原因,在保税港区继续存储会影响公共安全、环境卫生或者人体健康的,海关应当责令企业及时办结相关海关手续,将货物运出保税港区。

海关对于保税港区与其他海关特殊监管区域或者保税监管场所之间往来的货物,实行保税监管,不予签发用于办理出口退税的出口货物报关单证明联。但货物从未实行国内货物入区(仓)环节出口退税制度的海关特殊监管区域或者保税监管场所转入保税港区的,视同货物实际离境,由转出地海关签发用于办理出口退税的出口货物报关单证明联。

对在保税港区与其他海关特殊监管区域或者保税监管场所之间的流转货物,不征收进出口环节的有关税收。

承运保税港区与其他海关特殊监管区域或者保税监管场所之间往来货物的运输工具,应当符合海关监管要求。

②对保税港区与境外之间进出货物的监管。保税港区与境外之间进出的货物应当在保

税港区主管海关办理海关手续;进出境口岸不在保税港区主管海关辖区内时,经保税港区主管海关批准,可以在口岸海关办理海关手续。

海关对保税港区与境外之间进出的货物实行备案制和报关制相结合的管理制度。保税港区与境外之间进出货物的监管方式及适用的货物类型如表5-3所示。

保税港区与境外之间进出货物的监管方式及适用的货物类型　　　　　表5-3

监管方式	适用的货物类型
报关制	通过保税港区直接进出口的货物
	从境外进入保税港区、供区内企业自用的免税货物
	从境外进入保税港区,供区内企业和行政管理机构自用的交通运输工具或生活消费用品
备案制	区内生产性的基础设施建设项目所需的机器、设备和建设生产厂房、仓储设施所需的基建物资
	区内企业生产所需的机器、设备、模具及其维修用零配件
	区内企业和行政管理机构自用合理数量的办公用品

从保税港区运往境外的货物免征出口关税,法律、行政法规另有规定的除外。

保税港区与境外之间进出的货物,不实行进出口配额、许可证件管理,但法律、行政法规和规章另有规定的除外。

③对保税港区与区外之间进出货物的监管。保税港区与区外之间进出的货物,区内企业或者区外收发货人按照进出口货物的有关规定向保税港区主管海关办理申报手续。需要征税的,区内企业或者区外收发货人按照货物进出区时的实际状态缴纳税款;属于配额、许可证件管理商品的,区内企业或者区外收货人还应当向海关出具配额、许可证件。对于同一配额、许可证件项下的货物,海关在进境环节已经过验核配额、许可证件的,在出区环节不再要求企业出具配额、许可证件原件。

在区外从事对外贸易业务且货物不实际进出保税港区的区内企业,可以在收发货人所在地或者货物实际进出境口岸地海关办理申报手续。

在保税港区与区外之间进出的海关监管货物,保税港区主管海关可以要求提供相应的担保。

区内企业在加工生产过程中产生的边角料、废品,以及加工生产、储存、运输等过程中产生的包装物料,区内企业提出书面申请并且经海关批准的,可以运往区外,海关按出区时的实际状态征税。属于进口配额、许可证件管理商品的货物,免领进口配额、许可证件;属于列入《禁止进口废物目录》的废物以及其他危险废物需出区进行处置的,有关企业凭保税港区行政管理机构以及所在地的市级环保部门批件等材料,向海关办理出区手续。

在加工生产过程中产生的残次品、副产品需出区内销的区内企业,海关按内销时的实际状态征税。属于进口配额、许可证件管理的货物,企业应当向海关出具进口配额、许可证件。

经保税港区运往区外的优惠贸易协定项下货物,符合海关总署相关原产地管理规定的,可以申请享受协定税率或者特惠税率。

经海关核准,区内企业可以办理集中申报手续。实行集中申报的区内企业,应当对1个自然月内的申报清单数据进行归并,填制进出口货物报关单,在次月底前向海关办理集中申报手续。

集中申报适用报关单集中申报之日实施的税率、汇率,集中申报不得跨年度办理。

区外货物进入保税港区的,按照货物出口的有关规定办理缴税手续,并按照相关规定签发用于出口退税的出口货物报关单证明联。

从区外进入保税港区,供区内企业开展业务的国产货物及其包装物料,海关按照对出口货物的有关规定办理,签发出口货物报关单证明联。货物转关出口的,启运地海关在收到保税港区主管海关确认转关货物已进入保税港区的电子回执后,签发出口货物报关单证明联。

从区外进入保税港区,供保税港区行政管理机构和区内企业使用的国产基建物资、机器、装卸设备、管理设备、办公用品等,海关按照对出口货物的有关规定办理,签发出口货物报关单证明联。

从区外进入保税港区,供保税港区行政管理机构和区内企业使用的生活消费用品和交通运输工具,海关不予签发出口货物报关单证明联。

从区外进入保税港区的原进口货物、包装物料、设备、基建物资等,区外企业应当向海关提供上述货物或者物品的清单,按照出口货物的有关规定办理申报手续,海关不予签发出口货物报关单证明联,原已缴纳的关税、进口环节海关代征税不予退还。

经保税港区主管海关批准,区内企业可以在保税港区综合办公区专用的展示场所举办商品展示活动。展示的货物应当在海关备案,并接受海关监管。

在区外其他地方举办商品展示活动的区内企业,应当比照海关对暂时进境货物的管理规定办理有关手续。

保税港区内使用的机器、设备、模具和办公用品等海关监管货物,可以比照进境修理货物的有关规定运往区外进行检测、维修。区内企业将模具运往区外进行检测、维修时,应当留存模具所生产产品的样品或者图片资料。

运往区外进行检测、维修的机器、设备、模具和办公用品等,不得在区外用于加工生产和使用,并且应当自运出之日起 60 日内运回保税港区。因特殊情况不能如期运回的,区内企业或者保税港区行政管理机构应当在期限届满前 7 日内,以书面形式向海关申请延期,延长期限不得超过 30 日。

检测、维修完毕,运回保税港区的机器、设备、模具和办公用品等应当为原物。若有更换新零件、配件或者附件,原零件、配件或者附件应当一并运回保税港区。在区外更换的国产零件、配件或者附件,需要退税时,由区内企业或者区外企业提出申请,保税港区主管海关按照出口货物的有关规定办理手续,签发出口货物报关单证明联。

区内企业需要将模具、原材料、半成品等运往区外进行加工时,应当在开展外发加工前,凭承揽加工合同或者协议、承揽企业营业执照复印件和区内企业签章确认的承揽企业生产能力状况等材料,向保税港区主管海关办理外发加工手续。

委托区外企业加工的期限不得超过 6 个月,加工完毕后的货物应当按期运回保税港区。在区外开展外发加工产生的边角料、废品、残次品、副产品不运回保税港区时,海关应当按照实际状态征税。区内企业凭出区时,委托区外加工申请书以及有关单证,向海关办理验放核销手续。

④对直接进出口货物以及进出保税港区运输工具和个人携带货物、物品的监管。运输工具和个人进出保税港区时,应当接受海关监管和检查。

进出境运输工具、服务人员及进出境旅客携带的个人物品在进出保税港区时,海关按照进出境旅客行李物品的有关规定进行监管。

承运保税港区与其他海关特殊监管区域或保税监管场所之间往来货物的运输工具,应当符合海关监管要求。

保税港区与区外之间进出的价值1万美元以下的小额货物、因品质不合格复运区外退换的货物、已办理进口纳税手续的货物、企业不要求出口退税的货物以及其他经海关批准的货物,可以由区内企业指派专人携带或者自行运输。

技能训练

[技能训练目标]
能够根据货物流向选择相应的海关监管办法。
[技能训练准备]
(1)学生每6人自由结成一个小组,每个小组选一名组长;
(2)教师提出完成任务的具体要求和考核标准;
(3)教师准备保税港区运作案例。
[技能训练步骤]
(1)每组共同学习讨论案例,完成对案例的分析报告。
(2)案例分析报告的课堂发表分小组进行,每小组派代表陈述。
(3)教师组织学生对每组调研报告进行学习讨论,依据考核标准进行成绩评定。
[技能训练注意事项]
(1)一丝不苟,认真撰写案例分析报告。
(2)分析报告内容确定要有依据、要准确。
(3)分析报告格式规范、条例清晰、阐述流畅。

思考练习

一、简答题

(1)什么是保税监管?保税监管的特点是什么?
(2)海关对保税港区与境外之间进出的哪些货物实行报关制?
(3)海关对保税港区与境外之间进出的哪些货物实行备案制?
(4)保税港区具有哪些优势?
(5)保税货物有什么特点?

二、思考题

(1)相比国外自由港,我国的保税港在自由方面还有哪些差距?
(2)广州某外贸公司出口一批玩具到美国,后因包装问题被退回香港,该公司一时无法向海关申请到质量不符退运的批文,他们就将货品由香港直接放进广州南沙保税港区的某仓库,然后派工人到仓库改换包装,加工完毕后重新装柜交香港码头,再次运输到美国。

请思考：该外贸公司为什么是将退回的商品直接运回公司再做包装改换？现在这样处理有什么好处？

三、案例分析

目前已有60多家中外企业在洋山保税港区注册，注册资本约80亿元，其中外商投资项目中投资额超过1000万美元的有7个。进驻陆域园区运作的企业大部分是物流企业，主要从事国内贴牌生产的戴尔电脑零配件、摩托罗拉手机零配件进、出保税港区实行"一日游"业务。具体做法是：零配件出口到洋山保税港区，一旦进入卡口，洋山海关即签发出口退税报关单证明联；出口厂家凭此证明联，到属地国税局3日内可办理退税；零配件在港区内保税仓储，再转关到杭州，由加工贸易企业保税进口进行组装。

问题：

(1) 你是如何理解"一日游"业务的？

(2) 在保税港区开展"一日游"业务有什么优势？

任务六　国际航空货物运输业务运作

内容简介

自20世纪80年代中期以来,在新一轮的经济全球化背景下,国际航空货物运输得以快速发展,航空运输已经成为国际贸易运输的主要方式之一。随着现代物流理念的兴起,"空港物流"理念也随之被提出,并且在世界各大机场得以实践。国际航空货物运输是空港物流活动的核心环节,包括出港、运输和进港,考虑到运输的安全性和国际性,航空货物运输在每个环节的操作都有严格的规范。

本部分的主要学习内容就是对空港物流的理念、空港物流模式的形成及演化、空港物流园区的建设及空港主要物流活动进行认知。对国际航空货物的收运、到达交付、货运事故的处理方式和要求进行熟悉和掌握。

教学目标

1. 知识目标
(1) 理解空港物流理念的含义;
(2) 熟悉空港物流活动;
(3) 了解主要空港物流园区的建设;
(4) 熟悉航空货运的收运、运输和交付流程;
(5) 熟悉国际航空货运事故责任划分与理赔。
2. 技能目标
(1) 能妥善完成航空货物的收运与交付;
(2) 能准确处理航空货运事故。

案例导入

中国货运航空有限公司首个特运系列产品——次贵重产品投入市场

中国货运航空有限公司(简称"中货航")于2011年11月21日在上海航空货运市场成功推出了第一个特运系列产品——VUN(次贵重产品),首条开通的航线为上海至洛杉矶CK221货班。

针对航空货运市场上高附加值的特殊货物,即运输途中易失窃和操作中易破损的高科技电子产品等,中货航设计了货物全程安全保障及全程安全监控的差异化服务,以满足客户对 VUN 航空运输所期望的特殊要求。该产品为中货航客户提供全角度拍摄打板过程,地面保障单位填制特运交接单,重要节点拍照留存,使用特运胶带和标签,货物专属区域存储,以提供高品质服务保障。

中货航市场营销部积极宣传和推广 VUN 产品,并获得了客户的积极响应。首个尝试 CK221 航班 VUN 产品的客户为 UPS,在相关保障部门的配合下,货物顺利出运。今后,将有更多客户体验这一产品。

中货航计划下阶段在中货航国际货班阿姆斯特丹、哥本哈根、达拉斯、芝加哥、亚特兰大、新加坡、东京和东航、上航国内宽体客机的成都、深圳、北京、广州航线上分阶段推出这项产品。

中货航将继续开发和推广其他货运产品,提供差异化服务,满足客户的个性化需求,逐步建立中货航货运产品体系,希望借此提高中货航在国际和国内航空货运市场的竞争力。

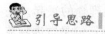
引导思路

(1)为保证货运质量,中货航设计了什么方案?
(2)中货航走向市场主要需要哪方面的品牌影响力?

项目一　空港物流概述

教学要点

(1)了解空港物流理念、特点;
(2)熟悉空港物流的运作模式;
(3)结合实际案例学习,掌握空港物流园区的功能和作用。

教学方法

可采用讲授、情境教学、案例教学和分组讨论等方法。

教学内容

[情境设置]
通过对一家国际航空货运企业(包括机场、国际航空运输公司、国际航空快递公司等)的调研,完成调研报告,内容包括企业的规模、主要业务活动等。
[相关理论知识]

一　空港物流理念的提出

随着科学技术的发展,人们在成功地征服了大地和海洋以后,将天空视为下一个征服的目标。1903 年,美国莱特兄弟发明了世界上第一架飞机,人类从此开始创造一个个新的飞行纪录,并因此比以往更加热衷于航空技术和装备的改进,这一切为航空运输的开展奠定了必要的基础。最初,飞机只是临时性地用来运输零星的紧急物品,但是在领略了航空运输特有的快捷性之后,一些产业界人士开始有计划地筹划利用飞机为社会公众开展运输服务。

航空运输的主要工具是飞机。飞机最初用于邮件运送,1910年5月,美国邮政局首先使用飞机运送邮件,随后发展为运载旅客和货物,但仅限于特定的短程航线上,而且每次载质量仅为一二百千克。1910年10月,莱特公司开始使用飞机运送货物。而真正被世界公认为第一次航空货物商业运输飞行服务的,则是发生在1911年7月,一架由英国人驾驶的飞机将一箱钨丝灯从苏塞克郡运送到霍拉,并为此获得了100英镑的酬劳。

民用航空飞机制造业始于1920年,当时德国的航空工程技术处于领先地位。但是直到第二次世界大战,航空工程技术才因为战争的需求,得到了长足的进步,军用飞机的制造和应用很快发展起来。交战各国制造了大量飞机投入战争,其中,有不少是轰炸机和军用运输机。第二次世界大战结束后,一些军用技术开始转移到民用领域,此时,战时生产的众多军用运输机逐渐被军方淘汰并转为民用,这为航空货物运输业的进一步发展提供了大量资源。同时,西方国家都大力发展航空工业,改进航空技术、增加航空设备、开辟国际航线,逐步形成了全球性的航空运输网。全球性的航空运输网的建立和战后国际贸易的迅速发展,使得航空运输在世界范围内得到了蓬勃发展。

作为国际贸易运输的方式之一,航空货运也随之迅猛发展起来。自20世纪60年代以来,航空货物运输的发展速度是非常惊人的。1962—1971年,国际航空货物运输平均每年增长17%,这是世界航空货运史上增长最快的一段时期。随后,石油危机引发的全球经济萧条并没有改变航空货运的发展趋势,只是有限地减慢了航空货运的增长速度,在以后的一个时期中,航空货运仍然实现了每年10%左右的增长速度。这一数值超过了同期全球经济、贸易的增长速度。随着航空运输的发展,纺织品、鲜活食品等适于航空运输的日常生活用品,其使用航空货物运输的比例大大增加、总数量越来越多。航空货物运输已经成为国际货运,特别是洲际货运的重要方式。

自20世纪80年代中期以来,在新一轮的经济全球化背景下,一系列新的发展趋势引发了航空货物运输的新一轮增长。

首先,劳动分工在全球范围内重新进行,跨国公司是推动这一进程的主要力量。他们将那些要求高科技投入的研发和核心部件(如电脑芯片)的生产集中于发达国家,而将标准化了的低技术、劳动密集型产品的生产以及零部件的生产和组装,转移或者转包到第三世界国家,将制造产业链条从本国延伸到全球范围内。制造业出现的这种新机制,促进了全球性的物资流动,为航空货物运输带来了新的需求。尤其是进入20世纪90年代,随着IT业的兴起,航空货运量需求呈现迅速增长的趋势。

其次,在过去20年中,政府产业政策环境的改变、飞机和航空航天技术的进步以及航空公司的市场战略让航空运输从极度受管制向更加自由化、竞争更激烈的市场转变。在这三种从根本上改变了民航业的主要力量中,政府所制定的产业政策是影响民航产业结构的关键。美国自1978年放松管制以来,其国内及国际航空运输市场经历了从管制到放松管制的巨大转变。受到美国的影响和推动,国际航空市场上,自由化倾向与日俱增。这种无需政府批准,而依据市场条件,由航空运输企业自由决策进出各区域市场的做法加剧了航空公司之间的竞争。飞机性能的提高帮助航空公司重新构筑了更加有利的航线网络。同时,航空公司为适应竞争激烈的市场,而更加贴近于市场的需求。这三方面促使航空公司的货运战略朝着提供安全可靠的服务、最短运输时间、有更多的班期可供选择、价格降低的方向发展。

随着现代物流理念的兴起,有关人士发现,传统的运输模式已经无法满足现代物流服务业发展的需要。运输企业从只满足于运输主业开始向提供运输、仓储、包装、配送、流通加工、信息处理等多种服务的现代物流公司发展,从而满足客户多样化、个性化的需求。货运物流化成为现代运输市场的主要发展趋势。

在认真分析了以上各要素在整个航空物流体系中的作用后,专家们认为,航空港已经成为现代物流的重要节点,并提出空港物流这一理念。空港物流理念以实现空中货物位移为主,并衔接和参与地面物流服务,以航空货运为核心,有助于航空货运的发展及货运枢纽港的形成、供应链系统的完善和地区经济的发展。荷兰阿姆斯特丹的史基浦机场率先开始了空港物流理念的实践。当时的史基浦机场是欧洲客货运吞吐量排名第四位的国际机场。作为其运营商,史基浦集团在机场里规划了一个区域,专门用于购物休闲服务、商务办公以及交通中转。为了进出空港的物流实现有序流动,史基浦集团用这个区域中的部分地方建立车站,通过铁路连接至欧洲各大城市,并保留大面积停车场,供旅客及工作人员停放。这一规划方案公布后,一时之间吸引了超过500家商务机构进驻,包括航空公司、货运商、配餐服务商、海关等从事与航空相关业务的公司,以及跨国保险公司等国际业务繁忙的公司。空港物流理念直接满足了客户的需求,也提高了机场地区经济效益。随后,史基浦集团总结了实践空港物流理念的经验,并先后向纽约肯尼迪国际机场、鹿特丹机场等多家机场输出了这种商业计划,在这些地方参与建设、实施并管理空港物流园区,为自身和合作伙伴创建了可持续发展的价值。

从史基浦机场的例子可以看出,空港物流是以现代物流为基础、依托航空港、以机场为中心的一种现代物流方式,以航空及机场地面配套物流设施为核心、以运输服务为手段,为多家航空公司、航空货运代理、综合物流企业提供公共物流设施、物流信息服务及综合物流服务。这一特殊性决定了空港物流在功能上不同于一般意义上的物流,空港物流必须考虑到它在产业链和核心业务上与传统物流的差异。目前,航空货物运输,可分为普通意义上的货物运输、邮件运输和快递运输。而空港物流产业链的延伸将由单纯货物运输拓展至物流增值(分拆、包装、加工),形成国际贸易的集聚效应,拥有开展国际展示等功能。

空港物流是现代物流体系中的重要组成部分,其安全、快捷、方便和优质的服务符合现代物流服务的基本要求。在空港物流理念引导下,完成整合的现代化航空港将会在降低商品生产和经营成本、提高产品质量、保护生态环境、加速商品周转等方面发挥重要作用。

在世界的现代经济发展中,空港物流属于公认的重要高端产业领域。空港物流发展水平,标志着国家和地区高端产业的发展阶段。不仅如此,更重要的是,空港物流是国家或地区经济与世界经济连接的重要纽带,是衡量国家或地区市场开放程度、经济发达程度、信息和物质交换便利程度的重要标准。

在经济全球化的拉动下,航空货运作为现代物流中的重要环节,正在得到政府的高度重视和获得新的发展机遇。我国政府早在《国民经济和社会发展"十五"计划和2010年远景规划》中就明确指出:"要进一步加强物流发展,加强物流理论与技术研究,提高物流管理水平,尽快改变物流落后状态,以尽快适应经济持续发展的需要。"航空物流作为物流业的重要一支,理应得到相应的扶持和优惠政策。目前,我国许多地方已经充分认识到空港物流理念在提高机场竞争力方面所起的重大作用,并开始按照现代物流重要节点的建设要求,对航空港进行设计、建设。

二 空港物流特点

(1) 运送速度快。

从航空业诞生之日起,航空运输就以快速而著称。到目前为止,飞机仍然是最快捷的交通工具,常见的喷气式飞机的经济巡航速度大都在850~900km/h。快捷的交通工具大大缩短了货物在途时间,对于那些易腐烂、变质的鲜活商品,时效性、季节性强的报刊、节令性商品,抢险、救急品的运输,这一特点的作用显得尤为重要。可以这样说,快速且全球密集的航空运输网络使我们从前可望而不可即的鲜活商品运输成为可能,使消费者享有更多的利益。运送速度快、在途时间短,也使货物在途风险降低,因此许多贵重物品、精密仪器也往往采用航空运输的形式。当今国际市场竞争激烈,航空运输所提供的快速服务也使得供货商可以对国外市场瞬息万变的行情即刻做出反应,迅速推出适销产品占领市场,以获得较好的经济效益。

目前,在我国的进口商品中,采用航空运输的主要有,通信设备、计算机、成套设备中的精密部件、电子产品和其他精密的高科技产品;出口商品主要有,服装、丝绸、棉针织品、工艺品、海鲜农副产品、鲜花、水果和蔬菜、电子和机械产品等。

(2) 运输不受地面条件限制。

航空运输利用天空这一自然通道,因其不受地理条件的限制,所以非常适于地面条件恶劣、交通不便的内陆地区,有利于当地资源的出口,促进当地经济的发展。航空运输使本地与世界相连,对外的辐射面广,而且航空运输比公路运输与铁路运输占用土地少,对寸土寸金、地域狭小的地区发展对外交通无疑是十分适合的。

(3) 运输安全性高、货物破损率低。

航空运输本身的安全性非常高,世界各航空公司的航班事故发生率与其他运输方式相比要低得多。

航空公司为了保证客货安全,制订了相对完善的运输管理制度,地面操作流程的各个环节比较严格,装卸设备先进,货物的破损情况较少。目前多采用集中器方式运输,货物的安全性就更有保障。

飞机在空中飞行时,平稳性好,机舱处于全封闭状态,货物在运输途中也不易受到损坏。

(4) 有利于企业提高营销。

由于采用航空运输方式,货物在途时间短,周转速度快,企业存货可以相应减少。一方面有利于资金的回收,减少利息支出;另一方面,企业仓储费用也可以降低。又由于航空货物运输安全、准确,货损货差少,保险费用较低,因此,与其他运输方式相比,航空运输的包装简单、包装成本减少。这些都构成企业隐性成本的下降、收益的增加。

(5) 航空货运的局限性。

航空运输也有自己的局限性,主要表现在航空货运的运输费用较其他运输方式更高,不适合低价值货物;航空运载工具——飞机舱容有限,对大件货物或大批量货物的运输有一定的限制;飞机飞行安全容易受恶劣气候影响等。

但总的来讲,随着新兴技术得到更为广泛的应用,产品更趋向薄、轻、短、小、高价值,管理者更重视运输的及时性、可靠性,航空货运将会有更大的发展空间。

三 空港物流活动

空港物流活动涵盖运输、仓储、包装、配送、流通加工、信息处理等一系列功能活动。本项目以国际航空货运(区别于航空邮件和航空快递)为例进行讲解。

(1)国际航空货物运输。

①国际航空货物运输概念。我国《民航法》规定:"国际航空货物运输是指以航空器作为运输工具,根据当事人订立的航空运输合同,无论运输有无间断或者有无转运,运输的出发地点、目的地点或者约定的经停地点之一不在中华人民共和国境内,而将运送货物至目的地并收取报酬或提供免费服务的运输方式的统称。"

《统一国际航空运输某些规则的公约》(以下称《华沙公约》)规定:"根据当事方所订合同,无论运输中有无间断或转运,其始发地和目的地在两个缔约国领土内,或在一个缔约国领土内,而在另一国家,即或是非缔约国,其领土内有一约定的经停点的任何运输。"

②国际航空运输货物。在航空运输中,货物被定义为由飞机载运的任何物品,但除了以下两种:a. 邮件;b. 持有有效客票及行李票的旅客携带的行李(作为货物运输的行李除外)。

(2)航空货物运输方式。

①班机运输。班机运输是指在固定航线上飞行的航班,它有固定的始发站、途经站和目的站。一般航空公司都使用客货混合机型,舱容有限,难以满足大批量的货物运输要求。

②包机运输。包机运输是指航空公司或包租代理公司按照事先约定的条件和费用将整机租给租机人,从一个或几个空站将货物运至指定目的地,它适合运送大批量的货物,运费不固定,一次一议,通常较班机运费低。办理包机至少需在发运前一个月与航空公司洽谈,并签订协议,以便航空公司安排运力办理包机过境、入境、着陆等有关手续。如货主找空运代理办理包机,应在货物发运前40天提出申请。

③包舱包板运输。包舱包板是指托运人根据所运输的货物在一定时间内需要单独占用飞机部分或全部货舱、集装箱、集装板,而承运人需要采用专门措施予以保证,包括固定包舱和非固定包舱两种形式。

(3)货物仓储。

仓储就是货物收运后或者交付之前将其入库、储存和保管。

为了便于生产企业生产出来的产品及时出运,尽可能实现零库存,航空物流企业为此建立起具备调节供需、调解货物运输能力、配送和流通加工功能的物流中心。

(4)流通加工。

航空物流企业在物流中心提供货物拆拼箱、重新贴签、重新包装、包装/分类/并货/零配件配套、产品退货管理、组装/配件组装、测试和修理等服务。如英航设在希思罗机场的货运配送中心,它不仅可以为货品包装贴上标签,然后配送到不同的国家和销售渠道,而且还可以根据超市需求,在机场内完成鲜活食品的分拣,直接把货物送到货架上。

(5)货物配送。

航空物流企业也可以给客户提供货物配送服务。根据客户的不同需求设计出最佳的配送路线,运用系统的观点,协调好配送网络中心与各个节点的关系,使整体效能达到最优。

四 空港物流运作模式

(1)传统的航空运作模式。

这种方式的通行做法是将客货兼营航空公司的货运业务从客运中独立出来,在原货运部的基础上,成立航空货运公司,作为原航空公司的控股子公司。最为常见的是航空货运公司拥有飞机,自主运营航班,并从母公司购买全部客机腹舱的机腹空间,母公司无须考虑组货销售剩余的机腹舱位。传统的航空货运公司主要业务是完成货物的空中运输。航空货运代理专门从事航空货物的组织工作,如揽货、接货、订舱、制单、报关、交运或转运等。航空货运公司和货运代理的组合,构成了传统的航空货运供给模式(这种方式按照专业化分工的原则,航空货物运输的最终实现经过了不同层次的依次处理)。一方面,航空公司可以节省为组织货源而支付的费用,如人力资源、销售设施和资金等;另一方面,还可使货主得到简便、迅速的专业化服务,对货主和航空公司双方都有利。

(2)航空快递服务模式。

发达国家从20世纪70年代起开办了快速运输业务,形成了一种以航空运输为主的快递系统。航空快递与传统的航空货运有较大的不同,航空快递不是简单的航空业的地面延伸,其运营模式也不仅仅是"飞机+货车"的简单加法,而是以航空货物运输生产力水平提高为根本的推动因素,是具有专门品质特征的航空运输"升级产品"。现代航空快递业的概念可以界定为,以发挥快递运输网络经济效益为基础,以有时限的服务和高效的信息反馈为特征,是为客户提供完整运输产品的产业组织。完整运输产品的概念是指客户所需要的运输产品,远距离的快递系统是建立在陆空相连的运输网络基础上的。道路运输覆盖面广,是唯一具有高度可通达性的运输方式,它单独或者与其他运输方式相联结,可以实现货物的全程运输。快递运输属于联合运输。

(3)综合物流服务模式。

物流为货运的发展提供了广阔的空间。航空运输服务供给者、货运航空、货运代理、航空快递等企业,以多种形式积极参与其中,构成了综合物流服务模式。第三方物流形式构成综合物流服务模式中的主体,基础运输服务供给者,以和第三方物流合作,形成分包关系,参与其中。航空快递属于综合运输中的多式联运组织形式。发展到了一定阶段的快递业,较易实现向第三方物流的转化,两者可以相融,也可以并存。

如今,国外的快递巨头除了提供快递服务外,还为客户提供仓储、物流配送方案及其他各具特色的定制服务。

(4)供应链管理咨询服务模式。

供应链是指商品到消费者手中之前,各相关者的连接或业务的衔接。供应链管理的经营理念是从消费者的角度出发,通过企业间的协作,谋求供应链整体最佳化。供应链管理的本质是业务流程再造活动。在企业实际导入供应链管理时,期望建立关于项目的组织之间的合作伙伴关系,但由于各组织本位主义的存在,仅靠有关组织人员的实施难以保证项目的顺利完成。这时,就需要经营管理咨询顾问的加盟,凭借其供应链管理的丰富经验和知识,发挥调整的作用,从中立且公立的观点,对各组织提出要求,并从整体最优出发,提出最好的方案,进而充当各关联者间的协调人。寻求经营管理咨询顾问的支持,成为供应链管理成功的绝对条件。现在很多客户希望航空物流巨头逐渐承担起客户供应链管理的职能。

五 空港物流园区

(1) 空港物流园区概念。

航空运输作为快速货运在物流中得到了很大的发展,为提高机场竞争力,许多国家按照现代物流重要节点的要求,对机场进行设计、建设,将兴建物流园区作为发展航空货运的主要战略之一。

物流园区是两种或两种以上的物流企业在空间上集中布局的场所,是具有一定规模和综合服务功能的物流集结点。而机场物流园区是以航空飞行器及机场地面配套物流设施为核心,以运输服务为手段,为多家航空公司、航空货运代理、综合物流企业提供公共物流设施、物流信息服务及综合物流服务的场所。

(2) 空港物流园区的功能。

空港物流园区在功能上主要包括三大功能平台:物流核心功能平台、物流增值功能平台、航空物流服务支持平台。

①物流核心功能平台是空港物流园区的核心功能部分,包括货站、仓库、地勤、航空快递中心。这些功能的服务质量和运作效率是直接影响航空货运量、航空货运速度和处理效率的关键。机场在考虑兴建物流园区时,首先要考虑这部分功能的建设是否能够最大限度地满足客户需求。

②物流增值功能平台用于为园区的参与者提供增值服务,如对货物进行简单的加工、分拣等。机场还可以为货主报关清关,以提高货运的运作效率,大大增加货运处理速度,满足货主的需求。自由贸易区和保税区的建设是实现增值服务的前提和保障。新加坡樟宜国际机场物流园区已经推出此项功能,吸引了国际上许多航空公司的货物在此中转,增加了机场的竞争力和枢纽功能。

③航空物流服务支持平台主要体现在提供信息、商务和政策支持。信息平台为物流园区的参与者提供多方位的信息支持服务,是机场物流园区的重要组成部分。除了提供机场本身的信息,还应包括航空公司、海关、三检部门和货运代理的相关信息。其功能主要包括跟踪和历史追踪、电子报关、车辆锁定系统、信息共享系统和电子商务交易系统。中国香港国际机场货运站运用 AIDE 系统保障货物的快速准确交付和提取,此系统可进行身份证查验,优点是方便、快捷、准确、简化提货的手续。商务提货手续、商务支持平台主要为园区参与者提供如行政区域、餐饮、银行、海关三检部门等一系联配套支持服务。政策平台则在协调各方利益、制订服务标准等方面发挥作用。

空港物流园区核心功能是机场货运原有的传统功能,只有将原有的功能加强并提高,才可以发展其他的功能,否则就会折本逐末。

(3) 空港物流园区的作用和意义。

①空港经济效应。空港经济是指依托机场优势以及机场对周边地区产生直接或间接的经济影响,促使资本、技术、人力等生产要素在机场周边集聚的一种新型经济形态。空港的

经济效应可被分为直接效应、间接效应、感应性效应和磁场效应(辐射性效应)。

a. 直接效应是指空港运营直接带来的收入和就业。其与空港内的活动紧密相连,具体指航空公司运作、商务设施经营,还有其他配套服务业,如机场管理局、飞机维护、地勤、海关、安保局等。另外,空港对周边地区的服务业带来的效益也包括在内,如停车场、汽车租赁、货代、酒店等。

b. 间接效应是指为空港货运活动提供服务、商品或货物的供应商所带动的收入和就业。这些供应商一般部署在空港邻近的地区,与空港的运营处于同一价值链中,包括公共设施的建造、燃料供应、建筑业、清洁公司、食品和零售企业等。

c. 感应性效益是指直接和间接参与经济活动的劳动者的再消费,其能刺激空港区域内各种商品和服务业的发展,如零售、交通和房产等。

d. 磁场效应或辐射性效应则是除了自身经营活动的推动能力之外,空港还为整个区域打开了一片天空,可以吸引和支持更多更广的经济活动,特别是在商务交流和旅游观光上。许多快递服务公司虽然不是直接依赖空港进行商贸活动,但他们愿意布点于空港区域内。另外,有些如生鲜食品及水果、海鲜和鲜花等行业,供应服务商必须依赖空港的运营才能生存和发展。

②满足航空货运增长需求。随着国家产业结构调整的深入,不断增多的高科技、高附加值产品对航空货运将有较大需求。高新技术产品进出量的增加,不仅使航空货运量加大,还可为机场带来空地联运、包装、分拣、报关、信息传递等高附加值的物流服务项目,促进枢纽机场建设。

各大机场都以覆盖面广、延伸能力强、辐射范围大、服务功能强的枢纽机场为发展的战略目标。建设空港物流园区,也是实现构建枢纽机场目标的重要举措。枢纽机场除了能够带来大量的旅客流量外,还能带来大量的货流。

③增强国内机场竞争力。我国周边国家的机场,如韩国仁川机场、日本成田机场、新加坡樟宜机场都建立了空港物流园区,提升了货运功能和处理效率。在我国大量出口的航空货物中,有相当一部分货物是经仁川、中国香港等机场进行中转的。

④空港物流园区与航空货运相得益彰。航空货运作为现代物流中的重要环节,逐步得到各国政府的高度重视。为提高机场竞争力,许多国家按照现代化物流重要节点的要求,对机场进行设计、建设,将新建物流园区作为发展航空货运的主要战略之一。空港物流园区的建立以航空货运为核心,有助于航空货运的发展及货运枢纽港的形成、供应链系统的完善和地区经济的发展。

六 航空物流园区建设

(1) 香港国际空运物流中心。

香港国际机场一直是全球最繁忙的国际航空货运中心。自1998年7月启用以来,香港国际机场的航空货运量每年平均增长12%。机场现在设有34个可容纳大型飞机的货运停机位。2010年,机场的货运量共410万吨,其货物总值占香港外贸总值的35.8%,达到22930亿元。

香港国际机场致力发展、拓展及改善服务,包括提升与中国内地的联运系统,多次被评选为最杰出的货运机场。

香港国际机场设有两所航空货运站,位于南跑道以西,共占地 $21hm^2$,营运商分别是香港空运货站有限公司和亚洲空运中心有限公司。这两所航空货运站致力改善货运业务的硬件和软件,并推行新的计划。亚洲空运中心较看重硬件方面建设,兴建了多项新设施;香港空运货站则较着重软件方面的建设。

为了提供通畅的航空货运服务,机场的空运货物处理系统与海关的空运货物清关系统互相连接。两个系统连接后,在货物抵港前 3h,就可传送有关的货物资料。空运货物清关系统与两个航空货运站、四家综合速递公司(DHL、FedEx、TNT、UPS)及海运码头连接,确保货物资料及通关情况的电子数据交换及时传送。这套系统可让尚未抵港的货物预先办理清关手续,处理各类货物,提供"优先货运"服务。

香港航空货运服务分为两层。

第一层货运服务由香港空运货站有限公司、亚洲空运中心有限公司和 DHL 中亚枢纽中心等提供。

①DHL 亚太区枢纽中心于 2004 年 6 月启用,是香港国际机场首座速递货运站,是 DHL 在亚太区的主要货运枢纽及门户。总投资额超过 16 亿港元,占地约 $3.5hm^2$。每小时可处理超过 3500 个包裹及 4 万份文件,是亚太地区首个大规模自动化速递枢纽。DHL 亚太区枢纽中心如图 6-1 所示。

②亚洲空运中心有限公司提供可靠的货物及文件处理服务,包括处理一般及特殊货物、文件处理、停机坪飞机服务以及进口货物预先清关服务,价格具有竞争力。设计储货容量为每年 151 万 t(一号及二号货运站),总投资额超过 25 亿港元,具备最先进的自动化货物处理系统,占地约 $8hm^2$,总楼面面积约为 17 万 m^2。货运站具备特殊货物处理设施——冷藏及冷冻库、危险品储存室、放射物品室等;提供一站式往来珠三角的直通货运服务。亚洲空运中心如图 6-2 所示。

图 6-1 DHL 亚太区枢纽中心

图 6-2 亚洲空运中心

③香港空运货站设计储货容量为每年 260 万 t,总投资额超过 80 亿港元。具备最先进的自动化货物处理系统,以及特殊货物处理设施,如鲜活货物、牲畜、马匹及贵重货物处理中心,冷藏及危险物品货运中心以及速递中心等,占地约 $17hm^2$,总楼面面积约为 33 万 m^2,提供超级中国干线——一站式往来珠三角的直通货运服务。香港空运货站如图 6-3 所示。

第二层货运服务包括海运码头、机场空运中心和商贸港物流中心。

①海运码头由珠江海空联运有限公司运营,提供一站式的多式联运服务,连接珠江三角洲 17 个港口,24h 运作,每年货运量可达 15 万 t,设有长约 450m 的码头,供货船停泊。海运

码头如图 6-4 所示。

图 6-3　香港空运货站

图 6-4　海运码头（MCT）

②机场空运中心提供仓储及物流服务，让空运公司在机场收发货物。占地约 6hm²，包括货物起卸平台及货车停车处的用地，总楼面面积约为 139000m²。有超过 50 家货运代理商、物流服务公司及辅助服务供应商营运。机场空运中心如图 6-5 所示。

商贸港物流中心由商贸港香港有限公司运营，为客户提供全面的物流服务，如仓储管理、特殊货物处理、订单处理及延迟装配等。占地约 14hm²，总楼面面积约为 31000m²，如图 6-6 所示。

图 6-5　机场空运中心（AFFC）

图 6-6　商贸港物流中心

（2）日本东京成田国际机场。

成田机场于 1978 年 5 月开航，是日本空中交通的中心，也是拉动日本经济增长的主要因素。自从 20 世纪 80 年代后期以来，成田机场的航空货运量就一直增长，航空货运设施一直处于超饱和状态。为了解决这个问题，成田机场管理局进行了一系列的动作。

①建立成田国际物流联盟。成田国际物流联盟是由千叶地方政府的公共企业部门推动并组建而成的，共占地 78 万 m²，临港区域的国际物流中心包括成田在内的 3 个城市、9 个市镇和 1 个乡。公共企业部门下属的工业园区有：位于 Shibayamn 的机场南工业园区和位于 YokosHiba 的 Yokoshiba 工业园区，2002 年，千叶政府申请开辟一块机场特区作为体制改革的试点，特区有宽松的政策环境，允许建立和运营独资的私营企业。

②兴建机场周围的货运设施。近几年，在成田机场外围，由大型货代公司运营的保税货运设施也快速增长，机场南工业园区现在成为货代企业购物流中心。2003 年 9 月，有 25 家公司在机场周围 5km 的辐射范围内的 28 个地方建造了仓库，总面积达 26 万 km²。这差不多与机场所占的 26.59 万 km² 的面积相等，可以很好地缓解机场的阻塞压力。

（3）日本关西国际机场。

关西国际机场位于大阪港东南泉州海面 5km，是一座填海建成的 24h 运行的海上机场。1994 年 9 月开港以来，客货量不断增长，作为大阪、关西地区的新的空中大门，它发挥着重要的作用,已成为代表日本航空运输的国际枢纽机场。

为了加强和完善机场性能,改善周边环境,振兴地方事业。日本在关西机场对岸建设了临空城。临空城面积为318.4hm²,其中,物流区的面积近25hm²,包括国际航空货物运输服务机构,物资与保税仓库,24h货物装卸基地,支持海、陆、空的物流。临空国际物流中心是日本西部规模最大的、处理国际航空物资的地方。

(4)德国法兰克福货运城。

法兰克福机场在市中心西南16km,是德国最大的机场。法兰克福机场每年处理240万t空运货物,是欧洲最大的航空货运机场,欧洲67%的航空货物运输、54%的邮件流转是在法兰克福机场进行的。

在法兰克福机场附近100个足球场大小的一片土地上,便是法兰克福货运城,现聚集了80家航空运输公司、100家运输服务公司,专门从事物流服务。预计到2015年,货运城的货物周转将达到274.5万t。

德国邮政国际邮件分拣中心也位于机场附近,每天分拣信件500万封、邮件45000件。2002年,法兰克福机场的航空货邮量达152万t,其中,50.4%通过全货机载运,其余通过客机货舱带货。其操作方式是:中心人员接收国际邮政中心的航空邮件袋,按国家及航空公司对其进行分拣,再将其交付机场地勤人员。航空邮件袋通过一个带有悬挂式传送机的直通输送桥来运递,该桥将航空邮件和国际邮政处理中心相互连接起来。这种邮件处理采用全新的、集中的和现代化的方式,遵循最新的安全标准。

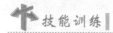 技能训练

[技能训练目标]

能够对空港物流有一个全面认知。

[技能训练准备]

(1)学生每6人自由结成一个小组,每个小组选一名组长;

(2)教师指导点评;

(3)学生自己安排时间调查,书写国际航空货运企业调研报告,教师统一评选。

[技能训练步骤]

(1)小组成员共同进行调查,撰写调研报告,报告署名按照贡献大小排列;

(2)分小组进行国际航空货运企业报告的课堂发表,每小组派代表陈述。

[技能训练注意事项]

(1)一丝不苟,认真撰写调研报告;

(2)调研内容要有依据、要准确。

项目二 国际航空运输货物收运

 教学要点

(1)了解国际航空货物收运流程和限制;

(2)结合实际案例学习,掌握国际航空货物的收运和运输安排。

可采用讲授、情境教学、案例教学和分组讨论等方法。

[情境设置]

某货主准备托运一批宠物犬到美国洛杉矶,国际航空公司的货运部工作人员如何按照国内外相关法律法规和承运航空公司的要求完成该票航空货物的收运,具体包括货物的收运条件要求、货物的包装、标贴、文件和运输安排等。

[相关理论知识]

一 货物的托运

(1)托运人在托运货物前,应该填写一份货物托运书,工作人员根据托运书来判断是否收运货物及填写货运单。

(2)托运人应当提供必需的资料和文件,以便货物在交付收货人之前完成海关、行政法规规定的有关手续。

(3)托运人应当自行办理海关手续。

(4)托运人在托运时,还应备齐承运人要求的文件,如危险品申报单、活动物证明等。

二 货物的收运

(1)收运方式。

①直接收运。直接收运是指托运人在承运人的营业时间,直接到承运人的货运部门托运货物。

②国际货运代理收运。国际货运代理收运是指航空承运人委托货运代理人来接收货物。

(2)收运的一般要求。

①承运人应当根据运输能力,按货物的性质和急缓程度,有计划地收运货物。

②批量大和有特定条件及时间要求的联程货物,必须事先安排好联程中转舱位后方可收运货物。

③遇有特殊情况,如政府法令、自然灾害、停航或者货物严重积压时,承运人可暂停收运货物。

④凡是国家法律、法规和有关规定禁止运输的物品,承运人可以拒绝收运。凡是限制运输的以及需要向公安、检疫等政府有关部门办理手续的货物,托运人应当提供有效证明。

⑤货物不致危害飞机、人员、财产的安全,不致烦扰旅客。

⑥收运货物时,应当检查托运人的有效身份证件。有效身份证件是指托运人或收货人托运、提取货物时必须出示的由政府主管部门规定的证明其身份的有效证件。如居民身份证、军官证、警官证、文职干部证、有效护照、回乡证、机动车驾驶证、户口

簿等。

⑦应当检查托运人托运货物的包装。不符合航空运输要求的货物包装,需经托运人改善包装后,方可办理收运。承运人对托运人托运货物的内包装是否符合要求,不承担检查责任。

⑧对收运的货物,承运人应当进行安全检查,对收运后24h内装机运输的货物,一律实行人工检查或者通过安检仪器检测。

(3)收运限制。

①品名限制。凡是国家政府、承运人禁止运输的货物一律不收运,限制运输的货物应备齐有关部门签发的文件、证明。还有一些特种货物须经过承运人事先安排,订妥吨位,否则不予收运。

禁止运输物品是指政府法令禁止运输的物品。例如,我国政府明令禁止运输的菌种有鼠疫毒菌、霍乱毒菌、病毒等。

限制运输物品是指政府法令规定只有符合限制条件才能准许运输的物品。包括珍贵文物、鸦片、吗啡等烟草毒品;罂粟壳、麻醉药品;金属砂矿类;炸药类;粮食;木材;濒危动植物;政府限制运输的其他物品。

需要预先订妥吨位或事先安排的货物包括如下几类:

a. 在中转时需要特别照看和处理的货物。

b. 声明价值超过1000万美元的货物。

c. 不规则形状或超大超重货物。

d. 活体动物。

e. 鲜活易腐货物。

f. 危险品。

g. 尸体。

②质量限制。不同的机型有不同的地板承受力限制,即最大允许地板承受力。当机舱地板的实际承受力超过最大允许地板承受能力时,货物会对地板造成损坏。在实际工作中,对体积小质量大的货物,通常在货物底部与机舱地板间加一块垫板。

③体积限制。在收运一件货物之前,应确定货物的尺寸是否适合运输路线所涉及的机型和装卸、仓储的设施设备。

货物的最长、最宽、最高限制取决于所用机型舱门的大小及机舱容积。如果因为体积超限而不能进入某航线提供的机型舱门时,承运人就不能收运。若货物高度过高,而长度和宽度可以进入舱门时,工作人员可询问托运人其货物是否可以任意放置,若不能,则不能放在此机型上运输。

④价值限制。出于对航空公司自身利益的考虑,各个航空公司都对所运输货物的金额有最高金额限制。中国民航的限制是:

a. 一架飞机所装货物的总价值不得超过100万美元。

b. 每一张货运单上,托运人对货物的声明价值不得超过10万美元。

c. 贵重货物包机,一架飞机的货物金额不得超过5000万美元。

三 包装检查

（1）基本要求。

①托运人提供的货物包装应坚固、完好、轻便，应能保证在正常的操作（运输）情况下，货物可完好地运达目的站。同时，也不损坏其他货物和设备。具体要求如下：

a. 包装不破裂。

b. 内装物不漏失。

c. 填塞要牢，内装物相互不摩擦。

d. 没有异味散发。

e. 不因气压、气温变化而引起货物变质。

f. 不伤害机上人员和操作人员。

g. 不损坏飞机、设备和机上其他装载物。

h. 便于装卸。

②为了不使密封舱飞机的空调系统堵塞，不得用带有碎屑、草末等的材料作为包装，如草袋、革绳、粗麻包等。包装的内衬物，如谷糠、锯末、纸屑等不得外漏。

③包装外部不能有突出的棱角，也不能有钉、钩、刺等。包装外部需清洁、干燥、没有异味和油腻。

④托运人应在每件货物的包装上详细写明收货人、另请通知人和托运人的姓名和地址。如包装表面不能书写时，可写在纸板、木牌或布条上，再拴挂在货物上，填写字迹必须清楚、明晰。

⑤包装的材料要良好，不得用腐朽、虫蛀、锈蚀的材料。不论是木箱或其他容器，为了安全需要，必要时可用塑料、铁箍加固。

⑥如果包装件有轻微破损，填写货运单时，应在"Handling Information"标注出详细情况。

（2）特殊要求。

①液体类货物。

a. 不论是瓶装、罐装或桶装，容器内至少有5%～10%的空隙，封盖严密，容器不得渗漏。

b. 用陶瓷、玻璃容器盛装的液体，每一容器的容量不得超过500ml，并需外加木箱包装，箱内装有内衬物和吸湿材料，内衬物要填牢固实，以防内装容器碰撞破碎。

c. 用陶瓷、玻璃容器盛装的液体货物，外包装上应加贴"易碎物品"标贴。

②易碎物品。

a. 每件质量不超过25kg。

b. 用木箱包装。

c. 用内衬物填塞牢实。

d. 包装上应贴"易碎物品"标贴。

③精密仪器。

a. 多层次包装，内衬物要有一定的弹性，但不得使货物移动位置和互相碰撞摩擦。

b. 加大包装底盘，不使货物倾倒。

c. 包装上应加贴"易碎物品"和"不可倒置"标贴。

④裸装货物。不怕碰压的货物,如轮胎等,可以不用包装,但不易点数或容易碰坏飞机的货物仍须妥善包装。

⑤木制包装。

a. 木制包装或垫板表面应清洁、光滑、没有任何种类的植物害虫。

b. 有些国家要求"Handling Information"栏中注明"The solid wood materials are totally free from bank and apparently free from live plant pests",并随附熏蒸证明。

⑥混运货物。一票货物中包含有不同物品称为混运货物。这些物品可装在一起,也可以分别包装,但不得包含下列物品:贵重货物、动物、尸体、骨灰、外交信袋、作为货物运送的行李。

四 加贴标签标贴

(1)标签。

标签是承运人印制的专为标明货物起讫地点、货运单号码、件数、质量的标记。标签有粘贴型和拴挂型两种。粘贴型标签在运输过程中不容易脱落,一般情况下优先使用。在一些袋、筐、捆等不易粘贴的包装上才考虑用拴挂型标签。标签的内容包括:航空公司名称、货运单号码、目的站三字代码、总件数、总毛重、始发站、中转站等。

按类别分,标签分为航空公司标签和分标签两种。

①航空公司标签是对其所承运货物的标识,各航空公司的标签虽然在格式、颜色上有所不同,但内容基本相同。标签上三位阿拉伯数字代表所承运航空公司的代号,后八位数字是总运单号码。

②分标签是代理公司对出具分标签货物的标识。凡出具分运单的货物都要制作分标签,填制分运单号码和货物到达城市或机场的三字代码。

一件货物贴一张航空公司标签,体积较大的货物需对贴两张标签。有分运单的货物,每件再贴标签。

(2)标贴。

标贴是根据货物性质,在货物外包装上标明货物特征和储运注意事项的各类标记。根据标贴的作用,可以分为特种货物标贴、操作标贴和危险品标贴。

①特种货物标贴是说明特种货物性质的各类识别标志,分为活动物标签、危险品标签和鲜活易腐物品标签。

②操作标贴是说明货物储运注意事项的各类标志,包括易碎、防潮、不可倒置等。

③危险品标贴。根据相关国际、国内法规规定的危险品标贴。

五 办理声明价值

根据《华沙公约》规定,承运人对货物的最高赔偿限额是每千克20.00美元,如果托运人希望承运人按货物的实际价值赔偿,可以就货物运输向承运人声明货物价值。

托运人对货物运输声明价值后,应支付声明价值附加费。

$$声明价值附加费 = (货物的声明价值 - 货物的实际毛重 \times 货物每千克最高赔偿限额) \times 0.5\%$$

技能训练

[技能训练目标]
能够根据国际航空货物运输要求正确安排货物的运输。

[技能训练准备]
(1)学生每6人自由结成一个小组,每个小组选一名组长;
(2)教师准备实际案例。

[技能训练步骤]
(1)6人一组共同进行案例学习分析,撰写货物收运方案,报告署名按照贡献大小排列。
(2)教师对每组的收运方案进行评价。

[技能训练注意事项]
(1)一丝不苟,认真撰写收运方案。
(2)调研报告内容确定要有相关法律法规等依据、要准确。
(3)调研报告格式规范、条理清晰、阐述流畅。

项目三 国际航空货物运输货物交付

教学要点

(1)熟悉国际航空货物到达和交付流程;
(2)了解无人提取货物的处理方式;
(3)结合实际案例学习,掌握国际航空运输货物的交付。

教学方法

可采用讲授、情境教学、案例教学和分组讨论等方法。

教学内容

[情境设置]
作为国际航空公司的货运部门工作人员,你需要模拟完成一票航空货物的进港和交付操作,具体包括货物的接机、办理海关监管、交接单制作、发到货通知、与收货人交接单证和货物等。

[相关理论知识]

一 货物进港

(1)接机。
国际货物进港后,进口室的工作人员应在航班到达,并在边防、海关等部门办完联查手续后,立即上机接取业务袋。业务袋内包括以下内容:货邮舱单、货运单、邮件结算单(路单)、平衡图和载重单以及其他业务函件等,并及时将货物舱单和货运单送到海关,加盖海关监管章。

(2)核对运单和舱单。

①若舱单上有分批货,则应把分批货的总件数标在运单号之后,并注明分批标志;把舱单上列出的特种货物、联程货物圈出。

②根据分单情况,在整理出的舱单上标明每票运单的去向。

③核对运单份数与舱单份数是否一致,做好多单、少单记录,并加在舱单上,多单运单交付查询部门。

④根据标好的一套舱单,将航班号、日期、运单号、数量、质量、特种货物、代理商、分批货、不正常现象等信息输入电脑,打印出国际进口货物航班交接单。

二 货物的提取和交付

(1)通知提货。

①货物运至目的站后,除另行约定外,承运人应及时向收货人发出到货通知。急件货物的到货通知在货物到达后2h内发出。

②对于不能预知收货人名称及到达时间的货物,如包机货物,应当在知道飞机到达时间后即可通知提货。

③对于普通货物的到货通知,在到达机场或市内货运处后24h内发出到货通知。

④如货运单未随货到达,应当根据货物卸装的发货标志通知收货人提货;如有疑问,应当发电查询清楚或待收到货运单后再做处理,以免通知错误。

⑤在发出到货通知以后,如收货人仍未提货,应当再次发出到货通知。

⑥到货书面通知应当以挂号信的形式邮寄。

(2)货物交付。

①收货人应在承运人指定的提货地点提取货物。对活体动物、鲜活易腐货物及其他指定航班的货物,托运人应负责通知收货人到目的地机场等候提取。

②除托运人与承运人另行约定外,货物只交付给航空货运单上的收货人。

③收货人应当凭个人有效身份证件提货。必要时,收货人应当提供盖有公章的提货证明。

④收货人如遗失提货证明,应当向承运人声明,并提供有效的证明文件来提取货物。

⑤收货人提取货物时,发现货物丢失、短缺、变质、损坏或延误到达等情况,应当场提出异议,由承运人按规定填写货物运输事故记录,并由双方签字或盖章。

⑥收货人提取货物并在航空货运单上签字而未提出异议,则视为按运输合同规定货物已完好交付。

⑦承运人按照适用的法律、政府规定或命令,将货物移交给国家主管机关或部门,应视为完成交付。发生此类情况时,承运人应通知托运人或收货人。

⑧经常有货物到达的单位,其与承运人协商同意后,可以出具委托书指定专人凭印鉴提货,不必每次开具证明。

⑨每张货运单只允许有一个收货人。

三 无法交付货物处理

(1)货物到达目的地14天后,由于下列原因造成收货人没有提取的货物,可按无法交付货物处理。

①货运单所列地址无此收货人或收货人地址不详。
②收货人对提取货物通知不予答复。
③收货人拒绝提货。
④收货人拒绝支付应付费用。
⑤出现了其他一些影响正常提货的问题。

(2)无法交付货物的处理。

①填制无法交付货物通知单交给始发站的出票航空公司或其当地代理人。
②承运人收到托运人对货物的处理意见后,应当按照托运人的意见对货物做相应处理。
③托运人未提出处理办法时,应当分情况做以下处理:

a.货物到达后90天内仍未获得答复,根据我国《海关法》的规定,承运人应将货物交给海关处理。承运人可按规定收取该货物运输中发生的装卸、储存等费用。

b.无法交付的鲜活易腐货物或者其他保存有困难的货物,承运人应与海关洽谈后处理,如做毁弃处理,所产生的费用,应当由托运人支付。

c.无法交付货物的处理结果,应当通过始发站通知托运人。

项目四 国际航空货运事故处理

(1)了解航空货物不正常运输的种类;
(2)了解国际航空货物运输中责任的划分;
(3)能结合实际案例正确处理国际航空货运事故的理赔。

可采用讲授、情境教学、案例教学和分组讨论等方法。

[情境设置]

作为国际航空公司的货运部门工作人员,接到一起国际航空货运事故的货主或其代理人提交的索赔函及相关单证资料,随即展开理赔工作,包括事故发生区间和原因调查分析、事故发生责任划分和赔偿金额的确定等。

[相关理论知识]

一 国际航空货运事故责任划分

1. 航空货运不正常运输

国际航空货运不正常运输是指货物在收运及运输过程中,由于工作差错而造成的不正常情况。通常主要有以下情形:

(1)漏(少)装。

(2)漏卸(运过境)。

(3)贴错标签货物。

(4)标签脱落。

(5)少收货物。

(6)多收货物。

(7)少收货运单。

(8)多收货运单。

(9)破损。

2. 国际航空货运承运人的责任

(1)承运人的责任。

根据《华沙公约》有关规定,承运人的责任如下:

①对于交运的行李或货物,因毁灭、遗失或损坏而产生的损失,如果造成这种损失的事故发生在航空运输期间,承运人应负责任。

②上款所指航空运输的意义,包括行李或货物在承运人保管的期间,不论在航空站内,还是在航空器上或在航空站外降停的任何地点。

③航空运输期间不包括在航空站以外的任何陆运、海运或河运。但如其是为了履行航空运输合同,为了装货、交货或转运,责任和损失应认为是航空运输期间发生的结果,除非有相反的证据。

④承运人对旅客、行李或货物在航空运输过程中因延误而造成的损失应负责任。

(2)承运人的免责。

①如承运人证明他和他的代理人为了避免损失,已经采取一切必要措施,或不可能采取这种措施时,承运人不承担责任。

②如果承运人证明受害人自己的过失是造成损失的原因或原因之一,法院可以按照其法律规定,免除或减轻承运人的责任。

③免责的四种情形。1975年9月25日,国际民航界在蒙特利尔订立了《蒙特利尔四号议定书》,其中,第四条第三款规定了承运人免责的四种情形:

a. 货物的属性或本身的缺陷所引发的损失。

b. 承运人或其受雇人以外的人包装不善。

c. 战争行为或武装冲突。

d. 政府有关部门实施的与货物入境、出境和过境有关的行为。

(3)承运人责任限额。

根据《华沙公约》和《海牙议定书》的规定,承运人对货物的最高赔偿责任限额为每千克250法郎或20美元。

3. 托运人、收货人的违约责任

有下列情形之一,造成承运人或者第三者损失,托运人、收货人应当承担违约责任。

(1) 在货物里夹带、匿报危险品及有害物品。

(2) 错报货物数量、货物品名不符或者违反运输包装标准和规定。

(3) 因托运人、收货人的故意行为和过失行为。

(4) 违反我国和运输过程中有关国家法律、行政法规和其他有关规定。

二 理赔

1. 索赔人

(1) 货运单上列明的托运人或收货人。

(2) 持有货运单上托运人或收货人签署的权益转让书的人,包括:

①承保货物的保险公司。

②受索赔人之托的律师。

③有关的其他单位。

④集运货物的主托运人和主收货人。

2. 正式提出赔偿地点和时限

(1) 索赔的地点。

托运人、收货人或其代理人在货物的始发站、目的站或损失事故发生的中间站,可以书面的形式向承运人(第一承运人或最后承运人或当事承运人)或其代理人提出索赔要求。

(2) 提出赔偿要求的时限。

①货物损坏(包括短缺)的赔偿要求,最迟延至收到货物之日起14天内提出。

②货物运输延误的赔偿要求,在货物由收货人支配之日起21天内提出。

③货物毁灭或遗失的赔偿要求,应自填开货运单之日起120天之内提出。

④未参加海牙议定书的国家,提出异议的时间为破损7天,延误14天。

任何异议,均按上述规定期限向承运人以书面形式提出。除承运人有欺诈行为外,有权提取货物的人如果在规定时限内没有提出异议,将会丧失获得赔偿的权利。

3. 理赔

接到收货人或托运人要求赔偿的文件后,承运人应立刻进行处理。但在事故未调查清楚前或未经赔偿主管部门的批准之前,不能做肯定赔偿具体金额的答复。办理货物赔偿的程序如下:

(1) 货物运输事故签证。

当航空地面代理人在卸货时发现货物破损,即由航空公司或航空公司地面代理人填写《货物运输事故签证》,这份签证主要是目的站货物出现问题时的一个证明。

在填写这份签证之前,收货人需要进一步确认内装物的受损程度,可以同航空公司的货运人员共同开箱检查,确认货物的具体受损程度,在开箱检查时,会出现两种情况,一是外包装破损,内装物完好;二是外包装破损,内装物破损。在第二种情况时,又会出现由于货主没有按照航空货物包装的要求进行包装,而导致的货物受损,这种情况就需要货主和承运人共同承担责任。这份证明要客观地描述货物出现问题的状况,尽量不要出现"短、少"等模糊性词语。这份签证由航空公司的货运部门签完后,再由收货人签字,其中一份航空公司留存,一份由收货人留存。

(2)受理索赔申请书。

自发现货物发生问题后,托运人、收货人或其代理人一定要按照公约所规定的赔偿时限提出赔偿要求,向航空公司提出书面的索赔申请书。

航空公司工作人员应当在收到的索赔文件上盖收到文件的年、月、日。同时,通知有关货运部门或驻外办事处,告知本处已受理赔偿,以防止重复赔偿,并对索赔人发函表示已受理索赔要求。

(3)航空公司审核所有的资料和文件后,进行以下调查工作:
①如货物办理保险,保险公司全额赔偿后,保险公司再向承运人提出赔偿,承运人视限额赔偿。
②货物遗失,查看来往电传;货物破损、潮湿,查看记录,确定是全部损坏还是部分损坏。
③了解始发站是否收到索赔函。
④编制国际货物索赔报告。

(4)填写国际航空货物索赔单,办理索赔的有关事项。

航空公司正式认可航空货物的索赔,根据索赔货物的金额不同,需要各级领导审批。

(5)签署责任解除协议书。

在索赔人收到索赔款时,签署责任解除协议书,即放弃诉讼权及进一步的索赔权。

4. 确定货物的实际损失和赔偿金额

(1)全损货物。对于整件货物的丢失或损毁,应按 CIF 发票价值赔偿。

(2)部分损失货物。如货物的一部分或者货物中任何物件发生遗失、损坏或者延误,用以决定承运人责任限额的质量,仅为该件或者件数的总质量。如货物的一部分或者货物中任何物件发生遗失、损坏或者延误,以致影响同一份货运单所列的另一包装件或者其他包装件的价值时,在确定责任限额时,另一包装件的总质量也应当考虑在内。

(3)办理声明价值货物,已向承运人办理货物声明价值,并支付了声明价值附加费,则按声明价值赔偿。

(4)未办理声明价值货物,承运人按照实际损失的价值进行赔偿,赔偿的最高限额为毛重每千克20美元。

(5)内损货物的责任。货物的内损指货物的外包装完好,但货物本身破损或者货物内容短缺。对于此类货物的破损,如无确实的证据证明是由于承运人的过错造成的,则承运人不承担责任。但对于外包装破损或有盗窃痕迹的,承运人应负责赔偿。

(6)延误。对于延误的赔偿额,应为因延误所造成的直接损失,但最高不得超过货物丢失或破损的赔偿额。有些航空公司对延误的赔偿一般控制在运费的范围内。

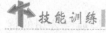

[技能训练目标]

能够根据国际航空货运相关公约和法律正确完成国际航空货运事故理赔工作。

[技能训练准备]
(1)学生每6人自由结成一个小组,每个小组选一名组长;
(2)教师准备实践案例。
[技能训练步骤]
(1)小组成员共同进行案例分析讨论,形成书面结论;
(2)教师从每组中指定一名同学,分别扮演索赔人和承运人,模拟案例的索赔和理赔过程,对不同观点进行辩论;
(3)组织全体同学对模拟过程和辩论结果进行讨论;
(4)教师对案例进行评析。
[技能训练注意事项]
(1)认真学习相关理论知识,对案例进行深入分析;
(2)分析结论要有相关法律、公约依据,要准确。

思考练习

一、简答题

(1)什么叫索赔、理赔?
(2)航空货运索赔、理赔各应注意哪些事项?

二、思考题

(1)航空进口货运主要有哪些环节?
(2)造成航空货损事故主要有哪些原因?

三、案例分析

空运货物错误交货

1. 基本案情

1998年9月25日,嘉华公司委托亚东货运公司(简称亚东公司)空运一批皮装至美国纽约。嘉华公司指示的收货人名称为联合企业集团有限公司(United Enterprises Group Ltd.,简称UEGL),联系电话是PPW公司的常用电话,同时嘉华公司在货物包装以及装箱单、报关单、出口货物明细单等多份单证上标注了PPW的标志。亚东公司委托中国东方航空股份有限公司(简称东航)承运,货物安全抵达目的港,亚东公司在美国的代理Speed Mark公司按照嘉华公司提供的PPW公司的电话履行了通知义务,并向其交付了运单,10月5日,PPW公司凭嘉华公司提供的商业发票、货物装箱单等单证同运单在美国海关报关,并且通过了美国海关的审核认定,提取了货物。

随后,嘉华公司又在10月5日、21日、30日分别委托亚东公司、华力环球运输有限公司上海分公司(简称华力公司)运送同样的货物给同一收货人UEGL,同样提供PPW的联系电话,同样向PPW公司提供了商业发票、货物装箱单等单证供其通过美国海关的审核提取货物。后亚东公司、华力公司分别向嘉华公司开具了运费发票,嘉华公司接收无异。1999年2~3月,当亚东公司向嘉华公司索要运费时,嘉华公司致函亚东公司称,货运至美国后发生一系列争执,已造成该公司巨大经济损失,待其处理完毕后立即将运费归还亚东公司。

2. 处理结果

1999年4月,亚东公司向上海市长宁区人民法院起诉嘉华公司拖欠运费,5月嘉华公司反诉亚东公司"错放货物",理由是其指定的UEGL有名无实,亚东公司不可能将出口货物交给UEGL,要求亚东公司赔偿货损160余万元人民币。长宁区人民法院于2001年7月做出一审判决,认定亚东公司"错放货物"成立,亚东公司负主要责任,承担75%货损;东航对亚东公司不能赔偿的部分承担赔偿责任;嘉华公司负次要责任,承担25%货损。后亚东公司和东航提起上诉,在二审期间,双方和解结案。

3. 经验教训

这是一起典型的贸易损失转嫁承运人身上的案例。卖方(托运人)对美国的买家(收货人)不熟悉,才出现运单上的收货人与实际提货人不符的情况。如果托运人对此情况熟悉,就是内外勾结坑害承运人。当托运人发现货款收不回来,才知道是与一家(UEGL)根本就不存在的公司做生意。于是,只能转向国内的承运人索赔,本案中托运人之所以这样做并索赔成功,是因为:第一,美国的两家公司系皮包公司,即使在美国打官司赢了也拿不回钱。第二,美国诉讼费用昂贵,不如国内诉讼方便、费用低。第三,也是最关键一点,国内的承运人特别是其在美国的代理公司,操作上的确有错误,让托运人抓住了把柄。

因此,本案第一个应当总结的教训是,无论空运还是海运,承运人特别是大型有资产实力的货运代理公司,要注意规范操作,避免一旦贸易上有损失,托运人或收货人转嫁损失,而承运人永远是最好的索赔对象。

本案第二个应当总结的教训是,货运代理业务实践中的一些做法。有些事情尽管许多年来大家都这样操作,但不一定对、不一定合法,不出纠纷大家都没有问题,出了事就成问题了。有些业务习惯,可能经年累月,业务人员代代相传。如海上运输中的无正本提单放货,不出现法律纠纷,什么事都没有,一旦有纠纷,承运人肯定逃脱不了责任。再比如,过去大家都习惯认为承运人在凭所签发的记名提单交付货物时,往往只需要查验收货人或提货人的身份(本案中连这一点也没有做到)就可以了,但是2003年英国判例表明,记名提单具有物权凭证性质,所以承运人也必须"见单放货"。因此,货运代理公司业务人员要注意学习,要掌握与业务相关的法律知识。还比如,货运代理公司特别是船公司在业务实践中往往以为提单具有物权凭证的性质,因此签发提单比海运提单好。其实,这种观点是错误的。正如联合国贸发会秘书处文件所指出的,除非货物要转卖,否则,当事人应尽量改变现有的商业习惯,多使用海运提单代替提单,以减少商业风险。

问题:

(1)亚东公司是否适当履行了义务?

(2)嘉华公司能否恢复对货物的处置权?

任务七　国际航空货运代理业务运作

内容简介

随着航空货运业务的发展，航空货运代理业应运而生。航空货运代理采用航空货运形式进出口货物，需要办理一定的手续，如出口货物在始发地办理航空公司承运前的订舱、储存、制单、报关、交运等；进口货物在目的地机场的航空公司或机场接货、监管储存、制单、报关、送货及转运等。航空公司一般不负责上述业务，由此，收货人、发货人必须通过航空货运代理公司办理航空货运业务。本任务的主要内容是国际航空货运代理进出口业务运作流程及操作。

教学目标

1. 知识目标

(1) 了解国际航空货运代理的作用、职能及业务经营方式；
(2) 掌握国际航空货运出口代理业务流程；
(3) 掌握国际航空货运进口代理业务流程；
(4) 掌握国际货物托运书和航空货运单的作用及填制方法；
(5) 掌握国际航空运费种类及计算方法。

2. 技能目标

(1) 能够完成国际航空货运代理进出口业务操作；
(2) 能够正确完成航空货运单填制；
(3) 掌握航空费用计算方法，能够根据空运货物进行空运费用计算与结算。

案例导入

聚焦主业，认清客户，专注全球代理销售模式
——南方航空公司2011年发展反思

航空公司的货运业务渠道主要指的是各级代理，在高度同质化的竞争中，如何捆绑代理的利益，提高代理公司对品牌的忠诚始终是困扰各航空公司的难题，代理通常更重视短期收益，总代理忠诚度对销售影响很大，特别2011年各航空货运巨头在中国的巨大运力投入的背景下，航空货运的竞争更加白热化。脱离价格陷阱，用正确的渠道深化细致的服务提升企

业软实力,才是航空货运突破同质化服务竞争,取得有利地位的关键。

从价值链的角度看,航空货运现在为终端客户提供的服务,这仅仅是货物的干线运输,以及极其少量的仓储功能,只能在价值链条上占据极少的环节,换句话说,我们只获得了利润蛋糕上的极少部分。所以从2005年左右,国内航空货运行业内开始尝试绕开代理,建立直销途径,锁定直销客户,甚至提出价值链一体化服务供应商的口号,以增加收益。但是5年过去了,发展的步伐却十分缓慢。

特别是航空货运进入了货机时代后,靠收货主的散货来满足货机的大胃口,已经基本上是不可能的了,所以航空公司的货运业务不应该有过多的定位直销服务。作为航空公司,应该集中精力面向主要客户群,认真分析航空公司在物流价值链条上应该处的位置,而不是随意抛出所谓的"航空物流一揽子方案",毕竟我们国内能够做到这样的高档次服务的航空公司还不存在,甚至国际物流巨头也只有其中的最顶尖企业才能提供类似的服务。

从外航的业务发展看,我们熟悉的大韩、法航、华航、东航、国航等航空公司,也均未深入航空物流价值链的其他环节。相反,他们往往采取不做零散的销售,并且和很多大型的全球代理签订全年相对固定价格协议,锁定了大量的收益。目前,上海的经营货机业务的航空公司与全球代理签订的固定运价协议都达到了整体舱位的50%以上,像有些公司的货机就被大代理常年承包,它们的货机也是几乎所有舱位都与全球代理签订了固定运价协议,国航、东航的固定运价协议比例也均超过50%。在上海,由于南航以前的运力较小,所以一直只做地面代理。但是,随着航空公司运力不断加大,这样的情况下,航空公司在货机上的销售策略应该向全球公司合作靠拢,尽可能提前销售舱位锁定收益。

从物流价值链条上其余各项业务的操作复杂程度看,不但销售的问题难以解决,一系列的运输仓储派送,连带国内外海关业务接洽,与各地机场、航空公司、地面代理的协调能力,这些都不是航空公司的特长,都不是航空公司能够提供的服务,或者说航空公司需要另外付出较大的人力、渠道、资金成本,才能为客户提供这样的附加值服务,更何况货主对代理的全球派送能力越来越看重。另外,既然是提供附加值服务,必然是免费或者较低收费,而航空公司由于一向专注于航空位移业务,对于越靠近终端的服务业务的熟悉程度越低,中短期内难以见效。

从长远发展来看,航空公司在物流价值链条上的多元化发展在全球化竞争的背景下,还是能够得到客户的青睐的。但是,进入业务的时机与自身条件的成熟是必不可少的两个条件。

(1)国际航空货运代理在国际航空货运中扮演什么角色?
(2)国际航空货运代理如何开展业务?

项目一　国际航空货运代理行业概述

(1)了解国际航空货运代理的作用;
(2)熟悉国际航空货运代理的业务经营方式;

(3)结合实际案例学习,掌握国际航空货运代理的业务范围、业务经营方式。

可采用讲授、情境教学、案例教学和分组讨论等方法。

[情境设置]

通过各种方式调研、收集国际航空货运代理企业资料,学习该企业的背景、规模及业务范围,完成国际航空货运代理企业调研报告,具体内容包括企业的资质、规模、业务范围、岗位设置和人才需求等。

[相关理论知识]

一 我国对民用航空货运代理业的管理规定

航空货运代理在业务经营上与海运货运代理有一定的区别,管理制度也有所差异。在我国,根据 1993 年中国民用航空总局颁布的《民用航空运输销售代理业管理规定》中规定,民用航空销售代理业是指受民用航空运输企业委托,在约定的授权范围内,以委托人名义代为处理航空客货运输销售及其相关业务的营利性行业。

民用航空货运代理人是指取得企业法人资格,从事航空运输销售代理行业的企业。其中,经营国际航线或者中国香港、中国澳门、中国台湾地区航线的民用航空运输销售代理业务的企业属于一类空运销售代理。

二 国际航空货运代理行业的作用

第二次世界大战前,即 20 世纪 20 年代末 30 年代初,民用客机的载客量小,飞行速度低,安全性差,所承运的货物非常有限,航空货运仅限于一些航空邮件和紧急物资。

1939—1945 年,战争的需求使得航空器有了很大的发展,当时的航空货运主要是军需物资的运输。

1945 年之后,随着战争的结束,军用飞机逐渐转向民用,尤其是宽体飞机的出现和全货机的不断发展,航空货运在经济发展中的地位越来越重要。

随着航空货运业务的发展,航空货运代理业应运而生。航空公司主要业务为飞行保障,它们受人力、物力等诸因素影响,难以直接面对众多的客户,处理航运前和航运后繁杂的服务项目。实践中就需要航空货运代理公司为航空公司出口揽货、组织货源、出具运单、收取运费、进口疏港、报关报验、送货、中转,使航空公司可集中精力做好其自身业务,进一步开拓航空运输。

航空货运代理公司的工作是整个航空运输中不可缺少的一环,其服务功能为货主及航空公司双方均带来方便和好处。随着我国对外贸易近年来的大幅度增长,航空货运代理业也得以迅速发展。

航空货运代理公司作为货主和航空公司之间的桥梁和纽带,一般具有两种职能。

(1)为货主提供服务的职能:代替货主向航空公司办理托运或提取货物。

(2)航空公司的销售代理职能：部分货代还代替航空公司接受货物，出具航空公司的总运单和自己的分运单。

航空货运代理公司大多对航空运输环节和有关规章制度十分熟悉，并与各航空公司、机场、海关、商检、卫检、动植物检及其他运输部门有着广泛而密切的联系，具有代办航空货运的各种设施和必备条件。同时各航空货运代理公司在世界各地或有分支机构，或有代理网络，能够及时联络，以掌握货物运输的全过程。因此，货主委托航空货运代理公司办理进出口货物运输事宜比到航空公司直接办理有关事宜可能更为便利。

航空货运代理公司在现代经济中起到了非常大的作用，但随着互联网的普及、电子商务的发展，货物运输的交易可能会在互联网上实现，货主可以在网上查询到所有的信息，因此航空货运代理业务也会随之发生变化。

三 航空货运代理业务经营方式

(1)直接运输。

直接运输是指航空货代接收托运人委托后，将一票货物直接交航空公司或其代理人办理托运手续的运输方式。

(2)集中托运业务。

集中托运是指集中托运商将多个托运人的货物集中起来作为一票货物交付给承运人，用较低的运价运输货物。货物到达目的站，由分拨代理商统一办理海关手续后，再分别将货物交付给不同的收货人。

由于航空运价随着货物计费质量的增加而逐级递减，货物质量越大，代理人或集运商就可以从航空公司获取更加优惠的运价，因此集中发运大批量货物的运营模式成为众多代理人追求的目标(因为他能从航空公司获取比其他竞争对手低的运价)。航空货运市场目前还是一个价格敏感程度非常强的市场，较低的价格意味着代理人占据了一个很强的竞争优势，市场销售将会非常得力，会吸引更多的托运人发货，这样一来，运送货物的总量会进一步增加，再与航空公司洽谈时能得到更加优惠的运价。这是一个非常好的良性循环，代理人由此会越做越大。实际上，从航空货运代理人本身的发展规律来看，规模越大越容易生存和发展。

集中托运商和分拨代理商这两个名词来自欧美国家，在有些国家专门有这样的企业。但在中国，航空代理人做的工作本身就含有集中托运和分拨代理的项目，因此这两个概念在中国就等同于航空代理人。

代理人在进行集中托运货物时，首先从各个托运人处收取货物，在收取货物时，需要给托运人一个凭证，这个凭证就是分运单，它表明托运人把货物交给了代理人，代理人收到了托运人的货物，所以分运单就是代理人与发货人交接货物的凭证，代理人可自己颁发分运单，不受航空公司的限制，但通常的格式还按照航空公司主运单来制作。在分运单中，托运人栏和收货人栏都是真正的托运人和收货人。

代理人在收取货物之后，进行集中托运，需要把来自不同托运人的货物集中到一起，交给航空公司，代理人和航空公司之间就需要一个凭证，这个凭证就是主运单。航空主运单对代理人和航空公司都非常重要，因为它承载了货物的最主要信息。货物运输的过程就是信息流的过程，信息流保证了货物运送的安全性和准确性。主运单表明代理人是航空公司的销售代理人,表示取得授权的代理人在市场上可以销售航空公司的舱位。通常,航空公司根据代理人的实际情况和结算周期,分时间间隔发放给代理人一定数量的货运单,代理人销售完一定数量的运单后,与航空公司进行结算。因此,主运单是代理人与承运人交接货物的凭证,同时又是承运人运输货物的正式文件。在主运单中,托运人栏和收货人栏都是代理人。在中国,只有航空公司才能颁发主运单,任何代理人不得自己印制颁发主运单。

一票集中托运货物的所有分运单都要装在结实的信封内并附在主运单后,并在货运单"Nature and Quantity"栏内注明:"Consolidation as per attached manifest"。

在主运单中,由于货物的品名是通过品名栏中注明的"集中托运货物的相关信息附在随带的舱单中",并没有列出具体的货物品名,因此需要查询集中托运货物舱单,才能了解在这种主运单中有哪些分运单和货物。

对于集中托运货物,要在每件货物上贴上识别标签,注明主单号和分单号。

并不是所有的货物都可以采取集中托运的方式,因为在集中托运时,代理人把来自不同托运人的货物并在一个主单上运输。对于航空公司来说,对待主单上所有货物的方式一定是一样的,不可能对一张主单上的两种货物采取两种不同的操作方法,因此对于集中托运货物的性质是有一定要求的。下列货物不得以集中托运形式运输:贵重物品、活体动物、尸体、骨灰、外交信袋、危险物品。

(3)包舱包板运输。

包舱包板是指一部分揽货实力强的货运代理企业根据所运输的货物在一定时间内、一定航线或航班上与航空承运人签订包舱包板协议,包用飞机部分或全部货舱、一定数量的集装箱或集装板,而承运人需要采用专门措施予以保证。此时的货运代理人相对货主和其他货运代理人而言就等于是承运人,他掌握着舱位价格的制订权。

(4)航空快递。

航空快递是指具有独立法人资格的企业,将进出境货物或物品从发件人所在地通过自身或代理网络运达收件人的一种快速运输方式。采用此类运输方式的进出口物品称之为快件。

航空快递收运快件以文件和小包裹为主。文件包括银行票据、贸易合同、商务信函、装船单据、小件资料等。包裹包括小零件、小件样品、急用配件等。

国际航空快递提供的服务方式分为:

①门到门服务。发件人需要发货时打电话给快递公司,快递公司派人上门取件,经过分拣、整理、核对、制单和报关后,利用航空公司或自己的班机运送到目的地。目的地的快递公司负责办理清关手续和提货手续,并将快件及时送交收件人手中。此种方式最普遍、最简单方便。

②门对机场服务。门对机场服务是指运输服务只能到收件人所在城市或附近机场,需要收件人自己办理清关手续,或者另外付费委托快递公司代办。一般适用于货物价值较高或者是目的地海关当局对货物或物品有特殊规定的地方。

③专人派送。专人派送是指发件地快递公司指派专人携带快件,在最短时间内,采用最便捷的交通方式,将快件送到收件人手中。适用于特殊情况,以确保货物安全与按时交付,一般很少采用。

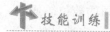

[技能训练目标]

能够对国际航空货运代理行业有比较充分的了解。

[技能训练准备]

(1)学生每6人自由结成一个小组,每个小组选一名组长;

(2)教师提出完成任务的具体要求;

(3)学生自己安排时间调查,书写国际航空货运代理企业调研报告,教师统一评选。

[技能训练步骤]

(1)小组成员共同进行调查,撰写国际航空货运代理企业调研报告,报告署名按照贡献大小排列;

(2)分小组进行国际航空货运代理企业调研报告的课堂发表,每小组选派代表陈述。

[技能训练注意事项]

(1)一丝不苟,认真撰写国际航空货运代理行业调研报告;

(2)调研内容要有依据、要准确;

(3)调研报告格式规范、条理清晰、阐述流畅。

项目二 国际航空货运代理出口业务运作

(1)运用教学软件,完成一票出口代理业务操作;

(2)分配给每个小组一份企业实际案例,讨论学习案例中的知识点;

(3)在教学软件中进行模拟操作。

可采用讲授、情境教学、案例教学和模拟操作等方法。

[情境设置]

某货代公司操作员根据发货人的委托,将货主委托信息录入操作系统,生成国际货物托运书,向航空公司订舱代理人进行订舱,并根据托运书填制航空货运单。

[相关理论知识]

一 接受货主委托

航空货运代理企业作为航空货物运输销售代理人,与出口单位(发货人)就出口货物运输事宜达成意向后,可以向发货人提供所代理的有关航空公司的国际货物托运书。对于长期出口的单位,航空货运代理公司一般都与之签订长期的代理协议。

发货人发货时,首先需填写委托书,并加盖公章,作为货主委托代理承办航空货运出口货物的依据。航空货运代理公司根据委托书要求办理出口手续,并据以结算费用。因此,国际货物托运书是一份重要的法律文件。

托运书(Shippers Letter of Instruction,SLI)是托运人用于委托承运人或其代理人填开航空货运单的一种表单,表单上列有填制货运单所需的各项内容,并应印有授权于承运人或其代理人代其在货运单上签字的文字说明。

根据《华沙公约》第五条第一款和第五款规定,货运单应由托运人填写,也可由承运人或其代理人代为填写。实际上,目前货运单均由承运人或其代理人代为填制。为此,作为填开货运单的依据——托运书,应由托运人自己填写,而且托运人必须在上面签字或盖章。

托运书包括下列内容栏,如表7-1 所示。

国际货物托运书　　　　　　　　　　　　　　　表7-1

	托运人账号 SHIPPER'S ACCOUNT NUMBER		供承运人用 FOR CARRIAGE USE ONLY	
托运人姓名及地址 SHIPPER'S NAME AND ADDRESS CHINAINDUSTRY CORP., BEIJING. P. R. CHINA TEL:86(10)6459×××　FAX:86(10)6459×××			航班/日期 FLIGHT/DAY CA921/30 JUL	航班/日期 FLIGHT/DAY
	收货人账号 CONSIGNEE'S ACCOUNT NUMBER		已预留吨位 BOOKED	
收货人姓名及地址 CONSIGNEE'S NAME AND ADDRESS OSAKA SPORT IMPORTERS,OSAKA,JAPAN TEL:7878××××			运费　　CHARGES CHARGES PREPAID	
代理人的名称和城市 ISSUING CARRIERS AGENT NAME AND CITY KUNDA AIR FRIGHT CO. LTD			ALSO NOTIFY	
始发站　AIRPORT OF DEPARTURE BEIJING CAPTIAL INTERNATIONAL AIRPORT				
到达站　AIRPORT OF DESTINATION KANSAI INTERNATIONAL AIRPORT				
托运人声明价值 SHIPPER'S DECLARED VALUE		保险金额 AMOUNT OF INSURANCE ×××	所附文件 DOCUMENT TO ACCOMPANY AIR WAYBILL I COMMERCIAL INVOICE	
供运输用 FOR CARRIAGE NVD	供海关用 FOR CUSTOMS NCV			
处理情况(包括包装方式、货物标志及号码) HANDLING INFORMATION(INGL. METHOD OF PACKING、IDENTIFYING MARK AND NUMBERS) KEEP UPSIDE				

续上表

件数 NO. OF PACKAGES	实际毛重 ACTUAL GROSS WEIGHT(kg)	运价种类 RATE CLASS	计费重量 CHARGEA- BLE WEIGHT	费率 RATE CHARGE	货物品名及数量(包括体积或尺寸) NATURE AND QUANTITY OF GOODS (INCL. DIMENSION OR VOLUME)
4	89.8				TOYS DIMS：EACH 70cm×47cm×35cm×4

国际航空货物托运书填制如下：

(1)托运人(SHIPPER'S NAME AND ADDRESS)。

填列托运人的全称、街名、城市名称、国家名称及便于联系的电话、电传或传真号码。其中托运人账号栏，除非承运人需要，此栏可不填写。

(2)收货人(CONSIGNEE'S NAME AND ADDRESS)。

填列收货人的全称、街名、城市名称、国家名称(特别是在不同国家内有相同城市名称时，更应注意境上国名)以及电话号、电传号或传真号，本栏内不得填写"to order"或"to order of the shipper"(按托运人的指示)等字样，因为航空货运单不能转让。其中收货人账号栏，除非承运人需要，此栏可不填写。

(3)代理人(ISSUING CARRIERS AGENT NAME AND CITY)。

填写航空货运承运人填开货运单的代理人名称。

(4)始发站机场(AIRPORT OF DEPARTURE)。

填始发站机场的全称，可填城市名称。

(5)到达站机场(AIRPORT OF DESTINATION)。

填目的地机场(机场名称不明确时，可填城市名称)，如果某一城市名称用于一个以上国家时，应加上国名。例如：LONDON UK 伦敦，英国。

(6)托运人的声明价值(SHIPPER'S DECLARED VALUE)。

①供运输用的声明价值(DECLARED VALUE FOR CARRIAGE)。

填列供运输用的声明价值金额，该价值即为承运人赔偿责任的限额。承运人按有关规定向托运人收取声明价值费。但如果没有声明价值或所交运的货物毛重每公斤不超过20美元(或等值货币)，应在本栏内填入"NVD"(No Value Declared 未声明价值)，如本栏空着未填写时，承运人或其代理人可视为货物未声明价值。

②供海关用的声明价值(DECLARED VALUE FOR CUSTOMS)。

国际货物通常要受到目的站海关的检查，托运人应在此栏内填入货物的商业价值(根据商业发票)。如果该货物没有商业价值(如样品)，应在此栏内填写"NCV"(No Commercial Value)。

(7)保险金额(INSURANCE AMOUNT REQUESTED)。

如果承运人向托运人提供货物保险服务，此栏可填入货物的实际价值或投保金额。中国民航各空运企业暂未开展国际航空运输代理保险业务，本栏可空着不填。

(8)供承运人用(FOR CARRIAGE USE ONLY)。

此栏为阴影栏,供承运人填写航班和起飞日期。

(9)已预留吨位(BOOKED)。

将已预留的吨位(包括已订妥或已发电申请预留吨位)的航班号和日期填入本栏。

(10)运费支付方式(CHARGES)。

填写运费或其他费用的支付方式:运费预付(FREIGHT PREPAID)或运费到付(FREIGHT COLLECT)。

如果托运人与货代公司之间的协议,对于一些稳定的、信誉好的客户,通常货代公司会选择月结方式。

(11)另请通知(ALSO NOTIFY)。

除填收货人之外,如托运人还希望在货物到达的同时通知他人,请另填写通知人的全名和地址。

(12)货运单所附文件(DOCUMENTATION TO ACCOMPANY AIR WAYBILL)。

填列随附在货运单上运往目的地的文件,应填上所附文件的名称。例如:托运人所托运的动物证明书(SHIPPER'S CERTIFICATION FOR LIVE ANIMALS)。

(13)处理情况(HANDLING INFORMATION)。

填列附加的处理要求。外包装上的标记;操作要求,如易碎、向上等。

(14)件数(NO. OF PACKAGES)。

填列该批货物的总件数。

(15)实际毛重(ACTUAL GROSS WEIGHT)。

本栏内的重量应由承运人或其代理人在称重后填入。如托运人已填上重量,承运人或其代理人必须进行复核。

(16)运价类别(RATE CLASS)。

所适用的运价、协议价、杂费、服务费。

(17)计费重量(千克)(CHARGEABLE WEIGHT)(kgs)。

本栏内的计费重量应由承运人或其代理人在量过货物的尺寸(以厘米为单位)后,由承运人或其代理人根据航空货运计费重量计算规则(见项目五)算出计费重量后填入。如托运人已经填上,承运人或其代理人必须进行复核。

(18)费率(RATE/CHARGE)。

本栏可空着不填。

(19)货物的品名及数量(包括体积及尺寸)(NATURE AND QUANTITY OF GOODS (INCL. DIMENSIONS OR VOLUME)。

填列货物的品名和数量(包括尺寸或体积)。

若一票货物包括多种物品时,托运人应分别申报货物的品名。本栏所填写内容应与出口报关发票、进出口许可证上列明的货物相符。

此外,托运书上一般还包括:

托运人签字栏(SIGNATURE OF SHIPPER)。托运人必须在本栏内签字,并填入托运人填写托运书的日期(DATE)。

经手人/日期栏(SIGNATURE OF ISSUING OF ITS AGENT)。由航空承运人(CARRI-

ER)或其代理人(AGENT)负责该票业务的工作人员签字并填写办理货物托运的日期(DATE)。

在接受托运人委托后,在单证操作前,货运代理公司的指定人员对托运书进行审核或称之为合同评审。审核的主要内容有:价格、航班日期。目前,在审核起降航班的航空公司中,大部分采取自由销售方式。每家航空公司、每条航线、每个航班甚至每个目的港均有优惠运价,这种运价会因货源、淡旺季经常调整,而且各航空公司之间的优惠价也不尽相同。所以有时候更换航班,运价也随之更换。

需要指出的是,货运单上显示的运价虽然与托运书上的运价有联系,但互相之间有很大区别。货运单上显示的是 TACT 上公布的适用运价和运费,托运书上显示的是航空公司优惠价加上杂费和服务费或使用协议价格。托运书的价格审核就是判断其价格是否能被接受,预订航班是否可行。审核人员必须在托运书上签名和写上日期以示确认。(航空运费计算见项目五。)

二 订舱

(1)确认客户信息。

货代公司的业务员接受货主的委托后,将货主的委托书等资料交给操作员。操作员根据这些资料与货主的跟单人建立联系方式,再次确认出运货物的相关信息和签单要求。

(2)订舱。

操作员把托运书上的信息录入货代公司的货运系统后,就可以向航空公司或者该公司的订舱代理公司进行订舱。

①订舱分类。

a. 直订:如货代公司是某航空公司的销售代理,即可直接向航空公司订舱。

b. 非直订:如果货代公司不是某航空公司的签约销售代理,则需要委托航空公司的销售代理公司订舱,此销售代理公司再向航空公司订舱。

②订舱方式。

a. 网上订舱:即登录相关航空公司或其销售代理公司的网站,进行网上订舱的过程。

b. 传真订舱:即依货代公司格式将托单打印出来,并传真到相关航空公司或其销售代理公司进行订舱的过程。

(3)订舱确认。

完成订舱操作后,操作员通过航空公司网站查询订舱信息,取得航班信息后,将出运信息告知客户,同时将货物进仓图传真给货主,让其做好送货准备工作。

①如果是代拉业务,操作员还需要联系运输企业,上门取货后,再送至机场港区货代公司指定仓库。

②如果是自拉业务,则由货主自行将货物送至机场港区货代公司指定的仓库。

三 签发航空货运单

作为航空公司销售代理的货代企业,一般享有代理航空公司签发航空货运单的权利,同时航空货运单又是办理报关的单证,因此需要在报关前签发好货运单。

填制航空货运单是空运出口业务中最重要的环节,货运单填写的准确与否直接关系到货物能否及时、准确地运达目的地。航空货运单是发货人收结汇的主要有效凭证。因此,运单的填写必须详细、准确、严格符合单货一致、单单一致的要求。(航空货运单填制见项目四。)

四 接收货物、办理报关

该环节和下一环节并不是所有的航空货运代理都需要完成的,主要看货代企业的业务经营方式和各个机场的海关监管仓库管理制度。

大部分货代企业一般在机场港区没有仓库,只要货主直接把货物运送到机场港区指定仓库即可。

一些规模大的货代企业,如从事包舱包板业务或集中托运业务的企业,在机场港区有自己的海关监管仓库,此时企业可以先把货主的货物接收在自己仓库,然后到航空公司领取板、箱,负责装板箱。

货物进仓后就可以向海关申请办理出口报关手续,海关放行后,在航空货运单上加盖海关放行章。

五 编制出仓单

配舱方案制订后,就可着手编制出仓单。

出仓单上应载明日期、承运航班的日期、装载板箱形式及数量、货物进仓顺序编号、总运单号、件数、质量、体积、目的地三字代码和备注。出仓单交给出口仓库,用于出库计划,出库时点数并向装板箱交接。

出仓单交给装板箱环节是向出口仓库提货的依据,也是制作国际货物交接清单的依据。该清单还用于向航空公司交接货物,同时还可用于外拼箱。

出仓单在报关环节交付,当报关有问题时,可有针对性地反馈,以采取相应措施。

六 提板箱、装板箱

大宗货物、集中托运、包舱包板货物可以在货运代理公司自己的仓库、场地、货棚进行装板、装箱,亦可在航空公司指定的场地装板、装箱。

订妥舱位后,航空公司吨控部门将根据货量出具发放航空集装箱、板凭证,货运代理公司凭此向航空公司箱板管理部门领取与订舱货量相应的集装板、集装箱。

货代根据订舱计划向航空公司申领箱、板并办理相应的手续。取得相应的塑料薄膜和网。对所使用的箱、板要登记。

装箱时要注意以下几点:

(1)不要用错集装箱、集装板,不要用错板型、箱型。每个航空公司为了加强本航空公司的板、箱管理,都不许可本公司的板、箱为其他航空公司的航班所用。不同公司的航空集装箱、航空集装板因型号、尺寸有异,因此,如果用错会出现装不上飞机的现象。

(2)检查所有待装货物。根据货物的卸机站、质量、体积、包装材料以及货物运输要求设计货物组装方案。

（3）一般情况下，大货、重货装在集装板上；体积较小、质量较轻的货物装在集装箱内。组装时，体积或质量较大的货物放在下面，并尽量向集装器中央集中码放；小件和轻货放在中间；危险物品或形状特异可能危害飞机安全的货物，应将其固定，可用填充物将集装器塞满或使用绳、带捆绑，以防损坏设备、造成飞机事故。合理码放货物，做到大不压小、重不压轻、木箱或铁箱不压纸箱。对于大宗货物、集中托运货物、同一卸机站的货物应装在同一集装器上。一票货物应尽可能集中装在一个集装器上。已装妥整个板、箱后，剩余的货物尽可能拼装在同一箱、板上，防止散乱、遗失。

（4）在集装箱内的货物应码放紧凑，间隙越小越好。如果集装箱内没有装满货物，即所装货物的体积不超过集装箱容积的 2/3，且单件货物质量超过 150kg 时，就要对货物进行捆绑固定。

（5）特别重的货物放在下层，底部为金属的货物和底部面积较小质量较大的货物必须使用垫板，以防金属货物损坏集装器，同时可以分散货物对集装器底板的压力，保证集装器能够平稳顺利地装入飞机。

（6）装在集装板上的货物要摆放整齐，上下层货物之间要相互交错，骑缝码放，配装整齐，结构稳定，避免货物与货物坍塌、滑落。装在集装板上的小件货物，要装在其他货物的中间或适当地予以固定，防止其从网套及网眼中滑落。一块集装板上装载两件或两件以上的大货时，货物之间应尽量紧邻码放，尽量减少货物之间的空隙。

（7）不要超装箱板尺寸。一定型号的箱、板用于一定型号的飞机，板、箱外有具体尺寸规定。因此，装箱、板时，要注意货物的尺寸超装，又要在规定的范围内用足箱、板的可用体积。

（8）要垫衬，封盖好塑料纸，防潮、防雨淋。

七 签单发运

货运单在盖好海关放行章后，还需到航空公司签单。其目的主要是审核运价使用是否正确以及货物的性质是否适合空运，例如危险品等是否已办理了相应的证明和手续。航空公司的地面代理规定，只有签单确认后才允许将单、货交给航空公司。

签单确认后，货代公司就可将随机单据和应由承运人留存的单据及货物交给航空公司。航空公司审单验货后，在交接签单上验收，将货物存入出口仓库，单据交吨控部门，以备配舱。

八 航班跟踪

单、货交接给航空公司后，航空公司可能会因种种原因（例如航班取消、延误、溢载、故障、改机型、错运、倒垛或装板不符规定等）未能按预定时间运出，所以货运代理公司从单、货交给航空公司后，就需对航班、货物进行跟踪。

需要联程中转的货物，在货物出运后，要求航空公司提供二、三程航班中转信息。有些货物事先已预订了二、三程，也还需要确认中转情况。有时要直接发传真或打电话与航空公司的海外办事处联系货物中转情况。及时将上述信息反馈给客户，以便遇有不正常情况及时处理。

九 费用结算

费用结算主要涉及同发货人、承运人和国外代理人三方面的结算。

(1) 与发货人结算费用。在运费预付的情况下,收取以下费用:

①航空运费。

②地面运输费。

③各种服务费和手续费。

(2) 与承运人结算费用。

向承运人支付航空运费及代理费,同时收取代理佣金。

(3) 与国外代理人结算到付运费和利润分成等。

到付运费实际上是发货方的航空货运代理人为收货人垫付的,因此收货方的航空货运代理公司在将货物移交收货人时,应收回到付运费并将有关款项退还发货方的货运代理人。同时,发货方的货运代理人应将代理佣金的一部分分给其收货地的货运代理人。

由于航空货运代理公司之间存在长期的互为代理协议,因此与国外代理人结算时一般不采取一票一结的办法,而采取应收应付相互抵消、在一定期限内以清单冲账的办法。

十 货运全程信息服务

航空货运代理应为委托人进行全程信息服务。航空货运代理公司须在多个方面为客户做好信息服务:

(1) 订舱信息。航空货运代理应将是否订妥舱位及时告诉货主或委托人,以便及时备单、备货。

(2) 审单及报关信息。航空货运代理应在审阅货主或委托人送来的各项单证后,及时向发货人通告。如有遗漏、失误及时补充或修正。在报关过程中,遇有任何报关、清关的问题,亦应及时通知货主,共商解决。

(3) 仓库收货信息。航空货运代理应将货物送达货运代理人,告诉其仓库的出口及货物的到达时间、货量、体积、缺件、货损情况,以免事后扯皮。

(4) 交运称重信息。运费计算标准以航空公司称重、所量体积为准,如在交运航空公司称重过磅过程中,发现称重、体积与货主声明的质量、体积有误,且超过一定比例时,必须通告货主,求得确认。

(5) 一程及二程航班信息。航空货运代理应及时将航班号、日期及以后跟踪了解到的二程航班信息及时通告货主。

(6) 集中托运信息。对于集中托运货物,航空货运代理还应将发运信息预报给收货人所在地的国外代理人,以便对方及时接货、查询、进行分拨处理。

(7) 单证信息。货运代理人在发运出口货物后,应将发货人留存的单据,包括盖有放行章和验讫章的出口货物报关单、出口收汇核销单、第三联航空运单正本,以及用于出口产品退税的单据,交付或寄送发货人。

航空货运代理公司从接受委托开始,一直到将货物交收货人的整个过程,应始终与委托人及有关人员保持密切的信息往来,对货物进行全程跟踪。

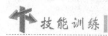

[技能训练目标]

能够正确掌握国际航空货运出口业务,运用国际货运代理实训软件模拟完成一票货物的出运操作。

[技能训练准备]

(1)在校内实训室,安装国际货运代理操作软件系统,准备实际案例和实训指导书;

(2)学生学习订舱操作流程。

[技能训练步骤]

(1)教师扮演一家货运代理企业的操作主管,学生扮演货代公司的操作员;

(2)教师运用实训软件进行模拟操作演示,如图7-1~图7-5所示;

(3)学生根据实训案例要求和实训指导书进行订舱模拟操作,并填制托运书和航空货运单;

(4)模拟操作步骤。

第一步:客户委托信息资料填写(如图7-1所示)。

图7-1 客户委托信息资料填写

第二步:订舱(如图7-2所示)。这里的订舱是拟订舱,是客户向货代的订舱,而非真正的向航空公司订下的舱位。

图7-2 订舱

第三步:填写货物信息(如图7-3所示)。填写货物的长、宽、高和件数以及其他相关货物资料。

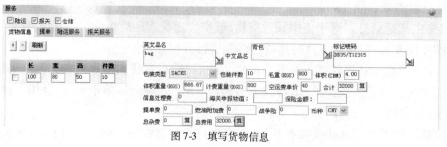

图7-3 填写货物信息

第四步:填写货运单信息(如图7-4所示)。

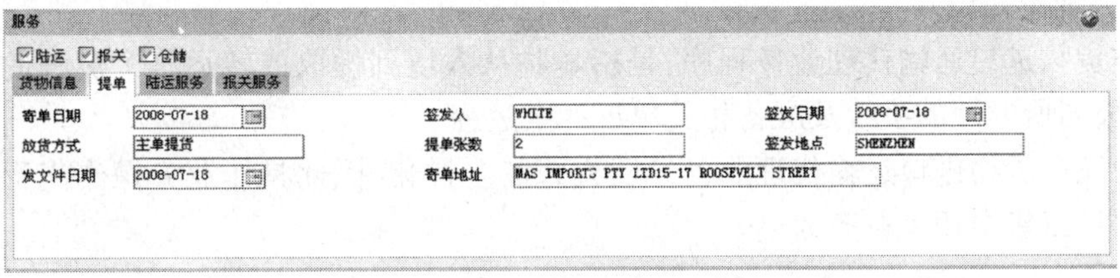

图 7-4　填写货运单信息

第五步:订舱(如图7-5所示)。向舱空公司订舱,输入从航空公司取得的相关信息即可。

图 7-5　向舱空公司订舱

[技能训练注意事项]
(1)一丝不苟,严格按照操作规范进行操作,认真撰写实训报告。
(2)实训操作确定要规范、正确。

项目三　国际航空货运代理进口业务运作

(1)运用教学软件,完成一票进口代理业务操作;
(2)分配给每个小组一份企业实际案例,讨论学习案例中的知识点;
(3)在教学软件中进行模拟操作。

可采用讲授、情境教学、案例教学和模拟实训等方法。

[情境设置]
某货代公司操作员根据发货人的委托,办理一票空运进口货物的代理业务,代理货主办

理清关提货及送货上门服务。

[相关理论知识]

航空货物进口运输代理业务程序,是指货物从入境到提取或转运整个流程的各个环节中,代理公司所办理的手续及准备相关单证的全过程。

因为航空货物进口运输代理业务经营方式的多样化,因此具体业务操作流程就有所不同。本项目以集中托运业务为例。

一 接收代理预报

在国外发货之前,由国外代理公司将运单、航班、件数、质量、品名、实际收货人及其他地址、联系电话等内容通过传真或 E-mail 发给目的地代理公司,这一过程被称为预报。到货预报的目的是使代理公司做好接货前的所有准备工作。

二 交接单、货

航空货物入境时,与货物相关的单据(运单、发票、装箱单等)也随机到达,运输工具及货物处于海关监管之下。货物卸下后,将货物存入航空公司或机场的监管仓库,进行进口货物舱单录入,将舱单上总运单号、收货人、始发站、目的站、件数、质量、货物品名、航班号等信息通过计算机传输给海关留存,供报关用。

集中托运中,总运单上的收货人或通知人一般为某航空货运代理公司,则航空公司的地面代理人把国际货物交接清单、总运单、随机文件及与之相关的货物交给该航空货运代理公司。

交接时要做到:

(1)单、单核对,即交接清单与总运单核对。
(2)单、货核对,即交接清单与货物核对。
(3)核对发现问题应予及时处理,异常情况处理方式如表 7-2 表示。

交接过程异常情况处理方式　　　　　　　表 7-2

总 运 单	交 接 清 单	货　物	处 理 方 式
有	无	有	清单上加上总运单号
有	无	无	总运单退回
无	有	有	总运单后补
无	有	无	清单上划去
有	无	无	总运单退回
无	无	有	货物退回

另外,还需注意分批货物,做好空运进口分批货物登记表。

航空货运代理公司在与航空公司办理交接手续时,应根据运单及交接清单核对实际货物,若存在有单无货或有货无单的情况,应在交接清单上注明,以便航空公司组织查询并通知入境地海关。

发现货物短缺、破损或其他异常情况,应向民航索要商务事故记录,作为实际收货人交涉索赔事宜的依据。

货运代理公司请航空公司开具商务事故证明的情况,通常有:
(1)包装货物受损。
①纸箱开裂、破损、内中货物散落(含大包装损坏、小包装散落,数量不详)。
②木箱开裂、破损,有明显受撞击迹象。
③纸箱、木箱未见开裂、破损,但其中液体漏出。
(2)裸装货物受损。
①无包装货物明显受损,如金属管、塑料管压扁、断裂、折弯。
②机器部件失落,仪表表面破裂等。
(3)木箱或精密仪器上防振、防倒置标志泛红。
(4)货物件数短缺。

在实际操作中,部分货损是指整批货物或整件货物中极少或极小一部分受损,这是航空运输较易发生的损失,故航空公司不一定愿意开具证明,即使开具了"有条件、有理由"证明,货主也难以向航空公司索赔,但可据以向保险公司提出索赔。货损责任难以确定的货物,可暂将货物留存机场,请货主单位一并到场处理。

三 理货与仓储

代理公司自航空公司接货后,短途驳运进自己的监管仓库,组织理货及仓储。
(1)理货的主要内容。
①逐一核对每票货物件数,再次检查货物破损情况,遇有异常,确属接货时未发现的问题,可向航空公司提出交涉。
②按大货、小货,重货、轻货,单票货、混载货,危险品、贵重品,冷冻、冷藏品,分别堆存、进仓。堆存时,要注意货物箭头朝向、总运单、分运单标志朝向。注意重不压轻、大不压小。
③登记每票货储存区号,并输入计算机。
(2)仓储注意事项。
鉴于航空进口货物的贵重性、特殊性,其仓储要求较高,须注意以下几点:
①防雨淋、防受潮。货物不能置于露天,不能无垫托置于地上。
②防重压。纸箱、木箱均有叠高限制,若纸箱受压变形,会危及箱中货物安全。
③防温升变质。生物制剂、化学试剂、针剂药品等部分特殊物品,有储存温度要求,要防止阳光暴晒。一般情况下:冷冻品置于 $-20℃ \sim -15℃$ 冷冻库(俗称低温库),冷藏品置放于 $2℃ \sim 8℃$ 冷藏库。
④防危险品危及人员及其他货品安全。空运进口仓库应设立独立的危险品库。易燃、易爆品,毒品,腐蚀品,放射品均应分库安全置放。以上货品一旦出现异常,均需及时通知消防安全部门处理。放射品出现异常时,还应请卫生检疫部门重新检测包装及放射剂量外泄情况,以便保证人员及其他物品安全。
⑤为防贵重品被盗,贵重品应设专库,由双人制约保管,防止出现被盗事故。

四 理单与到货通知

(1)集中托运,总运单项下拆单。

将集中托运进口的每票总运单项下的分运单分离出来,审核与到货情况是否一致,并制成清单输入计算机。将集中托运总运单项下的发运清单输入海关计算机,以便实施按分运单分别报关、报验、提货。

(2)到货通知。

货物到目的港后,货运代理人应从航空运输的时效出发,为减少货主仓储费,避免海关滞报金,应尽早、尽快、尽妥地通知货主到货情况,提请货主配齐有关单证,尽快报关。

①早:到货后,第一个工作日内就要设法通知货主。

②快:尽可能用传真、电话预通知客户,单证需要传递的,尽可能使用特快专递,以缩短传递时间。

③妥:一星期内须保证以电函、信函形式第三次通知货主,并应将货主尚未提货情况,告知发货人的代理人。

④两个月时:再以电函、信函形式第四次通知货主。

⑤三个月时:货物可能须交海关处理,此时再以信函形式第五次通知货主,告知货主货物将被处理,提醒货主采取补救办法。

五 制单、报关

除部分进口货存放民航监管仓库外,大部分进口货物存放于各货代公司自有的监管仓库。然后需要按海关要求,依据运单、发票、装箱单及证明货物合法进口的有关批准文件,制作进口货物报关单,办理进口报关手续。

由于货主的需求不一,货物进口后的制单、报关、运输,一般有以下几种形式:

(1)货运代理公司代办制单、报关、运输。

(2)货主自行办理制单、报关、运输。

(3)货运代理公司代办制单、报关后,货主自办运输。

(4)货主自行办理制单、报关后,委托货运代理公司运输。

(5)货主自行制单、委托货运代理公司报关和办理运输。

货运代理公司制单时,一般程序为:

(1)长期协作的、有进口批文、证明手册等存放于货运代理处的货主单位,当货物到达、发出到货通知后,即可制单、报关,通知货主运输或代办运输。

(2)部分进口货,因货主单位(或经营单位)缺少有关批文、证明的,可于理单、审单后,列明内容,向货主单位催寄有关批文、证明,亦可将运单及随之寄来的单证、提货单以快递形式寄发货主单位,由其备齐有关批文,证明后再决定制单,报关事宜。

(3)无须批文和证明的,可即行制单、报关,通知货主提货或代办运输。

(4)部分货主要求异地清关时,在符合海关规定的情况下,制作转关运输申报单办理转关手续,报关单上需由报关人填报的项目有:进口口岸、收货单位、经营单位、合同号、批准机关及文号、外汇来源、进口日期、提单或运单号、运杂费、件数、毛重、海关统计商品编号、货品规格及货号、数量、成交价格、价格条件、货币名称、申报单位、申报日期等,转关运输申报单内容少于报关单,亦需按要求详细填列。

六 交付货物

对于没有签订按月结账的货主,货运代理公司在将到付运费、报关费、仓储费、装卸费等进口相关费用收妥后,就可按照客户要求交付货物。

(1)自行提货。

办完报关、报验等进口手续后,货主须凭盖有海关放行章、检验检疫章的进口提货单到所属监管仓库付费提货。

仓库发货时,须检验提货单据上各类报关、报验章是否齐全,并登记提货人的单位、姓名、身份证号以确保发货安全。保管员须再次检查货物外包装情况,遇有破损、短缺,应向货主做出交代。

(2)送货上门。

送货上门业务主要指进口清关后,直接把货物送至收货人所在地。运输工具一般为汽车。

(3)转运业务。

一般转运业务主要指将进口清关后的货物转运至内地的货运代理公司,由该代理公司办理交货。运输方式主要为飞机、汽车、火车、水运、邮政。

[技能训练目标]

能够正确掌握国际航空货运进口代理业务流程,运用国际货运代理实训软件模拟完成一票货物的提取操作。

[技能训练准备]

(1)在校内实训室,安装国际货运代理操作软件系统,准备实际案例和实训指导书;

(2)学生学习国际航空货运进口代理业务操作流程。

[技能训练步骤]

(1)教师扮演一家货运代理企业的操作主管,学生扮演货代公司的操作员;

(2)教师运用实训软件进行模拟操作演示;

(3)学生根据实训案例要求和实训指导书进行空运进口代理业务模拟操作,并填制实训报告。

[技能训练注意事项]

(1)一丝不苟,严格按照操作规范进行操作,认真撰写实训报告;

(2)实训操作要规范、正确。

项目四 航空货运单填制

教学要点

(1)学习航空货运单基础知识;

(2)由小组讨论,学习航空货运单填制要求;

(3)根据教学案例模拟填制航空货运单。

可采用讲授、情境教学、模拟操作、案例教学和分组讨论等方法。

[情境设置]

某国际航空货代企业操作员收到了货主的出口资料,需要代理货主完成航空货运单的填制。

[相关理论知识]

一、航空货运单的基本知识

1. 基本概念

航空货运单由托运人或者以托运人的名义填制,是托运人和承运人之间在承运人的航线上运输货物所订立运输契约的凭证。

航空货运单通常包括有出票航空公司标志的航空货运单和无承运人任何标志的中性货运单两种。

航空货运单既可用于单一种类的货物运输,也可用于不同种类货物的集合运输;既可用于单程货物运输,也可用于联程货物运输。

航空货运单不可转让,其属于航空货运单所属的航空企业。

2. 货运单的构成

我国国际航空货运单由一式十二联组成,包括三联正本、六联副本和三联额外副本。

航空货运单各联的发放对象如表7-3所示。

国际航空货运单构成表　　　　　　　　　　　　　　　　表7-3

序号	中文名称	英文名称	发放对象	颜色
1	正本3	Original 3	给托运人	蓝色
2	副本9	Copy 9	给代理人	白色
3	正本1	Original 1	给填开货运单的承运人或代理人	绿色
4	正本2	Original 2	给收货人	粉红色
5	副本4	Copy 4	提取货物收据	黄色
6	副本5	Copy 5	给目的站机场	白色
7	副本6	Copy 6	给第三承运人	白色
8	副本7	Copy 7	给第二承运人	白色
9	副本8	Copy 8	给第一承运人	白色
10	额外副本10	Extra Copy 10	供承运人使用	白色
11	额外副本11	Extra Copy 11	供承运人使用	白色
12	额外副本12	Extra Copy 12	供承运人使用	白色

其中,航空货运单三份正本的流转程序如下:

(1)正本1财物联注明"交承运人",并由托运人签字,送交财务部门作为运费结算的依据。

(2) 正本 2 注明"交收货人",由托运人和承运人签字并随同货物运送到目的地,收货人提取货物时在本联签收。

(3) 正本 3 的托运人联,在货运单填制且承运人接受货物之后,装上飞机之前签字交给托运人,作为托运货物及货物预付运费时交付运费的收据。同时,该联也是托运人与承运人之间签订的有法律效力的运输文件。

3. 货运单的作用

货运单是托运人或其代理人所使用的最重要的货运文件,具有以下作用:

(1) 承运人与托运人之间缔结运输契约的凭证。

(2) 承运人收运货物的证明文件。

(3) 托运人运费结算凭证及交付运费的收据。

(4) 承运人在货物运输组织全过程运输货物的依据。

(5) 国际进出口货物办理清关的证明文件。

(6) 托运人要求承运人代办保险的证明。

4. 货运单填开责任

根据《华沙公约》《海牙议定书》和承运人运输条件的条款规定,承运人的承运条件为托运人准备航空货运单。

托运人有责任填制航空货运单。相关规定明确指出,托运人应自行填制航空货运单,也可以要求承运人或承运人授权的代理人代为填制。托运人对货运单所填各项内容的正确性、完备性负责。若由于货运单所填内容不确定、不完全,致使承运人或其他人遭受损失,托运人负有责任。托运人在航空货运单上的签字,证明其接受航空货运单正本背面的运输条件。

根据《中华人民共和国民用航空法》第一百一十二条和一百一十四条规定,托运人应当填写航空货运单正本(一式三份),连同货物交给承运人。承运人有权要求托运人填写航空货运单,托运人有权要求承运人接受该航空货运单。托运人未能出示航空货运单、航空货运单不符合规定或航空货运单遗失,不影响运输合同的存在或者有效。

5. 货运单的限制

(1) 一张货运单只能用于一个托运人在同一时间、同一地点托运的,由承运人承运的、运往同一目的站由同一收货人收货的一件或多件货物。

(2) 货运单可以代表航空公司身份,该货运单由航空公司印制。货运单还可以不代表任何一个航空公司,因其不是航空公司印制的。

(3) "不可转让"的意义。货运单的右上端印有"不可转让"(Not Negotiable)字样,其意义是指航空货运单仅作为货物航空运输的凭证,所有权属于出票航空公司,这与可以转让的海运提单恰恰相反。因此,任何国际航空运输协会(International Air Transport Association, IATA)成员都不允许印制可以转让的航空货运单,货运单上的"不可转让"字样不可被删去或篡改。

6. 航空货运单号码

(1) 货运单号码是货运单不可缺少的重要组成部分,每本货运单都有一个号码,它直接确定航空货运单的所有人——出票航空公司,它是托运人、发货人或其代理人向承运人询问货物运输情况的重要依据,也是承运人在各个环节组织运输(如订舱、配载、查询货物)时,必不可少的依据。

(2)货运单号码组成。

货运单号码由三部分组成,如下所示:

$$777—1234567\quad 5$$
$$A\qquad\quad B\qquad\quad C$$

A 部分:航空公司的 IATA 票证代号;

B 部分:货运单的序号;

C 部分:检验号(由序号的 7 位数字除以 7 所得的余数组成)。

二、航空货运单的填制

图 7-6 为航空货运单示例。

1. 货运单号码(The Air Waybill Number)

货运单号码应清晰地印在货运单的左右上角以及右下角(中性货运单需自行填制)。

(1)航空公司的票证代号(Airline Code Number)①A。

(2)货运单序号及检验号(Serial Number)①B。

第四位数字与第五位数字之间应留有比其他数字之间较大的空间。例:777—1234 5675。

2. 始发站机场(Airport of Departure)①

填制始发站机场的 IATA 三字代号(如果始发地机场名称不明确,可填制机场所在城市的 IATA 三字代号)。

3. 货运单所属承运人的名称及地址(Issuing Carries Name and Address)①C

此处一般印有航空公司的标志、名称和地址。

4. 正本联说明(Reference to Orginal)①D

无须填写。

5. 契约条件(Reference to Conditions of Contract)①E

一般情况下无须填写,除非承运人需要。

6. 托运人栏(Shipper)

(1)托运人姓名和地址(Shipper's Name and Address)②。

填制托运人姓名(名称)、地址、国家(或国家两字代号)以及托运人的电话、传真、电传号码。

(2)托运人账号(Shipper's Account Number)③。

此栏不需填写,除非承运人需要。

7. 收货人栏(Consignee)

(1)收货人姓名和地址(Consignee's Name and Address)④。

填制收货人姓名(名称)、地址、国家(或国家两字代号)以及收货人的电话、传真、电话号码。

(2)收货人账号(Consignee's Account Number)⑤。

此栏仅供承运人使用,一般不需填写,除非最后的承远人需要。

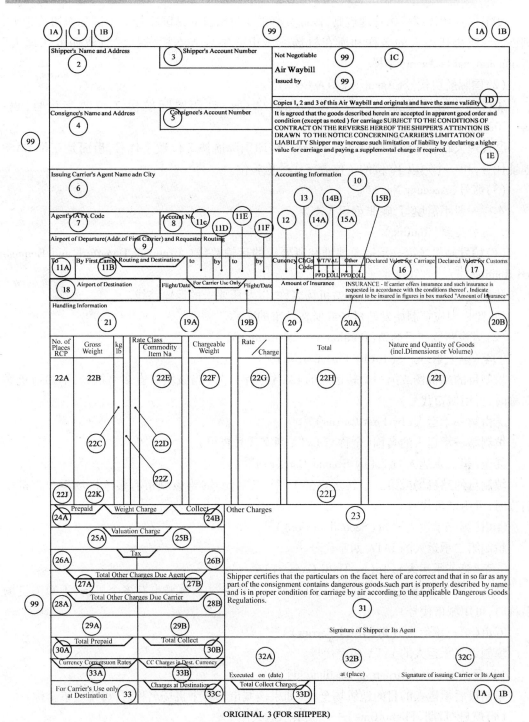

图 7-6 航空货运单示例

8. 填开货运单的承运人代理人栏(Issuing Carrier's Agent)

(1)名称和城市(Issuing Carries Agent Name and City)⑥。

①填制向承运人收取佣金的国际航协代理人的名称和所在机场或城市。

②根据货物代理机构管理规则,该佣金必须支付给目的站国家的一个国际航协代理人,则该国际航协代理人的名称和所在机场或城市必须填入本栏,冠以"收取佣金代理人"(Commissionable Agent)字样。

(2)国际航协代号(Agent's IATA Code)⑦。

①代理人在非货账结算区(Non CASS Areas)打印国际航协 7 位数字代号,例:14—30288。

②代理人在货账结算区(CASS Areas),打印国际航协 7 位数字代号,后面是三位 CASS 地址代号,和一个冠以 10 位的 7 位数字代号检验位。

(3)账号(Account No.)⑧。

本栏一般不需填写,除非承运人需要。

9. 运输路线(Routing)

(1)始发站机场第一承运人地址和所要求的运输路线(Airport of Departure and Requested Routing)⑨。

此栏填制与栏中一致的始发站机场名称,以及所要求的运输路线。

注:此栏中应填制始发站机场或所在城市的全称。

(2)运输路线和目的站(Routing and Destination)。

①至(第一承运人)(To(by First Carrier))⑪A。

填制目的站机场或第一个转运点的 IATA 三字代号(当该城市有多个机场,不知道机场名称时,可用城市代号)。

②由第一承运人(by First Carrier)⑪B。

填制第一承运人的名称(全称与 IATA 两字代号皆可)。

③至(第二承运人)(To(by Second Carrier))⑪C。

填制目的站机场或第二个转运点的 IATA 三字代号(当该城市有多个机场不知道机场名称时,可用城市代号)。

④由(第二承运人)(by(Second carrier))⑪D。

填制第二承运人的 IATA 两字代号。

⑤至(第三承运人)(To(by Third Carrier))⑪E。

填制目的站机场或第三转运点的 IATA 三字代号,(当该城市有多个机场,不知道机场名称时,可用城市代号)。

⑥由(第三承运人)(by(Third Carrier))⑪F。

填制第三承运人的 IATA 两字代号。

(3)目的站机场(Airport of Destination)⑬。

填制最后承运人的目的地机场全称(如果该城市有多个机场名称时,可用城市全称)。

(4)航班/日期(Flight/Date)——仅供承运人用⑭。

本栏一般不需填写,除非参加运输的各有关承运人需要。

10. 财务说明(Accounting Information)⑩

此栏填制有关财务说明事项:

①付款方式:现金、支票或其他方式。

②用MCO(旅行支票)付款时,只能将其作为货物运输的行李进行运输,此栏应填制MCO号码、换取服务金额,以及旅客客票号码、航班、日期及航程。

③代理人不得接受托运人使用MCO作为付款方式。

④货物到达目的站,但无法交付收货人而需退运的,应将原始货运单号码填入新货运单的本栏内。

11. 货币(Currency)[12]

填制始发地ISO(国际标准组织)的货币代号,除"目的站国家收费栏"内的款项,货运单上所列明的金额均按上述货币支付。

12. 运费代号(Charge Code)(仅供承运人用)[13]

本栏一般不需填写,仅供电子传送货运单信息时使用。

13. 运费(Charges)

(1)WT/VAL航空运费和声明价值附加费的预付和到付。[14-15]

①货运单上航空运费和声明价值附加费必须全部预付或全部到付。

②在PPD中打"X"表示预付,在COLL中打"X"表示到付。

(2)在始发站的其他费用预付和到付(Other Charges at Origin)。[16-18]

①货运单上给承运人和给代理的其他费用必须全部预付或全部到付。

②在PPD中打"X"表示预付,在COLL打"X"表示到付。

14. 供运输用声明价值(Declared Value for Carriage)[19]

填制托运人向货物运输声明的价值金额,如果托运人没有声明价值,此栏必须打印"VCD"。

15. 供海关用声明价值(Declared Value for Customs)[17]

打印货物及通关时所需的商业价值金额,如果货物没有商业价值,此栏必须打印"NCV"字样。

16. 保险的金额(Amount of Insurance)[20]

(1)如果承运人为托运人提供代办货物保险业务时,此栏打印托运人货物投保的金额。

(2)如果承运人不提供此项服务或托运人不要求投保时,此栏内必须打印"×××"符号。

17. 运输处理注意事项(Handling Information)[21]

(1)如果是危险货物,分两种情况处理,一种是需要附托运人危险品申报单的,此栏内应打印"DANGEROUS GOODS AS PER ATTACHED SHIPPER'S DECLARATION"字样,对于要求装全货机上的危险货物,还应再加上"CARGO AIR CRAFT ONLY"字样。另一种是属于不要求附危险品申报单的危险货物,则应打印"SHIPPER'S DECLARATION NOT REQUIRED"字样。

(2)当一批货物中既有危险货物也有非危险货物时,应分别列明,危险货物必须列在第一项,此类货物不要求托运人附危险品申报单,且危险货物不是放射性物质且数量有限。

(3)其他注意事项尽可能使用货物交换电报程序中的代号和简语,如:

①货物上的标志、号码以及包装方法。

②货运单所附文件,如托运人的动物证明书"SHIPPER'S CERTIFICATION FOR LIVE ANMIMAL",装箱单"PACKING LIST",发票"INVOICE"等。

③除收货人外,另请通知人的姓名、地址、国家、电话、电传或传真号码。
④货物所需要的特殊处理规定。
⑤海关规定等。

18. 货物运价细目(Consignment Rating Details)

一票货物中,如含有两种或两种以上不同运价类别计费的货物时,应分别填写一项后另起一行,如果含有危险品,则该危险货物应列在第一项。

(1)件数/运价组合点(No. of Pieces Rcp)。
①打印货物的件数。
②如果使用非公布直达运价计算运费时,还应打印运价组合点城市的IATA三字代号。

(2)毛重(Gross Weight)。
打印适用于运价的货物实际毛重(以千克为单位时,可保留至小数后两位)。

(3)质量单位(kg/lb)。
以千克为单位用代号"k",以磅为单位用代号"l"。

(4)运价等级(Rate Class)。
根据需要,打印下列代号:
　M——最低运费(Minimum Charge);
　N——45千克以下(或100千克以下)运价(Normal Rate);
　Q——45千克以上运价(Quantity Rate);
　C——指定商品运价(Specific Commodity Rate);
　R——等级货物附减运价(Class Rate Reduction);
　S——等级货物附加运价(Class Rate Surcharge);
　U——集装化设备基本运费或运价(Unit Load Device Basic or Rate);
　E——整装化设备附加运价(Unit Load Devic Additional Rate);
　X——集装化设备附加说明(Unit Load Device Additional Information);
　Y——集装化设备折扣(Unit Load Device Discount)。

(5)商品品名编号(Commodity Item No.)。
①使用指定商品运价时,此栏打印指定商品品名代号。
②使用等级货物运价时,此栏打印附加或附减运价的比例(百分比)。
　a.与运价代号"S"对应,打印附加运价比例,例:N150。
　b.与运价代号"R"对应,打印附减运价比例,例:N50。
③如果是集装货物,打印集装货物运价等级。

(6)计费质量(Chargeable Weight)。
打印与运价相应的货物计费质量。
如果是集装货物,则:
①与运价代号"U"对应,打印适合集装货物基本运费的运价点质量。
②与运价代号"E"对应,打印超过使用基本运费的质量。
③与运价代号"X"对应,打印集装器空重。

(7)运价/运费(Rate/Charge)。

①当使用最低运费时,此栏与运价代号"M"对应,打印最低运费。
②打印与运价代号"N"、"Q"、"R"等相应的运价。
③当货物为等级货物时,此栏与运价代号"S"或"R"对应,打印附加或附减后的运价。
④如果货物是集装货物,则:
a. 与运价代号"U"对应,打印集装货物的基本运费。
b. 与运价代号"E"对应,打印超过基本运费的集装货物运价。
(8)总计(Total)[220]。
①打印计费质量与适用运价相乘后的运费金额。
②如果是最低运费或集装货物基本运费时,本栏与 Rate/Charge 内金额相同。
(9)货物品名和数量(Nature and Quantity of Goods)[221]。
本栏应按要求打印,尽可能清楚、简明,以便涉及组织该批货物运输的所有工作人员能够一目了然。
①打印货物的品名(用英文大写字母)。
②当一票货物中有危险货物时,应分列打印,危险货物应列在第一项。
③活动物运输时,本栏内容应根据 IATA 活动物运输的规定打印。
④对于集合货物,本栏应打印"Consolidation as Attached List"。
⑤打印货物的体积,用长×宽×高表示(如,DIMS:40cm×30cm×20cm)。
⑥可打印货物的产地国。
(10)总件数[221]。
打印件数/运价组合点栏中各组货物的件数之和。
(11)总毛重[220]。
打印毛重栏中各组货物毛重之和。
(12)总计[221]。
打印总计栏中各组货物运费之和。
(13)此栏一般不需打印(除非承运人需要),此栏内可打印服务代号[222]。

　　B——公务货物(Service Shipment);

　　C——公司货物(Company Material);

　　D——门对门服务(Door to Door Service);

　　J——优先服务(Priority Service);

　　P——小件货服务(Small Package Service);

　　T——包机(Charter)。

19. 其他费用(Other Charges)[223]

(1)打印始发站运输中发生的其他费用,按全部预付或全部到付。
(2)作为到付的其他费用,应视为代垫付款,托运人应按代垫付款规定支付手续费。否则,对其他运费应办理到付业务。
(3)打印其他费用的金额时,应冠以下列代号:

　　AC——动物容器租费(Animal Container);

　　AS——集中货物服务费(Assembly Service Fee);

AT——押运员服务费(Attendant);
　　AW——货运单费(Air Waybill);
　　BR——银行放行(Bank Release);
　　DB——代垫付款手续费(Disbursement Fee);
　　DF——分发服务费(Distribution Service);
　　FC——运费到付手续费(Charges Collect Fee);
　　GT——政府捐税(Government Tax);
　　HR——尸体、骨灰附加费(Human Remains);
　　IN——代办保险服务费(Insurance Premium);
　　LA——动物处理费(Live Animals);
　　MA——代理人收取的杂项费用(Miscellaneous Due Agent);
　　MZ——填开货运单的承运人收取的杂项费用(Miscellaneous Due Carrier);
　　PK——包装服务费(Packaging);
　　RA——危险品处理费(Dangerous Goods Surcharge);
　　SD——目的站地面运输费(Surface Charge Destination);
　　SI——中途停运费(Stop in Transit);
　　SO——始发站保管费(Storage Origin);
　　SR——目的站保管费(Storage Destination);
　　SU——地面运输费(Surface Charge);
　　TR——过境费(Transit);
　　TX——捐税(Taxes);
　　UH——集装设备操作费(ULD Handling)。
　(4)承运人收取的其他费用用"C"表示,代理人收取的其他费用用"A"表示。
　例:AWC为承运人收取的货运单费,AWA为代理人收取的货运单费。
　20. 预付(Prepaid)
　(1)预付运费(Weight Charge)[24A]。
　打印以货物计费质量计得的货物运费,与总计栏中的金额一致。
　(2)预付声明价值附加费((Prepaid) Valuation Charge)[25A]。
　如果托运人向货物运输声明价值的话,此栏根据下式打印:

$$（声明价值 - 实际毛重 × 最高赔偿额）× 0.5\% 计得的声明价值附加费金额$$

　(3)预付税款((Prepaid) Tax)[26A]。
　此栏打印适用的税款。此项费用与总计栏中货物运费以及声明的价值附加费一起,必须全部预付。
　(4)预付的其他费用总额(Total Other Prepaid Charges)。
　根据其他费用栏内的其他费用打印。
　①预付由代理人收取的其他费用总额(Total Charges Due Agent)[27A]。

此栏打印由代理人收取的其他费用总额。

②预付由承运人收取的其他费用(Total Charges Due Carrier)[28A]。

此栏打印由承远人收取的其他费用总额。

(5)无名称阴影栏目[29A]。

本栏不需打印,除非承运人需要。

(6)预付总计(Total Prepaid)[30A]。

此栏打印预付费用、预付声明价值附加费、预付税款、预付的其他费用总额等栏有关预付款项之和。

21. 到付(Collect)

(1)到付运费(Weight Charge)[24B]。

此栏打印按货物计费质量计得的货物航空运费,与总计栏中的金额一致。

(2)到付声明价值附加费(Valuation Charge)[25B]。

如果托运人向货物运输声明价值的话,此栏根据下式打印:

(声明价值－实际毛重×最高赔偿额)×0.5% 计得的声明价值附加费金额

(3)到付税款(Tax)[26B]。

此栏打印适用的税款。此项费用与总计栏中货物运费以及声明的价值附加费一起,必须全部到付。

(4)预付的其他费用总额(Total Other Prepaid Charges)。

有关栏内容根据其他费用栏内的其他费用打印。

①到付由代理人收取和其他费用(Total Charges Due Agent)[27B]。

此栏打印由承运人收取的其他费用总额。

②到付由承运人收取的其他费用(Total Charges Due Carrier)[28B]。

此栏打印由承运人收取的其他费用总额。

(5)无名称阴影栏目[29B]。

本栏不需打印,除非承运人需要。

(6)到付总计(Total Collect)[30B]。

打印到付费用、到付声明价值附加费、到付税款、到付的其他费用总额等栏有关预付款项之和。

22. 托运人证明栏(Shipper's Certification Box)[31]

此栏打印托运人名称并令其在本栏内签字或盖章。

23. 承运人填写栏(Carrier's Executed Box)

(1)填开日期(Executed on(Date))[32A]。

按日、月、年的顺序打印货运单的填开日期(月份可用缩写)。

例:06 SEP 2000。

(2)填开地点(At(place))[32B]。

此栏打印机场或城市的全称或缩写。

(3)填开货运单的承运人或其代理人或其代理人签字(Signature of Issuing Carrier or It's Agent)[32C]。

此栏填开货运单的承运人或让其代理人在本栏内签字。

24. 仅供承运人在目的站使用(For Carrier's Use Only at Destination)㉝

本栏不需打印。

25. 用目的站国家货币付费(仅供承运人使用)㉝-1

(1) 货币兑换比价(Currency Conversion Rate)㉝A。

此栏打印目的站国家货币代号,后面是兑换比率。

(2) 用目的站国家货币付费(CC Charges in Destination Currency)㉝B。

将预付总计栏中所列到付总额,使用货币兑换比价栏的货币换算比率,折算成目的站国家货币的金额,打印在本栏内。

(3) 在目的站的费用(Charges at Destination)㉝C。

最后,承运人将目的站发生的费用金额包括利息等(自然增长的),打印在本栏。

(4) 到付费用总额(Total Collect Charges)㉝D。

打印用目的站国家货币付费栏与在目的站的费用栏内的费用金额之和。

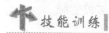

[技能训练目标]

掌握航空货运单的填制方法和要求,能够正确完成航空货运单的填制。

[技能训练准备]

(1) 学生6人一组,选出一名同学担任组长;

(2) 教师准备国际航空货运实际案例。

[技能训练步骤]

(1) 学生分组学习案例,按照航空货运单填制要求填制完成航空货运单;

(2) 小组间进行交换、互评;

(3) 教师对学生完成成果进行点评,并讲解正确填制方法。

[技能训练注意事项]

(1) 一丝不苟,严格按照航空货运单填制要求进行模拟操作。

(2) 航空货运填制规范、正确。

项目五　航空运费计算

(1) 了解国际航空运费的运价体系;

(2) 掌握国际航空货运公布直达运价的计算方法;

(3) 能够正确完成航空货物运费计算。

可采用讲授、情境教学、分组讨论、习题练习等方法。

任务七　国际航空货运代理业务运作

教学内容

[情景设置]

某客户出口一批货物,从上海空运到美国纽约,货物为手工艺品,商品的毛重40千克,体积为60cm×35cm×30cm共两件。操作员协助客户完成了该批货物的出运,还需要协助财务部根据该笔业务计收空运费及其他费用。

[相关理论知识]

一　国际航空运费基础知识

1. 航空运价(Rate)

运价,又称费率,是指承运人对所运输的每一质量单位货物(千克或磅)所收取的自始发地机场至目的地机场的航空费用。

2. 航空运费(Weight Charge)

货物的航空运费是指航空公司将一票货物自始发地机场运至目的地机场所应收取的航空运输费用。该费用根据每票货物所适用的运价和货物的计费质量计算而得。该运费不包括承运人、代理人向托运人收取的其他费用。

3. 计费质量(Chargeable Weight)

计费质量是指用以计算货物航空运费的质量。货物的计费质量是货物的实际毛重、货物的体积质量或者是较高质量分界点的质量。

(1) 计费质量的计算。

①实际毛重(Actual Gross Weight)。

货物的实际毛重是指包括货物本身和包装在内的质量。为了精确,在称重时可保留两位小数。

②体积质量(Volume Weight)。

按照国际航协规则,将货物的体积按一定的比例折合成的质量,称为体积质量。由于货舱空间体积的限制,一般对于低密度的货物,即轻泡货物,可以考虑其体积质量作为计费质量。

不论货物的形状是否为规则的长方体或正方体,在计算货物体积时,均应以最长、最宽、最高的三边的厘米长度计算。长、宽、高的小数部分按四舍五入取整,体积质量的折算,换算标准为每6000cm³折合1kg。

(2) 计费质量的计算单位。

①计费质量的单位是kg,国际航协规定,国际货物的计费质量以0.5kg为计算单位,质量尾数不足0.5kg的,按0.5kg计算;0.5kg以上不足1.0kg的,按1.0kg计算。

例如:103.25kg进为103.5kg;103.52kg进为104.0kg。

②另一种计费质量单位是lb,以1为计算单位,不满1进为1。

例如:1.2lb进为2lb;
　　　1.5lb进为2lb。

(3) 计费质量使用规则。

一般地,采用货物的实际毛重与货物的体积质量两者比较并取高者。但当货物按较高质量分界点的较低运价计算的航空运费较低时,则以较高质量分界点的货物起始质量作为货物的计费质量。

当使用同一份运单,收运两件或两件以上可以采用同样种类运价计算运费的货物时,其计费质量规定如下:

计费质量为货物总的实际毛重与总的体积质量两者较高者。较高质量分界点质量也可能成为货物的计费质量。

4. 最低运费(Minimum Charge)

最低运费是指一票货物自始发地机场至目的地机场航空运费的最低限额。

货物按其适用的航空运价与其计费质量计算所得的航空运费,应与货物最低运费相比,取高者。

5. 国家航空货物运价种类

1)协议运价

协议运价是指航空公司与托运人签订协议,托运人保证每年向航空公司交运一定数量的货物,航空公司则向托运人提供一定数量的运价折扣。

目前,航空公司使用的运价大多是协议运价,但在协议运价中又根据不同的协议方式细分为:长期协议、短期协议、死包板(舱)、软包板(舱)、销售量返还、销售额退还、自由销售等协议运价。

2)国际航协运价

国际航协运价是指IATA在TACT运价资料上公布的运价。国际航空货物运价使用的是IATA运价手册,结合并遵守国际货物运输规则共同使用。按照IATA货物运价公布的形式划分,国际航空货物运价可分为公布直达运价和非公布直达运价。

(1)公布直达运价是指承运人直接公布的,从运输始发地机场至目的地机场间直达的运价。包括:

①普通货物运价。

②指定商品运价。

③等级货物运价。

④集装箱货物运价。

(2)非公布直达运价是指承运人没有公布从运输始发地机场至目的地机场间直达的运价,而是由两段或几段运价组合而成的运价。包括:

①比例运价。

②分段相加运价。

3)国际航空货物运价使用顺序

(1)如果有协议运价,优先使用协议运价。

(2)公布直达运价的使用顺序。

①优先使用指定商品运价。

②其次使用等级货物运价,等级货物运价优先于普通货物运价。

③普通货物运价。

④如果采用普通货物的某一质量分界点运价计得运费低于根据同类货物的指定商品运价计得的运费时,或低于根据在普通货物运价基础上附减一定比例构成的等级货物运价计得的运费时,可使用该质量分界点的普通货物运价。

(3)如果无公布直达运价,优先使用非公布直达运价中的比例运价,其次是分段相加运价。

6.国际航空公司公布直达运价表

国际航空公司公布直达运价表如表7-4所示。

表7-4

国际航空公司运价表				
BEIJING	CN			BJS
Y. RENMINBI	CNY			kg
TOKYO	JP		M	230.00
			N	37.51
			45	28.13
		0008	300	18.80
		0300	500	20.61
		1093	100	18.43
PARIS	FR		M	260.00
			N	47.51
			45	29.13
			100	22.5
WELLINGTON	NZ		M	210.00
			N	50.51
			45	42.13
			300	36.80
			500	29.61
			1000	20.43

(1)BEIJING:始发站城市名称。

(2)CN:始发站国家代码。

(3)BJS:始发站城市 IATA 三字代码。

(4)Y. RENMINBI:运价货币。

(5)CNY:货币国际代码。

(6)kg:计费质量单位。

(7)TOKYO:到达站城市名称。

(8)JP:到达站国家代码。

(9)M:最低运费。

(10)N:表示标准普通货物运价(Normal General Cargo Rate),是指45kg 以下的普通货物运价(如无45kg 以下运价时,N 表示 100kg 以下普通货物运价)。

(11)45:表示质量等级分界点的运价。普通货物运价还公布有"Q45"、"Q100"、"Q300"等不同。这里"Q45"表示45kg 以上(包括45kg)普通货物的运价,依此类推。对于45kg 以上的不同质量分界点的普通货物运价均用"Q"表示。

(12)0008:是指指定商品编号0008的货物使用的指定商品运价。

二 普通货物运价计算

1. 普通货物运价(General Cargo Rate,GCR)

普通货物运价简称GCR,是指除了等级货物运价和指定商品运价以外的,适合于普通货物运输的运价。

"N"——表示标准普通货物运价(Normal General Cargo Rate),是指45kg以下的普通货物运价。

"Q"——表示不同质量等级分界点的运价,如"Q45"、"Q100"、"Q300"等。

2. 普通货物运价的计算方法

(1)计算步骤的术语解释。

①Volume,体积。

②Volume Weight,体积质量。

③Chargeable Weight,计费质量。

④Applicable Rate,适用运价。

⑤Weight Charge,航空运费。

(2)计算步骤。

【例1】

Routing:BEIJING,CHINA(BJS) to TOKYO,JAPAN(TYO);

Commodity:Sample;

Gross Weight:25.2kg;

Dimensions:(82cm×48cm×32cm)。

计算该票货物的航空运费。

公布运价如表7-5所示:

运 价 表　　　　　　　　表7-5

BEIJING	CN		BJS
Y. RENMINBI	CNY		kg
TOKYO	JP	M	230.00
		N	37.51
		45	28.13

解:

Volume:(82cm×48cm×32cm)=125952cm^3

Volume Weight:125952cm^3/(6000cm^3/kgs)=20.99kgs=21.0kg

Gross Weight:25.2kg

Chargeable Rate:25.5kg

Applicable Weight:GCR N37.51CNY/kg

Weight Charge:25.5×37.51=CNY956.5

三 指定商品运价计算

1. 指定商品运价概念

指定商品运价是指适用于自规定的始发地至规定的目的地运输特定品名货物的运价。通常情况下,指定商品运价低于相应的普通货物远价。就其性质而言,该运价是一种优惠性质的运价。鉴于此,在使用指定商品运价时,货物的起讫地点、运价使用期限、货物运价的最低质量起点等均有特定的条件。

2. 指定商品运价的品名编号及分组

(1) 0001~0999——可食用动物和植物产品。
(2) 1000~1999——活动物非食用动物和植物产品。
(3) 2000~2999——纺织品,纤维及其制品。
(4) 3000~3999——金属及其制品,不包括机器、车辆和电器设备。
(5) 4000~4999——机器、车辆和电器设备。
(6) 5000~5999——非金属矿物和产品。
(7) 6000~6999——化工及其产品。
(8) 7000~7999——纸张、芦苇、橡胶和木材制品。
(9) 8000~8999——科学、专业和精密仪器、器械及配件。
(10) 9000~9999——其他。

其中,从中国始发的常用商品有:

0007——水果,蔬菜;
0008——新鲜的水果,蔬菜;
0300——鱼(可食用的)、海鲜、海产品;
1093——沙蚕;
2195、2199、2211——成包、成卷、成块,未进一步加工或制造的纱、线、纤维、布、纺织原料、纺织品、服装(包括鞋、袜);
7481——橡胶轮胎、橡胶管。

3. 指定商品运价的使用规则

在使用指定商品运价时,只要所运输的货物满足下述情况就可以直接使用指定商品运价。
(1) 运输始发地至目的地之间有公布的指定商品运价。
(2) 托运人所交运的货物,其品名与有关指定商品运价的货物品名相吻合。
(3) 货物的计费质量满足指定商品运价使用时的最低质量要求。

使用指定商品运价计算航空运费的货物,其航空货运单的 Rate Class 一栏用字母"C"表示。

4. 指定商品运价计算

【例2】

Routing:BEIJING,CHINA(BJS) to TOKYO,JAPAN(TYO);
Commodity:FRESH APPLES;
Gross Weight:EACH 65.2kg,TOTAL 5 PIECES;

Dimensions：$(102 \times 44 \times 25) cm^3 \times 5$。

计算该票货物的航空运费。

公布运价如表7-6所示：

运 价 表   表7-6

BEIJING	CN		BJS
Y. RENMINBI	CNY		kg
TOKYO	JP	M	230.00
		N	37.51
		45	28.13
0008		300	18.80
0300		500	20.61
1093		100	18.43

解：

Volume：$(102 \times 44 \times 25) cm^3 \times 5 = 561000 cm^3$

Volume Weight：$561000 cm^3 / (6000 cm^3/kg) = 93.5 kg$

Gross Weight：$65.2 \times 5 = 326.0 kg$

Chargeable Rate：326.0kg

Applicable Weight：SCR 0008/Q300 18.80CNY/kg

Weight Charge：$326.0 \times 18.80 = CNY6128.8$

四 等级货物运价计算

1. 等级货物运价是指在规定的业务区内或业务区之间运输特别指定的等级货物的运价。IATA 规定,等级货物包括下列各种货物：

(1) 活动物。

(2) 贵重货物。

(3) 书报杂志类货物。

(4) 作为货物运输的行李。

(5) 尸体、骨灰。

(6) 汽车等。

2. 使用规则

等级货物运价是在普通货物运价基础上附加或附减一定百分比的形式构成,附加或附减规则公布在国际货物运输规则中,运价的使用须结合运价手册一同使用。

(1) 附加或不附加也不附减的等级货物用代号"S"表示(S——Surcharged Class Rate)；

(2) 附减的等级货物用代号"R"表示(R——Reduced Class Rate)。

3. 活动物运价计算

(1) 运价规则"Normal GCR",计算机使用45kg以下的普通货物运价,如无45kg以下的普通货物运价,可使用100kg以下普通货物运价。不考虑较高质量点的较低运价。

【例3】

Routing：Brussel, Belgium(BRU) to Sharjah, United Arab Emirates(SHJ)；

Commodity:幼禽;

Gross Weight:70kg;

Dimensions:$(100 \times 60 \times 20)\,cm^3 \times 10$。

公布运价如表 7-7 所示:

运 价 表　　　　　　　　　　　　　　表 7-7

BRUSSELS	BE		BRU
EURO	EUR		kg
SHARJAH AE		M	61.97
		N	11.58
		45	8.75
		100	3.92
		500	2.88

解:

Volume:$(100 \times 60 \times 20)\,cm^3 \times 10 = 1200000\,cm^3$

Volume Weight:$1200000\,cm^3 / (6000\,cm^3/kg) = 200.00\,kg$

Gross Weight:70.0kg

Chargeable Weight:200.0kg

Applicable Rate:Normal GCR = 11.58EUR/kg

Weight Charge:$200 \times 11.58 = 2316.00$EUR

(2)运价规则"as a percentage of Appl. Normal GCR",按相应的 45kg 以下的普通货物运价附加某个百分比使用。

【例4】

Routing:Stuttgart,Germany(SRT) to Barcelona,Spain(BCN);

Commodity:live dog;

Gross Weight:40.0kg;

Dimensions:$(90 \times 50 \times 68)\,cm^3$。

公布运价如表 7-8 所示:

运 价 表　　　　　　　　　　　　　　表 7-8

STUTTGART	DE		STR
EURO	EUR		kg
BARCELONA	ES	M	76.69
		N	5.47
		100	4.45
		300	3.86

解:

运价规则:N175%

Volume:$90cm \times 50cm \times 68cm = 306000\,cm^3$

Volume Weight:$306000\,cm^3 / (6000\,cm^3/kg) = 51.0\,kg$

Gross Weight:40.0kg

Chargeable Weight:51.0kg

Applicable Rate:S175% of the Normal GCR175% ×5.47 = 9.57EUR/kg

Weight Charge:51.0×9.57 = 488.07EUR

(3)运价规则"APPL. GCR",使用相适应的普通货物运价,即使有较高质量分界点的较低运价,也不可以使用。

【例5】

Routing:BEIJING,CHINA(BJS)to NEW YORK, America(NYC);

Commodity:WORMS;

Gross Weight:EACH20.5kg,TOTAL5 PIECES;

Dimensions:(100×40×40)cm^3×5。

计算该票货物的航空运费。

公布运价如表7-9所示:

运 价 表　　　　　　　　　　　　　　　　表7-9

BEIJING	CN		BJS
Y. RENMINBI	CNY		kg
NEW YORK	US	M	630.00
		N	64.46
		45	48.34
		100	45.19

解:

查找活动物运价表,从北京到纽约,沙蚕为冷血动物,运价的构成形式:"Appl. GCR"。

Volume:(100×40×40)cm^3×5 = 800000cm^3

Volume Weight:800000cm^3/(6000cm^3/kg) = 133.33kg = 133.5kg

Gross Weight:102.5kg

Chargeable Weight:133.5kg

Applicable Rate:S GCR45.19 CNY/kg

Weight Charge:133.50×45.19 = CNY6039.15

(4)运价规则"as a percentage of Appl. GCR",按相应的普通货物运价附加某个百分比使用。

【例6】

从北京运往纽约一只东北虎,重270.0kg(含容器),体积(240×120×60)cm^3,运价规则:"110% of Appl. GCR",计算航空运费。

公布运价如表7-10所示:

运 价 表　　　　　　　　　　　　　　　　表7-10

BEIJING	CN		BJS
Y. RENMINBI	CNY		kg
NEW YORK	US	M	630.00
		N	64.46

续上表

45	48.34
100	45.19
300	41.80

解：

①采用规则计算。

Volume：$(240 \times 120 \times 60)cm^3 = 1728000cm^3$

Volume Weight：$1728000cm^3/(6000cm^3/kg) = 288.0kg$

Gross Weight：270.0kg

Chargeable Weight：288.0kg

Applicable Rate：S110% of Appl. GCR110% $\times 45.19 = 49.71$ CNY/kg

Weight Charge：$288.0 \times 49.71 = CNY14316.48$

②采用较高质量分界点的较低运价计算。

Chargeable Weight：300.0kg

Applicable Rate：S110% of Appl. GCR110% $\times 41.80 = 45.98$ CNY/kg

Weight Charge：$300.0 \times 45.98 = CNY13794.00$

①和②比较，取运费较低者，因此，航空运费为 CNY13794.00。

4. 活动物运输的最低收费标准

(1) IATA 三区内：相应最低运费的 200%。

(2) IATA 二区与三区之间：相应最低运费加 200%。

(3) IATA 一区与三区之间（除抵达或离开美国、加拿大以外）：相应最低运费的 200%。

① 从 IATA 三区到美国：相应最低运费的 100%。

② 从美国到 IATA 三区：相应最低运费的 150%。

③ IATA 三区与加拿大之间：相应最低运费的 150%。

对于冷血动物，有些区域间有特殊规定，应按规则严格执行。

5. 贵重货物运价计算

贵重物品分类如下：

每千克声明价值超过 1000 美元的任何货物；贵金属类（黄金、铂金、铱等）；现钞、证券类（纸币、债券、股票等）；珠宝类（红宝石、绿宝石、蓝宝石、钻石、珍珠等）；手表类（用金、铂金、银制成的手表）。

(1) 运价规则（表 7-11）。

(2) 最低运费。

最低运费按公布最低运费的 200% 收取，同时不能低于 50 美元或等值货币。

运价规则 表 7-11

Area	Rate
All IATA area	200% of the Normal GCR

一区与三区之间且经北或中太平洋，1000kg 或 1000kg 以上贵重货物的运费，按 150% of the Normal GCR 收取。

【例7】

Routing：BEIJING，CHINA(BJS)to TOKYO，JAPAN(TYO)；

Commodity：Gold Watch；

Gross Weight：32.0kg；

Dimensions：$(61 \times 51 \times 42) cm^3$。

计算该票货物的航空运费。

公布运价如表7-12所示：

运 价 表　　　　　　　　　表7-12

BEIJING	CN		BJS
Y. RENMINBI	CNY		kg
TOKYO	JP	M	630.00
		N	79.97
		45	60.16

解：

Volume：$(61 \times 51 \times 42) cm^3 = 130662 cm^3$

Volume Weight：$130662 cm^3/(6000 cm^3/kg) = 21.78 kg = 22.0 kg$

Gross Weight：32.0kg

Chargeable Weight：32.0kg

Applicable Rate：S200% of the Normal GCR $200\% \times 79.97 = 154.94$ CNY/kg

Weight Charge：$154.94 \times 32.0 = CNY4958.08$

6. 书报、杂志运价

(1)货物的范围。

货物包括报纸、杂志、期刊、图书、目录、盲人读物及设备。

(2)运价规则如表7-13所示：

运 价 规 则　　　　　　　　　表7-13

Area	Rate
With IATA Area 1 Between IATA Area 1 and 2	67% of the Normal GCR
All other Area	50% of the Normal GCR

(3)最低运费。

按公布的最低运费收取。

(4)可以使用普通货物的较高质量点的较低运价。

(5)运费计算。

【例8】

Routing：Beijing，China(BJS)to London，United Kingdom(LON)；

Commodity：Newspaper；

Gross Weight：980.0kg；

Dimensions：$(70 \times 50 \times 40)\,\text{cm}^3 \times 20$。计算该票货物的航空运费。

公布运价如表 7-14 所示：

运 价 表　　　　　　　　　　　　　　　　　　　　表 7-14

BEIJING	CN		BJS
Y. RENMINBI	CNY		kg
LONDON	LON	M	320
		N	63.19
		45	45.22
		100	41.22
		500	33.42
		1000	30.71

解：

①按规则计算。

Volume：$(70 \times 50 \times 40)\,\text{cm}^3 = 2800000\,\text{cm}^3$

Volume Weight：$2800000\,\text{cm}^3 / (6000\,\text{cm}^3/\text{kg}) = 466.67\,\text{kg} = 467.0\,\text{kg}$

Gross Weight：980.0kg

Chargeable Weight：980.0kg

Applicable Rate：RN50% = 50% × 63.19 CNY/kg = 31.60 CNY/kg

Weight Charge：31.60 × 980 = CNY30968.00

②采用较高质量分界点的较低运价计算。

Chargeable Weight：1000.0kg

Applicable Rate：GCR Q30.71 CNY/kg

Weight Charge：1000.0 × 30.71 = CNY30710.00

①和②比较，取运费较低者，因此，航空运费为 CNY 30710.00。

五　与国际空运有关的其他费用（Other Charge）

在国际航空货物运输中，除收取航空运费外，在运输始发站、中转站、目的站经常发生与航空运输有关的其他费用需要货主支付，常见的如表 7-15 所示。

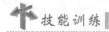

[技能训练目标]

掌握国际航空货物各种运价的计算方法。

[技能训练准备]

(1) 学生每 6 人自由结成一个小组，每个小组选一名组长；

(2)教师准备实际案例。

其他费用 表7-15

费用名称	代号	备注
货运单费	AC	货运单费又称为航空货运单工本费,此项费用为填制航空货运单之费用
地面运输费	SU	表示代理人将货物运输到始发地机场的地面运输费
危险品处理费	RA	自中国至国际航协业务一区、二区、三区,每票货物的最低收费标准均为400元人民币
到付手续费	FC	到付手续费=(货物的航空运费+声明价值附加费)×2%;各个国家CC Fee的收费标准不同。在中国,CC Fee最低收费标准为CNY100

[技能训练步骤]

(1)在教师讲解了国际航空货物运费计算的步骤和计算方法后,每个小组共同完成一票货物的航空运费计算。

(2)教师对每组的计算结果进行评判,分析计算错误的原因。

[技能训练注意事项]

(1)一丝不苟,认真完成案例计算。

(2)计算步骤和方法要有依据、要准确。

思考练习

一、简答题

(1)国际航空货运代理行业在国际航空运输中主要作用有哪些?

(2)航空货运出口代理业务包括哪些程序?

(3)航空货运代理在与航空公司进行交接时应注意哪些问题?

(4)航空货运单的作用有哪些?

(5)简述航空货运运价的使用规则。

二、思考题

(1)国际航空货运代理如何选择业务经营方式?

(2)如何理解《华沙公约》中规定的航空货运单填开责任?

(3)哪些情况下货运代理公司应要求航空公司开具商务事故证明?

三、案例分析

空运分运单下的货运索赔

1.基本案情

2000年8月24日,某丝绸进出口公司(简称丝绸公司)委托A空运代理公司从上海空运10箱丝绸至意大利，A空运代理公司向其签发了号码为B0052473、B0052474的两份某运输公司的格式空运单（分运单），并向其提供了号码为085-74179825的瑞士航空公司的主运单。主运单载明A空运代理公司为瑞士航空公司的代理人，两份分运单均载明了主运单的号码。

同年8月23日和25日，丝绸公司向保险公司投保了货物运输险，保险公司向其出具了保单。保单记载受益人和被保险人均为丝绸公司。

同年10月12日，瑞士航空公司证明该货物在运输途中遗失。9月19日，丝绸公司向A空运代理公司和瑞士航空公司提出索赔。11月，保险公司直接向意大利的收货人支付赔款18035美元，并得到收货人提供的权益转让书。12月4日，保险公司向瑞士航空公司提出索赔，因瑞士航空公司破产而未果。2002年5月15日，保险公司转而向A空运代理公司提出索赔，遭到拒绝。

2002年8月23日，保险公司以A空运代理公司和某运输公司为共同被告向某法院提起民事诉讼，要求两被告赔偿其损失16393美元及利息、诉讼费用、律师费等。

2. 处理结果

法院认为，A空运代理公司承接原告的被保险人丝绸公司的运输业务后，向丝绸公司出具载明主运单号码的分运单，并向丝绸公司提供了由瑞士空运公司签发并载明A空运代理公司为代理人的主运单。可见，在订约过程中，丝绸公司应该清楚A空运代理公司作为瑞士空运公司的代理人的身份，其与A空运代理公司及瑞士空运公司之间的运输合同关系依法成立后，该合同直接约束丝绸公司和瑞士空运公司。原告要求两被告各承担责任不符合我国《合同法》的相关规定，故在货物遗失后，原告以取得代位求偿为由起诉两被告而非瑞士空运公司，属主体不当，其诉讼请求不应支持。

法院根据《合同法》第四百零二条的规定，判决驳回原告的诉讼请求，诉讼费由原告承担。

原告不服判决，向二审法院提出上诉。

二审法院认为，根据航空运输的有关法规及行业惯例，航空货运的委托人将货物交给货运代理公司后，再由货运代理公司将货物交给航空公司运输，如在运输途中发生货物损坏或遗失，应由承运人承担责任。本案中的A空运代理公司在丝绸公司签发的两份运单中均注明了主运单的号码及A空运代理公司的代理人身份，与此同时，A空运代理公司也将明确承运人为瑞士空运公司、代理人为空运代理公司主运单交付给了丝绸公司；而在发生货损后，上诉人又收到过瑞士空运公司发给空运代理公司的货物遗失证明，并针对瑞士空运公司发出了索赔函，故上诉人已明知货物的承运人系瑞士空运公司，实际确认了主运单的效力及空运代理公司与瑞士空运公司的代理关系。本案的航空货物运输合同关系存在于丝绸公司与瑞士空运公司之间，上诉人向空运代理公司及未签发过任何运单的外运总公司提出赔偿损失的请求，显然缺乏事实及法律依据。

二审法院作出终审判决，驳回上诉，维持原判，上诉费由上诉人承担。

3. 经验教训

本案带给A空运代理公司的经验教训不少，比如说，他们在得知货物受损并在知晓瑞士航空公司进入破产程序后，为什么不自己或要求丝绸公司去参加债权登记？如果参加了债权登记,本案也就不会发生,更不会涉及某运输公司。又比如,如果仅仅是赚取代理费用,为什么要出具分运单,而不是与丝绸公司签订一份民事法律概念下的代理合同?

最主要的还是关于分运单的问题。分运单本身就是一份合同,在托运人无过错或无过失的情况下,分运单的出具人应当履行合同义务,承担合同责任。既然分运单的出具人只能从事航空货物运输代理业务,而不是航空货物运输,为什么又要花九牛二虎之力创造出要让自己承担承运人责任的分运单。

从业务上考虑,不外乎有两个原因,一是可以更好地在市场揽到货,二是有利于树立企业品牌。可是,这相对于出具分运单所带来的风险,孰轻孰重?如果修改分运单条款使之区别于承运人的法律责任,市场的后果又会怎样?总之,航空货运代理企业在向客户签发现有的分运单时,应当慎之又慎。

问题:
(1)该项业务下,A航空货运代理人是否具备承运人的资格?
(2)如何区分直接运输与集中托运之间的不同?

参 考 文 献

[1] 杨志刚,王立坤,周鑫.国际集装箱码头实务、法规与案例[M].北京:人民交通出版社,2009.

[2] 孙家庆,刘翠莲,唐丽敏.港口物流理论与实务[M].北京:中国物资出版社,2010.

[3] 李文峰.港口物流学[M].杭州:浙江大学出版社,2010.

[4] 武德春,武骁.集装箱运输实务[M].北京:机械工业出版社,2010.

[5] 王学锋,姜颖晖.集装箱管理与装箱工艺[M].上海:同济大学出版社,2009.

[6] 鲁广斌.国际货运代理实务与集装箱运输业务[M].北京:清华大学出版社,2010.

[7] 中国国际货运代理协会.国际海上货运代理理论与实务[M].北京:中国商务出版社,2010.

[8] 杨志刚,孙明,吴文一.国际货运代理实务、法规与案例[M].北京:人民交通出版社,2006.

[9] 杨志刚.集装箱码头业务管理[M].北京:人民交通出版社,1997.

[10] 真虹.集装箱运输学[M].大连:大连海事大学出版社,1999.

[11] 江少文.集装箱运输管理与实务[M].北京:中国铁道出版社,2007.

[12] 杨志刚.国际集装箱多式联运实务与法规[M].北京:人民交通出版社,2001.

[13] 杨茅甄.国际集装箱港口管理实务[M].上海:上海人民出版社,2007.

[14] 牛鱼龙.中国物流百强案例[M].重庆:重庆大学出版社,2007.

[15] 中国国际货运代理协会.国际航空货运代理理论与实务[M].北京:中国商务出版社,2010.

[16] 梁心琴,张立华.空港物流规划与运作实务[M].北京:中国物资出版社,2008.